人文社科
高校学术研究论著丛刊

# 生态文明视角下的旅游经济发展模式研究

康忠慧　著

图书在版编目 (CIP) 数据

生态文明视角下的旅游经济发展模式研究 / 康忠慧著 . -- 北京 : 中国书籍出版社 , 2021.7

ISBN 978-7-5068-8613-0

Ⅰ . ①生… Ⅱ . ①康… Ⅲ . ①生态旅游 – 旅游业发展 – 研究 – 中国 Ⅳ . ① F592.3

中国版本图书馆 CIP 数据核字（2021）第 157582 号

**生态文明视角下的旅游经济发展模式研究**

康忠慧　著

---

**丛书策划**　谭　鹏　武　斌
**责任编辑**　李　新
**责任印制**　孙马飞　马　芝
**封面设计**　东方美迪
**出版发行**　中国书籍出版社
**地　　址**　北京市丰台区三路居路 97 号 ( 邮编：100073 )
**电　　话**　（010）52257143（总编室）　（010）52257140（发行部）
**电子邮箱**　eo@chinabp.com.cn
**经　　销**　全国新华书店
**印　　厂**　三河市德贤弘印务有限公司
**开　　本**　710 毫米 ×1000 毫米　1/16
**字　　数**　230 千字
**印　　张**　14.5
**版　　次**　2023 年 1 月第 1 版
**印　　次**　2023 年 1 月第 1 次印刷
**书　　号**　ISBN 978-7-5068-8613-0
**定　　价**　78.00 元

---

# 目录


第一章 绪 论…… 1

第一节 研究背景…… 1

第二节 研究意义…… 5

第三节 研究内容及创新点…… 7

第二章 生态文明概述…… 12

第一节 生态文明概念的提出…… 12

第二节 生态文明的意义…… 13

第三节 生态文明的理论渊源…… 19

第三章 旅游经济综述…… 24

第一节 旅游经济的基本概念…… 24

第二节 旅游经济的发展要素与运行机制…… 28

第三节 旅游经济的相关范畴…… 41

第四章 生态与旅游经济的融合…… 57

第一节 旅游经济发展复合系统研究…… 57

第二节 生态外生型的传统旅游经济发展方式…… 65

第三节 生态内生型的可持续旅游经济发展方式…… 68

第四节 两种旅游经济发展方式的深入比较…… 71

第五章 旅游经济发展方式转变的动因及多重约束…… 80

第一节 旅游经济发展方式转变的动因…… 80

第二节 旅游经济发展方式转变的多重约束…… 85

第六章 旅游经济发展方式的转变——绿色发展…… 95

第一节 旅游经济绿色发展的基本理论…… 95

第二节 旅游经济绿色发展的基本目标…… 97

第三节　旅游经济绿色发展的内在潜力与外部动力…………… 98

**第七章　旅游经济绿色发展的方式…………………………… 108**

第一节　旅游经济绿色发展的指导原则……………………… 108

第二节　旅游经济绿色发展的基本内容……………………… 117

第三节　旅游经济绿色发展的创新路径……………………… 138

**第八章　旅游经济绿色发展的保障…………………………… 141**

第一节　实现产业的生态化发展……………………………… 141

第二节　发挥旅游经济的绿色扶贫功能……………………… 154

第三节　构建旅游经济绿色发展的政策保障体系…………… 156

**第九章　旅游经济绿色发展中的绿色消费　……………… 158**

第一节　绿色消费的理论基础………………………………… 158

第二节　我国旅游经济发展中绿色消费的现状与存在的问题… 166

第三节　我国的绿色消费旅游行为与影响因素……………… 168

**第十章　旅游经济绿色发展案例分析——以广西为例……… 179**

第一节　广西旅游经济的绿色发展现状……………………… 179

第二节　广西生态旅游的开发与发展………………………… 181

第三节　广西旅游经济绿色发展的经验总结………………… 216

**参考文献…………………………………………………………… 219**

# 第一章 绪 论

旅游经济的发展在一定程度上可以与生态文明思想相结合，通过生态文明的理论来指导旅游经济的绿色发展，这对于社会以及整个人类而言都具有重大的意义。本章作为全书开篇，首先介绍生态文明视角下旅游经济发展模式的研究背景、研究意义、研究内容以及创新点，从而为下文的展开做好铺垫。

## 第一节 研究背景

### 一、新时代背景

#### (一)新时代的出现

习近平在党的十九大向世界庄严宣示，“中国特色社会主义进入了新时代，这是我国发展的新的历史方位”。这具有划时代的意义，是面向新时代的政治宣言和行动纲领。“新时代”不是抽象概念，而是有科学依据、有丰富内涵的理论创新重大成果。从多个维度探讨解析“新时代”，能帮助我们更清楚地把握大势。

1. 继往不平凡，开启新时代

十九大提出，“不忘初心，牢记使命，高举中国特色社会主义伟大旗帜，决胜全面建成小康社会，夺取新时代中国特色社会主义伟大胜利，为实现中华民族伟大复兴的中国梦不懈奋斗”。[①] 这意味着我国在全面建成小康社会进入决胜阶段时，中国特色社会主义进入新时代。新时代

① 陈若芳，周泽红．十九大以来习近平新时代中国特色社会主义经济思想研究：文献回顾与未来展望[J]. 厦门特区党校学报，2021（02）：1-8.

从哪里来？中国国际经济交流中心总经济师陈文玲认为："改革开放以来，我国经历了近40年的经济高速增长，让人民群众有了更多获得感。过去五年，以供给侧结构性改革为主线推进新旧动能转换，实现换挡升级，进入经济新常态。也是这五年，中国日益走近世界舞台中央，成为第二大经济体。五年来的经济成就，为进入中国特色社会主义新时代打下了坚实的物质基础，也为实现经济从高速度增长迈向高质量增长的转变奠定了坚实基础"。① 李君如说："新时代，是在新中国成立以来，特别是改革开放以来我国取得重大成就基础上得来的，是从十八大以来党和国家事业发生历史性变革的进程中做出的科学判断。"② 中央党校教授辛鸣认为："中国共产党的理论从来不是闭门造车，而是写在13亿中国人民的心中，写在中国共产党96年奋斗历程上。"③

2. 方向决定道路，道路决定使命

中央党校校委委员、副教育长兼科研部主任韩庆祥认为，中国特色社会主义进入了新时代，这是整个十九大报告的总定位。报告从经济、政治、文化、生态、军事、外交、国防、党建等方面谈基本方略，都立足于这个新的历史方位。

### （二）新时代的鲜明主题

中国特色社会主义新时代，是继往开来的一项革命，是基于新的历史条件夺取的中国特色社会主义伟大胜利的时代。中国走进新的时代，导致我国历史方位的发展发生了改变，也导致社会主义矛盾的变革。但是，社会主义初级阶段的国情并未发生改变，我国在世界发展中国家的地位也未发生改变。当前，我党要坚持中国特色社会主义，发展中国特色社会主义，高举中国特色社会主义的伟大旗帜。也就是说，我党要视"中国特色主义"这一主题为治国理政的第一要务，要在党的领导下，努力实现"两个一百年"的奋斗目标，让中国特色社会主义之路更加辉煌。

当然，中国特色社会主义并不是凭空想象的，是我党和人民共同努

① 王圣媛．走向中美关系新时代——访中国国际经济交流中心总经济师陈文玲[J]. 中国国情国力，2017（07）：64-67.

② 方东杰，宋传信．在马克思主义中国化思想史研究之路上攀登——李君如谈理论工作生涯[J]. 北京党史，2021（01）：52-60.

③ 陈若芳，周泽红．十九大以来习近平新时代中国特色社会主义经济思想研究：文献回顾与未来展望[J]. 厦门特区党校学报，2021（02）：1-8.

力的结果，是党和人民千辛万苦换取的结果，是党和人民付出巨大代价换来的成就，因此应该将其作为我国发展与进步的根本方向。

自鸦片战争以来，我们不得不承认社会主义是中国的唯一走得通的道路，中国的实践也证明了只有走社会主义道路，中国才能发扬光大，才能繁荣富强。在社会主义建设时期，传统的计划经济使社会主义的生命力越来越受到束缚，使中国认识到走封闭僵化的老路是很难让中国发展起来的，也很难振兴社会主义。苏联解体、东欧剧变的教训也告诉我们，与西方接轨并不是社会主义的选择与发展方向，走改旗易帜的道路显然会葬送社会主义。反之，改革开放的实践证明，中国特色社会主义是唯一能够发展中国、实现中华民族伟大复兴的选择。

### （三）新时代的世界担当

中国特色社会主义新时代是我国不断为人类做出努力的时代，是人们日益走进世界舞台中央的时代。

21 世纪，随着中国经济不断振兴与发展，资本主义世界体系面临挑战。尤其是 2012 年以来，中国不断加快和平发展的脚步，日益迈向世界舞台的中央地位。这种趋势是不可逆转的，是人类数百年来未曾有过的大变局。

在世界经济危机之后，整体经济出现了赤字化现象。习近平总书记提出了“一带一路”的倡议，要求推动丝路基金、基础设施投资银行的建立，为全球的经济发展做出努力。为解决治理赤字问题，习近平总书记还指出要构建人类命运共同体，提出要建构共商共建共享的全球治理观，推进新型国际关系的建立，推进国际关系向着民主化的方向发展。为解决和平赤字问题，习近平总书记指出要实现对话而不对抗、结伴而不结盟的国家交往观，尊重各自发展的道路，尊重彼此的社会制度，实现综合、共同、可持续的新安全观，为维护世界和平做出努力。

总而言之，中国特色社会主义新时代从本质上讲，就是中华民族走向富强的时代。我们要基于全面建成的小康社会，到 21 世纪中叶，努力建设富强、民主、文明、和谐、美丽的社会主义现代化强国，实现中华民族伟大复兴的中国梦。

## 二、旅游经济发展的理论背景

目前，有关旅游及其相关领域的期刊不胜枚举，另外，还有与旅游有关的文章发表在经济学应用学科领域的期刊上，生态和环境经济学是很明显的例子。也有来自自然、产业和公共部门经济学等其他学科应用领域的投稿。再者，很多有关旅游的文章发表在传统的经济学刊物上。

然而，旅游经济学并非没有遭到批评，这一学科仍然没有被完全认可为值得在主流学科中进行研究的一个领域。旅游经济学研究的未来方向问题在目前进行的评述中只是间接指出。

经济学量化研究论文期刊投稿量很大的事实会产生使这一学科受到孤立的危险，破坏它与新研究趋势的毋庸置疑的联系，因为这些新趋势越来越可能超越传统的学科界限。经济学界已展开了辩论，因为大部分主流的思想体系和分析方法都强调均衡结果的实现。比如，传统的消费者行为概念受到了经济心理学的挑战，传统的公司和市场理论受到不同观点的质疑，如奥地利学派提出的动态和不均衡状况的观点。

学科中不同类别的方法说明需要多元化的态度和概念、理论与方法的互相结合，这一点无论是在学科内还是在学科外都适用。对旅游文献贡献显著的非旅游学科包括地理学和社会学，文化研究、生态学、政治学和心理学次之，但这些学科都很少涉及经济学分析。与经济学内部的辩论相似，来自其他学科的批评涉及限制性假说、现实生活状况的抽象化和简化以及对二手数据的严重依赖，它们在一定程度上是正确的。可能有其他学科研究者对经济学分析怀有讥讽的成分，有关对二手资料的依赖性这一点尤其如此。这一点在一定程度上是有道理的，如果资料来源是旅游机构更是如此。

莫福斯和芒特（Mowforth & Munt，2003）及惠勒（Wheeller，2004）怀疑来自国际机构和某些政府的数据可靠性，因为他们有自己的政策计划要推动。应当承认的是，很多旅游学的量化经济学研究很大程度上是微观层面上的，因此太具体而无法解决宏观问题。

尽管经济学研究的很多方面与政策有关，但这样的专业化难道意味着这一学科实际上与广义的旅游研究和实践无关？有没有可能经济学家只是在本学科内互相交流而忽略其他学科的所有人？让人忧虑的是，很多相关的经济学研究大多在学科外受到了忽略。

由此，需要让那些持有视角的人认可和接受经济学贡献的重要性。几个来自文献研究的例子可以说明这种情况为什么是这样。在研究承载能力概念的过程中，没有发现一个实例涉及经济学元素。经济学视角缺乏的另一个实例是在出版物中有关旅游学中的信息技术（IT）。

在谢尔登（Sheldon，2006）关于78条引用的参考书目评述中，她能引用的有经济学内容的只有四条，这种状况难以解释，因为主要是关于完全在经济学范围内的竞争力、效率、创新的推行、市场营销和生产力之类的问题。在危机管理中比较新的兴趣点中，里奇（Ritchie，2004）也没有提及经济学相关内容，只涉及商业和环境管理、规划、地理学和政治科学。

## 第二节 研究意义

建设美丽中国，迈向生态文明时代是实现中华民族伟大复兴中国梦的必要内容。2012年11月，党的十八大将生态文明建设纳入中国特色社会主义事业的"五位一体"格局之中，并将"美丽中国"视作生态文明建设的伟大目标。2017年，在十九大报告中，指出要建设的现代化是人与自然和谐相处的现代化，不仅要创造更多的物质、精神财富，以满足人们日益增长的生活需要，也要为人们提供优质的生态产品，以满足人们的生态环境需要。

随着社会经济的迅速发展和人民生活水平的普遍提高，人们对旅游消费的需求大幅度上升，从而刺激了现代旅游业的迅速发展。作为20世纪60年代发展起来的新兴产业，在过去的多年间，全球旅游业收入以每年6%的增长率增长，经过几十年的发展，已进入空前的繁荣阶段，跃升为世界最大和最具有潜力的朝阳产业。目前，旅游业收入约占全球生产总值的6%，约3.5亿美元，从业人员占全球就业人员的25%。然而，对旅游经济发展带来的生态问题，世界各国已有太多的教训。在世界各地，人们期待着旅游经济创造利润奇迹，并努力回避"旅游发展不当会带来灾难性后果"的警告，渴望加速旅游经济发展，无法冷静下来看看别人走过的弯路，减少自己的失误。事实上，实现可持续旅游经济发展无论对于哪个国家或地区都是一件非常困难的事情。

在传统的工业经济和增长方式饱受诟病的背景下,旅游经济一度被视为“朝阳产业”“无烟工业”,我国旅游经济发展的时间虽然不长,但是取得的成就却是有目共睹的,许多地方政府更是将旅游经济作为当地经济发展的龙头和支柱产业来看待,追求旅游经济发展的纯经济效益指标。这种现象的持续使得旅游业界的警报频传,“无烟工业冒烟”的惊呼不得不让人们反思:

旅游经济对GDP的贡献是不是纯净绿色无污染的?

在日益严重的生态环境问题中,旅游经济的高速发展是否也助了“一臂之力”?

怎样对旅游经济的影响作全面客观的评价?应该如何追求旅游经济的健康和持续发展?

传统旅游经济的发展方式应该作出怎样的回应和变革呢?

## 一、推进绿色旅游发展

首先要推进绿色旅游发展,加快绿色生产与消费的制度保证与政策导向,健全绿色发展的经济体系,实现旅游经济的低碳循环可持续发展。应该构建以市场作为导向的绿色技术创新体系,将绿色旅游金融发扬光大,努力发展环保产业、清洁产业与能源产业,推进能源的生产与革命,构建安全、低碳的能源体系。推进旅游资源的循环利用与节约,构建节水工程,降低能耗与物耗,实现生产与生活的循环发展。倡导绿色、低碳的生活方式,反对浪费,开展绿色家庭、绿色社区、绿色学校等实际行动。

## 二、着力解决突出旅游环境问题

坚持全民共同治理,从源头上进行防治,持续地实施大气污染防治行动。加快水污染的治理,实施近岸区域的综合治理,保证流域的环境不受污染。强化土壤的修复,避免土壤的污染,改善农村地区人们的居住环境。加强固体垃圾的处理与废弃物的处理,提高污染物排放的标准,对污染者的责任进行追究,健全人们的环保信用评价体系,加大信息强制性披露、严惩重罚等制度。构建以政府作为主导,企业作为主体,社会公民共同参与的体系,积极参与全球治理,落实节能减排措施。

### 三、加大旅游生态系统保护力度

实施重大修复工程，建构安全保护屏障，构建生态保护网络，营造生态廊道，保障生态的稳定与质量，完成生态保护红线、永久基本农田、保证城镇开发边界的控制线工作。开展国土绿化行动，推进石漠化、荒漠化的治理，实现水土综合治理，保证湿地的恢复，加强灾害的防治。完善天然森林的保护，努力实现退耕还草。对耕地进行严格的保护，健全耕地、河流、草原、森林等的休养生息制度，健全多元化生态体系。

### 四、改革旅游生态环境监管制度

加快对生态文明建设的总体领导与设计，设立资源生态监管制度，对生态环境管理制度加以完善，统一行使全民保护自然环境与资源的责任与义务。构建国土空间的开发保护制度，完善主体配套功能，健全自然保护地体系。对一些破坏生态的行为进行坚决的制止与惩处。

习近平总书记指出，生态文明建设在当代，我们要树立社会主义生态文明观，推进人与自然的和谐发展，为保护生态环境做出努力。

## 第三节 研究内容及创新点

### 一、研究内容

在现实生活中，人们经常会遇到如企业生产、个人消费、市场竞争等经济现象，涉及生产成本、企业利润、产品价格、市场需求、生产要素等经济变量，这些问题属于微观经济学研究范畴；如经济增长速度、经济周期波动、通货膨胀、社会就业、宏观调控等经济现象，涉及国民生产总值、经济增长率、国民收入、财政支出、总需求、总供给、货币发行量、失业率等经济变量，这些问题属于宏观经济学研究范畴；如产业发展、产业组织、产业结构、区域经济等经济现象，涉及市场结构、企业竞争、产业关联、产业结构调整、技术创新、产品创新等经济变量，这些问题属于产业经济学研究范畴。

旅游产业活动是一种复杂的经济社会现象,既具有提供旅游产品和旅游服务的经济功能,也具有文化传承、环境教育、社会调节的社会功能,同时还具有社区景观改善、自然环境保护的生态功能。旅游产业是一个具有较强外部性的产业,发展旅游产业应遵循经济效益、社会效益和生态效益相统一的原则。因此,旅游经济学是研究旅游产业活动现象及其经济关系和经济规律的学科。具体地讲,主要包括以下三个层面的问题。

(1)基于旅游市场微观层面的研究。主要包括旅游产品、旅游需求、旅游供给、旅游消费等旅游经济现象及其发展规律问题。

(2)基于旅游产业中观层面的研究。主要包括旅游产业内部各部门、各企业之间相互作用的关系,旅游产业自身的发展演进规律,旅游产业与其他产业之间的关联互动关系,以及旅游产业的区域空间分布等旅游经济现象及其发展规律问题。

(3)基于旅游经济宏观层面的研究。主要包括旅游经济投融资、旅游经济收入与效益、旅游经济结构、旅游经济发展战略与发展模式等旅游经济现象及其发展规律问题。

旅游经济学具有应用性和边缘性两大学科特点。

(1)旅游经济学是一门应用性学科。旅游经济学是以经济学的一般理论为指导,运用产业经济学的理论框架和研究方法,研究旅游市场和旅游产业的经济现象、经济关系及其经济规律的,是专门研究旅游市场和旅游产业特有的经济活动,并揭示其发展的条件范围、表现形式及运动规律,从而指导旅游市场和旅游产业可持续发展,创造旅游经济效益,具有较强的应用性,属于应用经济学的范畴。

(2)旅游经济学是一门新兴的边缘学科。由于旅游活动是一种复杂的社会现象,在旅游活动基础上产生的旅游经济活动更具有综合性、交叉性的特点。因此,旅游经济学在研究旅游经济问题时,不仅要以经济学、旅游学的理论为指导,还必须借助多种学科的理论及研究成果来支持并丰富旅游经济学的研究内容。例如,运用心理学、地理学、资源学、统计学、市场学等学科理论和方法,综合考察和研究旅游消费行为、旅游经济地理、旅游资源开发、旅游统计分析、旅游市场营销等旅游经济现象和旅游经济问题,进一步加深对旅游经济内在规律及其运行机制的认识,以更好地指导旅游市场和旅游产业的发展。与其他学科相比,旅游经济学是一门新兴的边缘性学科。

本书基于以上背景,各个章节的研究内容如下所述。

第一章作为全书开篇,主要介绍了《生态文明视角下的旅游经济发展模式研究》的研究背景、意义、研究内容以及创新点。

第二章对生态文明进行概述,包括生态文明的概念、生态文明的意义、生态文明的理论渊源。加强生态建设,维持生态平衡与安全,是21世纪人类需要解决的重要主题。在党的十七大报告中,“建设生态文明”被提出,这是我党在对经济发展规律与人类文明建设趋势有清晰认知的基础上做出的重大决定。这一建议的提出,不仅有助于建设中国特色社会主义现代化,还有助于对全球的生态安全进行维护。显然,生态文明建设已经步入新时代。

第三章对旅游经济进行了介绍,涉及旅游经济的基本概念、旅游经济的发展要素与运行机制、旅游经济的相关范畴。旅游,是社会生产力发展到一定阶段的产物,是随着经济社会发展而发展的综合性经济社会活动;而旅游经济,则是在旅游发展的基础上,伴随着旅游活动商品化而逐渐形成和发展的,并已成为现代国民经济的重要组成部分。通过本章的学习,要理解旅游的概念和内涵,熟悉旅游的形成及发展过程;掌握旅游经济的性质、特征和产业化标志;并从经济社会发展角度,正确认识旅游经济在国民经济中的重要地位,掌握旅游经济对经济、社会、文化及生态环境的积极作用和影响。

第四章探讨了生态与旅游经济的融合,如旅游经济发展复合系统、生态外生型的传统旅游经济发展方式、生态内生型的可持续旅游经济发展方式、两种旅游经济发展方式的深入比较。随着社会经济的快速发展,人们生活水平日益提高,逐渐意识到自然环境对人类的重要影响。因而,人们开始重视对自然生态环境的保护,希望社会经济发展与自然生态环境都得到可持续发展。相应地,旅游经济的发展同样也不例外,需要与生态发展理念相融合,以追求长远发展。

第五章研究了旅游经济发展方式转变的动因及多重约束。生态外生的传统旅游经济发展方式实际上以牺牲生态环境为代价换取经济增长,以危害长远发展为代价换取当前发展,以损害全局利益为代价换取局部利益,以剥夺他人的发展资源换取自身的发展。因此失去了健全的生态基础和协调的经济关系而难以持续,使旅游经济发展不具有可持续性。转变传统的旅游经济发展方式是当前无论在理论界还是业界都迫切需要解决的问题。

第六章重点分析了旅游经济发展方式的转变——绿色发展，包括旅游经济绿色发展的基本理论、目标、内在潜力与外部动力。作为一个资源消耗相对较少、环境污染较轻的产业，旅游业曾一度被世界公认为“绿色”“无烟”的朝阳产业。但随着产业的逐步壮大，一些地区盲目追求经济效益，对旅游资源进行了无序、过度的开发，导致了对生态环境的破坏，使区域旅游资源品质下降，目的地生态环境失衡，最终阻碍了旅游业的发展。

第七章从指导原则、基本内容、创新路径三个方面论述了旅游经济绿色发展的方式。旅游经济的发展需要遵循经济运行的基本规律，而绿色发展对旅游经济运行存在一定的要求和约束。在发展理念上要体现绿色、低碳、“两型”的基本导向，在发展方式上既强调节能环保技术的运用，如低能高效、低碳循环的发展原则，也强调在旅游产业组织制度等方面的综合治理及生态创新，如多方参与、利益主体的整体协同以及均衡博弈等原则。

第八章针对旅游经济绿色发展的保障进行分析，涉及实现产业的生态化发展、发挥旅游经济的绿色扶贫功能、构建旅游经济绿色发展的政策保障体系。人与自然、人与人、人与社会、人与自身四大生态和谐关系在旅游经济的绿色发展过程中可以得到充分实现，旅游经济绿色发展是一种基于生态内生化的旅游经济发展创新。

第九章针对旅游经济绿色发展中的绿色消费进行了研究，如绿色消费的理论基础、我国旅游经济发展中绿色消费的现状与存在的问题、我国的绿色消费旅游行为与影响因素。旅游消费是旅游经济发展的主要力量，其产生的经济效应对于激活国内消费市场、拉动内需起着巨大的作用。2016 年 2 月国家发展改革委、中宣部、科技部等十部门联合制定并发布了《关于促进绿色消费的指导意见》(发改环资 [2016] 353 号)，意见提出“鼓励旅游饭店、景区等推出绿色旅游消费奖励措施。星级宾馆、连锁酒店要逐步减少‘六小件’等一次性用品的免费提供，试行按需提供。制修订绿色市场、绿色宾馆、绿色饭店、绿色旅游等绿色服务评价办法”。意见的出台既是贯彻实施党的十八届五中全会提出的五大发展理念之“坚持绿色发展”的具体体现，也是经济“新常态”下有效扩大内需，推进供给侧结构性改革的现实举措，同时也对绿色产品消费、绿色服务供给、绿色金融扶持等方面进行了部署。

第十章为本书的最后一章，主要是旅游经济绿色发展案例分析——

以广西为例,包括广西旅游经济的绿色发展现状、广西生态旅游的开发与发展、广西旅游经济绿色发展的经验总结。广西旅游业发展具有很大潜力,并且以特色旅游为主。所谓的特色旅游,就是指以旅游者为对象,创造便利的条件并且提供具有地域特点的商品与服务以支持旅游活动的产业,可见特色旅游具有较强综合性。

## 二、创新点

本书在借鉴前人研究理论的基础上,结合生态文明理念,在新的时代背景下研究了旅游经济的可持续发展模式。旅游活动是旅游经济学研究的逻辑起点,旅游产品是旅游经济学研究的核心要素。旅游产品是旅游经济三大构成要素——旅游者、旅游经营者和旅游地的连接纽带,旅游经济运行是围绕旅游活动这一事件,以旅游产品的市场需求与市场供给这一关系为主线展开的。旅游经济活动涉及多行业、多领域。本书的创新点体现在基于生态旅游可持续发展理论,探讨了广西旅游经济的绿色发展案例。

通过具体案例,可以有针对性地为国内相似地区的旅游经济绿色发展带来启示,进一步扩大生态旅游经济绿色发展的影响,进而由点到面,最终实现全国旅游经济的生态化、绿色化、可持续化发展。

# 第二章　生态文明概述

加强生态建设，维持生态平衡与安全，是21世纪人类需要弘扬的重要主题。在党的十七大报告中，"建设生态文明"首次被提出，这是中国共产党在对经济发展规律与人类文明建设趋势有清晰认知的基础上做出的重大决定。这不仅有助于建设中国特色社会主义现代化，还有助于对全球的生态安全进行维护。显然，生态文明建设已经步入新时代。本章对生态文明进行概述，涉及生态文明概念的提出、生态文明的意义、生态文明的理论渊源。

## 第一节　生态文明概念的提出

准确把握生态文明建设的科学内涵和基本规律，是在新的历史条件下推进我国生态文明建设发展的根本前提。

生态文明的内涵包含以下几个方面的内容：

第一，高度发达的物质生产力是生态文明存在的物质前提。生态文明是现代工业文明高度发展阶段的产物，是有别于任何一种文明的崭新文明形态。其产生和发展具有必然的历史演进轨迹，即人类原始文明—农耕文明—工业文明—生态文明。在工业文明高度发达的基础上才可能产生生态文明。反思工业文明以化石能源为主的资源利用方式导致的生态灾难，生态文明的资源利用方式应转向更多地开发和使用可再生能源及再生资源。

第二，人与自然和谐发展是生态文明遵循的核心理念。生态文明坚持以大自然生态因整体运行规律的宏观视角来审视人类社会的发展问题，将人类活动放在自然界的大格局中考量，要求人们按自然生态规律行事。人和自然都是社会发展中不可缺少的重要因素，都有重要的价值,无视自然环境的价值,人的价值就不可能实现。这就要求我们在推进现代化建设时,无论经济建设还是社会建设,都既要考虑人类生存与繁衍的需要,又必须顾及生态、资源、环境的承载力。

第三,积极改善和优化人与自然关系是实现生态文明的根本途径。一切经济社会发展要依托生态环境这个基础,从环境承载力的实际出发,坚持“自然生态优先原则”,因为自然比人更具有客观的优先地位,人一刻都不能离开自然界而存在。所以在改造和利用自然的同时,应该力求人与自然共生,做到发展与环境双赢,人类与自然协同发展。人类“自觉地、理性地规划人与自然的协同发展,能够帮助人类以更符合自然规律和社会规律的方式来协调人类社会自身、自然界,特别是人类社会与自然界的关系,共同推动地球生物圈这个生命共同体的繁荣和演化”。

第四,实现人与自然的发展是建设生态文明的根本目标。资源节约型、环境友好型社会建设就是要达到生态系统性增强、人居环境明显改善的目标,实现人与自然和谐相处,人类和自然都能生生不息、永续发展。就我国目前情况而言,要形成主体功能区布局,建立资源循环利用体系;单位国内生产总值能源消耗和二氧化碳排放大幅下降,主要污染物排放总量显著减少;森林覆盖率提高,生态系统稳定性增强,人居环境明显改善。

生态文明建设的外延,是人们为实现生态文明而努力的所有社会实践。在我国生产力尚不发达的语境下所讲的生态文明建设的特点是现代化进程中的生态文明建设。我们要从生态文明的客观要求和当代中国实际出发,积极创造条件,改善和优化人与自然、人与人、人与社会之间的关系。这就决定了我们要建设的是以资源环境承载力为基础,以自然规律为准则、以可持续发展为目标的资源节约型、环境友好型社会。

## 第二节　生态文明的意义

### 一、中国生态环境的基本状况

#### (一)农业生态系统退化及危害

现代农业过分强调技术,用地而忽视养地。“化学化”尽管带来了产量的快速提高,但土地出现退化,食品安全受到冲击。大化肥、大农药、除草剂、激素、添加剂、农膜,甚至反季节种植、转基因技术滥用,使得土壤板结、环境污染、生物多样性下降、病虫害加剧、产量下降。以前要一年才能长大的猪,现在四个多月就能催肥。这样的食品进入食物链的生态后果是可想而知的。

近年来,我国农业环境和农产品污染问题日趋严重,耕地环境质量不断下降,农产品有毒有害物质残留问题突出,已成为制约农业和农村经济发展的重要因素。农业农村部日前公布的一系列数据表明,我国农业生态环境建设和保护虽然取得了很大的成绩,但近年来,我国农业环境和农产品污染问题日趋严重,耕地环境质量不断下降,农产品有毒有害物质残留问题突出,已成为制约农业和农村经济发展的重要因素。加强对主要农畜产品污染的监测和管理,对重点污染区进行综合治理,实属重大而紧迫的工作。

### (二)大气污染、水污染和城市生活固废

#### 1. 恶臭异味及烟粉尘为大气污染重点

2019 年全国大气污染中,恶臭异味及烟粉尘的占比较高,分别占大气污染的 41.0% 和 33.2%,工业废气污染占 24.4%、油烟污染占 15.3%、机动车移动源尾气污染占 1.2%。大气污染举报数量前十的省(区、市)中,广东、河南恶臭异味问题相对突出,河南、河北、山东烟粉尘问题相对突出,上海、重庆工业废气及油烟问题相对突出。

#### 2. 建设施工噪声为噪声污染焦点

2019 年全国噪声污染中,建设施工噪声为群众关注焦点,占噪声污染的 45.4%,其次为工业噪声,占 26.5%。噪声污染前十的省(区、市)中,江苏、重庆建设施工噪声问题较为严重,河南、河北、山东工业噪声问题相对突出。

#### 3. 工业废水占涉水污染的一半

2019 年全国水污染中,工业废水占 47.3%,生活污水占 21.0%,矿山废水占 3.1%。水污染数量前十的省(区、市)中,广东、河南、山东、江苏、河北工业废水量较多,上海、河北工业废水问题在当地比较突出。

4. 生活垃圾污染

2019 年全国固废污染中，生活垃圾占 36.4%，一般工业固废占 23.6%，危险废物占 23.2%，矿渣尾矿占 13.7%，医疗废物占 4.2%。广东固废污染相对突出。

（三）水资源浪费比较严重

1. 中国水资源的形势与系统考察

地球上的水资源主要是陆地淡水资源，如湖泊水、河流水、冰川水、地下水等。水是不可替代的重要自然资源，它涵盖人类生活的方方面面，从饮用水、经济活动用水到农作物用水，水资源的变化会给人类带来重大的影响。水资源不只是自然条件下直接提供给人类利用的洁净水资源，它还包括参与生态循环，蕴藏于人类食物中的生态水资源。水是生命之源、生产之要、生态之基，是人类生产、生活必不可少的宝贵资源，事关人类生存、经济发展和社会进步。

储存于地球的总储水量约 1386×10 亿立方米，其中海洋水约占全球总水量的 96.5%，剩下的地表水占 1.78%，地下水占 1.69%。人类主要利用的淡水只占 2.53%，这些水有少部分分布在湖泊、河流、土壤和地表以下浅层地下水中，大部分则以冰川、永久积雪和多年冻土的形式储存，其中冰川储水量约占世界淡水总量的 69%。

我国水资源人均占有水量低且时空分布很不均衡。我国水资源总量约为 2.8124 万亿立方米，人均水资源占有量为 2100 立方米，仅为世界人均水平的 28%。华北地区人口占全国的三分之一，而水资源只占全国的 6%。我国的西南地区，人口占全国的五分之一，但是水资源占有量却在 46%，水的供需矛盾突出。我国水资源在时间分布上也很不平衡，季节差异特别明显，降水量多集中在夏秋季，在南方要占全年降水量的 60%，在北方要占全年降水量 70%—80%。

我国的水生态系统退化。这是由于经济社会用水速度过快、土地开发利用等因素的影响，我国水生态系统退化严重，江河断流、湖泊干涸、湿地减少、水生物种减少等问题突出，淡水生态系统功能整体呈现退化的态势。我国水资源浪费和污染严重。我国是世界上水资源贫乏的国家之一，又是用水量最多的国家，同时也是水资源浪费最严重的国家之一。生产同样的粮食，我国比美国多用水一倍，农业用水占我国用水总量的73%，但农田灌溉水有效利用系数仅为0.4，与世界先进水平0.7—0.8有较大差距，多半损失在送水过程和浸灌之中。中国农村普遍的水资源利用率只有40%左右。我国每年没有处理的水的排放量是2000亿吨，这些污水造成了90%流经城市的河道受到污染，75%的湖泊"富营养化"，并且日益严重。

我国地理位置的特殊性，地形复杂多样，气候呈季风性，洪旱灾害频繁发生，加上经济社会快速发展，我国的水资源出现很多问题和矛盾，但其中最主要的是水资源短缺和水资源污染问题，这些问题为我国经济社会的可持续发展造成威胁。未来20年是我国全面建设小康社会的战略时期，人口数量仍将增加，工业化、城镇化、农业现代化加快发展，产业结构逐渐调整，工业中心由南向北、由东向西部转移，加重本已紧张的北方水资源形势，因此用水量在未来一段时间内仍持续增长，水资源供求压力将更加突出，生态环境保护形势更严峻。

2. 中国水资源可持续利用实践

第一，确立了水资源可持续利用总体战略。进入21世纪以来，中国政府和专家学者积极探索水资源可持续利用战略与思路，提出了以"水资源的可持续利用支撑中国社会经济可持续发展的水资源"总体战略。

第二，强调保障农村人畜饮水安全。农村人口众多且分布广阔是我国的一个特色，人畜饮水安全是广大农民最关心、最现实的问题。我国高度重视农村饮水安全问题，积极采取措施将农村的"饮水解困"问题提升到"饮水安全"的层面。

第三，推进节水型社会的建设。建设节水型社会是实现我国水资源可持续利用的战略性举措，是基于我国国情、水情的必然选择和必由之路，也是国家建设资源节约型、环境友好型社会，构建社会主义生态文明的基础。在国家发展过程中，选择适当的发展项目，建立"有多少水办多少事"的理念，杜绝水资源浪费，同时采用良好的管理和技术手段，提高了水资源利用率。此外，还积极发展节水的工业、农业技术，大力推广应用节水器具，及时发现并解决水的泄漏问题。

第四，高度重视水资源保护和修复。我国坚持人与自然和谐相处的理念，在水资源严重污染的形势下，对水生态系统修复与保护开展了大量的实践和探索并取得了显著的阶段性成效。在水资源配置和管理工作,以及水利工程的规划、建设管理中,重视水生态系统的保护。

建设生态文明,是关系人民福祉,关乎民族未来的长远大计。而水生态文明是生态文明的核心组成部分,加快水生态文明建设是建设美丽中国的重要基础。党的十八大把水利放在生态文明建设的突出位置,对水资源保护管理、水利基础设施建设、水生态保护修复等工作做出重要部署,充分体现了党中央、国务院对水利工作的高度重视。新的历史时期,节水型社会的建设需要严格的水资源管理制度,强化水循环全过程管理,规范、高效用水方式,构建人与自然和谐发展的局面。我国未来治水实践将有更多的挑战,也会有更好的愿景。

3. 淡水资源充分利用新的技术与模式

水是地球上万物赖以生存、发展的生命之源,是人类生产和生活不可或缺的自然资源。如果没有水源,人类无以生存,绝大部分的物种也会逐渐灭绝。现今,我国乃至全世界范围内许多城市、城镇普遍存在着水资源短缺的现象,随着城市化进程的快速推进,城市人口剧增,生产生活需求不断提高,能源消耗与日俱增,城市内以及城市周边的水资源被无序、过度地开采,水生态环境也因为生产生活污染物的持续排放而日益恶化,有限的水资源如果不能被合理地、可持续地规划和利用,将无法保证我们以及我们的后代还能继续享用到清洁的水源。近些年,人们已经有了水资源可持续利用的认识,我国在水资源的循环、再回收利用上也有了进步。

4. 城市污水资源化

城市污水资源化是指将城市污水转化为能够满足人们生产和生活活动要求的物质资料的过程。城市污水量大、集中、水质较为稳定,把经过处理的污水回用于工业、市政、农业等领域,实现城市污水资源化,可以减少新水开发总量,是弥补水资源不足的方法。

首先,污水资源化的实现需建立完善的法律与制度作为保障,从而规范污水处理和污水资源化的发展。我国目前污水资源化的政策法规体系和相应的技术标准还不健全,没有系统的法律和法规。相关部门应抓紧修订、建立和完善相应的城市污水回用法律、法规、政策,使污水处理回用有法可依,并给予其政策导向。

其次,污水资源化应纳入城市总体规划及城市水资源合理开发利用与分配。我国目前的城市污水资源化专项规划几乎空白,目标以及制度的缺失使得污水资源化进程缓慢。因此,应该将污水资源化纳入城市总体规划,在综合平衡的基础上,针对城市的实际情况进行总体规划。

最后,污水资源化的管理模式需创新。政府主导的运营模式容易出现低效率的情况,应引入行业特征,改变原来的投资、运营和管理体系,实现投资主体多元化,进而提高政府投入资金的使用效率。

水是生命之源、生态之本,文明的水世界呼唤着我们,考验着我们。

## 二、建设生态文明的意义

### (一)警惕生态灾难

生态危机有其发生和发展的过程。这种危机在潜伏时期往往不易被察觉,但危机一旦形成,几年、几十年甚至上百年都难以恢复。因此,当它还处在潜伏状态时就应该提醒人们警觉起来。生态平衡的破坏主要是人为造成的,也将随着人类社会的发展而被克服和消除。

中国当前的环境污染和生态平衡遭到破坏的情况已相当严重,许多河流、湖泊都不同程度地受到污染。因为不合理地围湖造田,使湖泊的面积缩小。由于森林或草原破坏,中国历史上形成的沙漠化土地达 12 万平方千米,近数十年来又有所增加;全国水土流失面积已达 9 亿亩。这些都说明生态平衡已遭到严重破坏,如不及时采取对策,将会导致不堪设想的后果。

### (二)遏制生态退化

我们要像重视环境污染控制那样高度警惕生态危机带来的隐患,动员全社会的力量解决这个难题,还中国一个真正的蓝天。只有生态退化被遏制了,环境才能够从根本上得以改善。近年来中国政府加大力度投入巨资保护生态环境,取得了明显效果,但是生态环境总体上恶化的趋势还没有得到有效的遏制。

# 第三节　生态文明的理论渊源

## 一、西方社会主流生态思想

### （一）可持续发展理论

#### 1. 可持续发展的概念

经济的快速发展在一定程度上是以破坏生态环境为代价的，针对这个问题，发达国家的环境学家和生态学家最早提出了可持续发展思想，之后该思想在世界各国的学术界和政界都得到了广泛的认可与青睐。1987年，联合国国际环境与发展委员会发表学术报告——《我们共同的未来》，首次明确对可持续发展的概念作出界定，即“既能满足当代人的需要，又不对后代人满足其需要的能力构成危害的发展”。

可持续发展的概念被明确提出后，其在环境问题与其他发展问题的相关研究中作为一个术语甚至是流行用语而被广泛应用。尤其是联合国于1992年举办环境与发展大会之后，可持续发展作为一个概念、原则、思想、理论而频繁出现在一些报刊杂志中（陈金清，2016）。

#### 2. 可持续发展理论的内容

可持续发展是一个整体的复合系统，涉及自然、经济、社会等方面，具体包括生态可持续发展、经济可持续发展和社会可持续发展三个方面的内容，这三者是协调统一的，其中生态可持续发展以安全为主，经济可持续发展以效率为主，社会可持续发展以公平为主。

### （二）生态社会主义理论

生态社会主义是生态运动和思潮的重要流派之一，阿格尔的代表作《西方马克思主义概论》（1979年）中最早出现这一流派，阿格尔、巴赫罗、莱易斯、佩伯、高兹等是该流派的主要代表人物。20世纪90年代之后，生态社会主义学家注重吸收绿党（提出保护环境的非政府组织发展而来的政党）和绿色运动推崇的一些基本原则，涉及生态学、基层民主、社会责任以及非暴力等方面，同时也坚持马克思主义关于人与自然的辩证关系的基本理念，否定资产阶级狭隘的人类中心主义和技术中心主义及其把生态危机的根源归结为资本主义制度下的社会不公平和资本积累本身的逻辑，对资本主义的经济制度和生产方式进行批判，要求重返人类中心主义时代，这为生态社会主义思想的形成奠定了基础（王舒，2014）。

## 二、中国的生态伦理思想

### （一）中国传统文化中的生态文明思想

#### 1. 儒家文化的生态文明思想——“天人合一”

儒家的“天人合一”思想有着悠久的发展历史，顺天的道理早在尧舜时代就已被人们知晓。《易经》是儒家经典著作之一，其中关于“天人合一”的观念非常多，如热爱自然，“天”与“人”相互交融；自然事物属性与人格品德的有机联系；人在天人关系中主观能动性的发挥；自然法则与人事规律的统一性，等等。张载是中国文化史上明确提出“天人合一”概念的第一人。

“天人合一”学说认为，作为人类生命之源的大自然本身也是有生命的，自然界应该得到人类的尊重；作为人类生存背景的大自然是一个生命体，其生命发育过程具有“自在自为”的特征，大自然的生命发育离不开人类的参与，人类在这方面肩负着重大责任与使命，即承担大自然的生命价值，参与大自然生命发育。

#### 2. 道家文化的生态文明思想——“道法自然”

道家是我国古代哲学史上的一个重要流派，代表人物有老子、庄子等。道家所有思想都是以“道”为出发点的，其中蕴含着颇具自然主义色彩的空灵智慧，而且强烈期盼着生命的永恒。基本上生态关系和人际关系的所有领域在道教思想中都有所涉及，道家哲学对天人关系进行了较为系统的论述，“道法自然”是道家哲学的精髓，意思是世界万物皆因“道”而存在，人类要以“道”为法则，顺其自然，不予干涉。

### 3. 佛教文化的生态文明思想——“众生平等”

佛教是异域宗教，东汉时期传入我国，在中国生根开花结果，本质上来说就是在中国传统文化的影响下完成了中国化的改造，并成为中国传统文化的重要组成部分之一。经过改造后的佛教文化中所蕴含的生命意识与中国传统文化中所体现出来的生命意识是相契合的。中国佛教文化中与自然生态、精神生态有关的思想非常多，生态文明理论丰富而深刻，并将中国传统文化与生态学紧紧联系在一起。

## （二）中国传统生态文明思想的现代价值

中国传统文化中蕴藏着丰富而深刻的生态文明思想，闪烁着耀眼的智慧光芒。儒家“天人合一”思想、道家“道法自然”思想、佛教“众生平等”思想中所体现出来的生态观，在现代社会仍然具有重要的指导意义与借鉴意义，其现代价值不可忽视，大概可以总结为以下几点。

第一，帮助人们走出狭隘“人类中心论”的认识误区，引导人们树立人与自然有效合作、协同发展的世界观，这是具有现代意义和现实意义的思想观念。

第二，使人们正确认识人与自然的关系，并对人与自然的关系进行科学处理，为国家解决生态环境恶化问题提供新的思路。

第三，有利于促进人与自然和谐发展。

总体而言，传统生态文明思想告诉我们，大自然是人类赖以生存的家园，人类要以大自然为“本”，而不能凌驾于它之上，否则就是“忘本”。我们要合理开发利用自然资源，加强对自然生态环境的保护，从而实现可持续发展的理想目标。

## （三）习近平总书记的生态文明思想

习近平生态文明思想是习近平新时代中国特色社会主义思想的重要组成部分，全面准确地理解和认识习近平生态文明思想有助于从整体上把握习近平新时代中国特色社会主义思想，更好地贯彻党的十九大精神，推进绿色发展，实现中国的绿色崛起。

从习近平总书记有关生态文明建设的一系列论述中可以看出,发展战略、发展路径、发展目标,构成了习近平生态文明思想的基本方面。

生态文明建设是发展战略。党的十八大把生态文明建设纳入中国特色社会主义事业"五位一体"的总体布局,明确提出大力推进生态文明建设,努力建设美丽中国,实现中华民族永续发展。这标志着我们对中国特色社会主义规律认识的进一步深化,是新时代中国共产党运用整体文明理论指导当代中国的又一重大理论创新成果。突出生态文明建设在"五位一体"总体布局中的重要地位,表明中国共产党从全局和战略高度解决日益严峻的生态矛盾,确保生态安全,加强生态文明建设的坚定意志和坚强决心。同时,生态文明建设在"五位一体"总体布局中具有突出地位,发挥独特功能,为经济建设、政治建设、文化建设、社会建设奠定坚实的自然基础和提供丰富的生态滋养,推动美丽中国的建设蓝图一步步成为现实。

绿色发展方式是发展路径。所以,人类的发展活动必须尊重自然、顺应自然、保护自然,否则将会自食其果。只有让发展方式绿色转型,才能适应自然的规律。绿色是生命的象征,是大自然的底色;绿色是对美好生活的向往,是人民群众的热切期盼;绿色发展代表了当今科技和产业变革方向,是最有前途的发展领域。

发展理念具有战略性、纲领性、引领性。发展是党执政兴国的第一要务。绿色发展理念作为党科学把握发展规律的创新理念,明确了新形势下完成第一要务的重点领域和有力抓手,为党切实担当起新时期执政兴国使命指明了前进方向。必须要坚持和贯彻新发展理念,像保护眼睛一样保护生态环境,像对待生命一样对待生态环境。加深对自然规律的认识,自觉以规律的认识指导行动。绿色发展不仅明确了我国发展的目标取向,更丰富了中国梦的伟大蓝图,是生态文明建设中必不可少的部分。

建设美丽中国是发展目标。尽管在生态建设方面取得了很大成效,但生态环境保护仍然任重道远。步入新时代,我国社会主要矛盾已经转化为人民日益增长的美好生活需要和不平衡不充分的发展之间的矛盾,而对优美生态环境的需要则是对美好生活需要的重要组成部分。在党的十九大报告中,将"美丽"纳入了建设社会主义现代化强国的奋斗目标之中,多次提出要建立"美丽中国"。"还自然于宁静、和谐、美丽"这句富有诗意的表述,实际上反映了党的执政理念,体现了党的责任担当和历史使命。党的十九大报告指出,到 2035 年基本实现社会主义现代化,生态环境根本好转,美丽中国目标基本实现;到本世纪中叶,建成富强民主文明和谐美丽的社会主义现代化强国,生态文明将全面提升。

# 第三章　旅游经济综述

旅游是社会生产力发展到一定阶段的产物，并随着经济社会发展而发展的综合性经济社会活动；而旅游经济，则是在旅游发展的基础上，伴随着旅游活动商品化而逐渐形成和发展的，并已成为现代国民经济的重要组成部分。通过本章的学习，要理解旅游的概念和内涵，熟悉旅游的形成及发展过程；掌握旅游经济的性质、特征和产业化标志；从经济社会发展角度，正确认识旅游经济在国民经济中的重要地位，掌握旅游经济对经济、社会、文化及生态环境的积极作用和影响。

## 第一节　旅游经济的基本概念

进入21世纪初，尽管世界旅游一度遭受局部战争、恐怖活动、疫病流行等国际突发事件的影响，全球国际入境旅游人数和国际旅游收入呈现出波动发展的态势，但是国际入境旅游者人均消费一直保持在较高水平上逐年递增，这充分说明当时旅游已进入了“低速高效”的稳定持续发展阶段。因此，人们把伴随着旅游发展而迅速崛起的旅游产业，称之为“新兴产业”和“朝阳产业”，世界许多国家或地区都积极采取各种措施，培育和加快旅游产业的发展。

### 一、旅游经济的含义

旅游经济是在旅游活动有了一定的发展，并具备了一定物质条件的前提下才产生的一种社会经济活动。旅游活动发展成为旅游经济活动，并成为整个社会经济活动的一个重要组成部分，是近代商品生产和商品交换长期发展的结果。从经济学角度考察，旅游经济就是旅游需求和旅游供给之间的经济联系，以及由这种联系引起并采用商品交换形式所形成的，旅游者旅游产品和旅游服务提供者、旅游地政府、旅游地社区（居民）等利益相关者之间的经济联系和经济关系的总和。简而言之，旅游经济就是随着旅游活动的开展而产生的各种经济现象和经济关系的总和。

旅游活动发展成为旅游经济活动的前提条件是旅游活动商品化和旅游活动社会化。旅游活动商品化是指采用商品交换的方式来组织旅游活动，即旅游者的旅行过程以及与其相关的各种活动是通过一系列商品交换关系的完成实现的。在旅游市场上，旅游企业或旅游相关企业直接或间接地向旅游者提供旅游产品和旅游服务或相关产品及服务，通过满足市场需求以获得经济利益；旅游者在旅游活动过程中为满足食、住、行、游、购、娱等旅游需求或获得某种旅游体验，必须以一定的价格向旅游企业或相关企业购买旅游产品或服务。

旅游者与旅游产品或旅游服务提供者之间发生市场交换关系。旅游活动社会化以分工与协作为基本特征，具体表现为旅游生产要素和劳动力要素集中在旅游企业及相关部门中进行有组织的规模化生产。

旅游活动的专业化分工不断发展，旅游产品和服务提供者之间的分工更为细化，协作更加密切，旅游产品和服务的市场化以及市场机制的调节作用，使旅游活动过程各个环节形成一个不可分割的整体。在社会分工体系中，不仅出现了专门为游客提供旅游产品的生产商，还出现了专门从事旅游服务活动的旅游服务组织，并形成了与之相适应的商业模式和社会环境。不仅旅游者与旅游产品和旅游服务提供者或经营机构之间有经济关系，旅游活动的各环节之间、各旅游企业之间、旅游企业与相关部门之间也有经济关系，而且旅游者、旅游企业、旅游地政府、旅游地居民等旅游活动相关利益者之间也有着密切的利益关系和经济关系。正是由于旅游活动中存在着各种交错复杂的经济关系，旅游活动才得以发展成为旅游经济活动。

## 二、旅游经济的性质

旅游经济，是以旅游活动为前提，以市场经济为基础，依托现代科学技术，反映旅游活动过程中旅游者和旅游经营者之间进行经济交往的各种经济活动和经济关系的总和。旅游经济规模的迅速扩大，旅游产业结构体系的不断完善，产业范围的全球性扩展，使旅游产业不仅成为现代经济发展中的“朝阳产业”，而且成为第三产业中的带头产业，带动第三产业及相关物质生产部门的发展，并在整个社会经济发展中占有十分重要的地位和作用。因此，必须认真研究和掌握旅游经济发展的特点和规律性，按照经济产业发展的规律和要求，采取切实有效的对策措施，不断推动旅游产业结构的调整和优化，促进旅游经济持续快速地发展。

旅游经济是外向度较高的产业经济，也是我国与国际市场接轨较早的经济产业，旅游经济的发展必须具有符合市场经济要求的法制体系，形成规范有序、优胜劣汰的市场机制，为旅游经济的健康发展提供法制保障。

首先，必须牢固树立旅游经济是法制经济的思想观念，并结合旅游经济发展的实际，建立健全国家的旅游法规体系，建立和完善地方旅游立法和政府规章，使旅游管理做到有法可依。

其次，要增强旅游执法的权威性，发挥旅游质量监督和各有关部门的联动作用，加大旅游执法的力度，做到有法可依、有法必依、执法必严、违法必究。

最后，要针对旅游发展的实际，按照国际惯例和要求整治旅游市场秩序，形成良好的旅游环境，维护旅游者的消费权益，创造公平竞争的市场条件，使所有旅游经营者能够真正实现公平竞争、优胜劣汰。

总之，只有通过推进旅游经济的法制化，才能为旅游经济健康有序发展提供充分的法制保障。

## 三、旅游经济的产业化标志

旅游经济的形成和发展，是与社会化大生产的发展相适应的，而社会化大生产是现代各种产业部门形成和发展的前提条件。因此，要掌握旅游经济的标志，就必须首先了解产业部门的分类和形成机制。

### （一）现代产业部门的分类和形成机制

根据现代经济学理论和国际标准产业分类规定，所谓产业部门，是指国民经济内部按照一定的社会分工，专门从事同类经济活动的企业和事业单位的总称，如农业部门、工业部门、交通运输部门、商业部门和建筑部门等。每一产业部门内部又可以进一步划分为若干“子部门”，如工业部门内部可进一步划分为冶金、机械、电子、化工、纺织工业等部门。因此,在国民经济管理中,为了区别不同层次的部门,通常把较高层次的部门称为“产业部门”,如第一产业、第二产业、第三产业的分类;又如农业、工业、商业、建筑业和交通业五大产业部门;而把较低层次的部门称为“行业部门”,如工业内的机械行业、电子行业、纺织行业、化工行业等。

现代产业部门的形成,是由于社会生产力提高而引起社会分工的必然结果。现代科学技术的进步和社会生产力的不断发展,促进了社会分工和专业化发展,而社会分工和专业化发展又促进社会生产向集中化、协作化和联合化发展,从而促使各种产业部门不断形成和发展。因此,社会分工引起产业部门形成和发展的机制主要是两方面。

一方面,随着社会生产力发展而导致社会分工深化,促使个别分工日益普遍并逐渐独立为新的分工领域,从而形成新的产业部门。如工业是在农业中的个别分工基础上,逐步发展而形成的独立产业部门;而商业又是在工业中的个别分工基础上,逐步分化形成的产业部门。

另一方面,由于现代科学技术的进步,使各种新技术、新材料、新工艺、新产品不断涌现和广泛应用,新的分工领域逐渐独立而形成新的产业部门。如化学工业部门的形成,是由于化学科技成果在生产领域中广泛应用的结果;而现代集成电路及微电子技术的广泛应用,则推动了现代计算机产业的发展,并逐渐形成以计算机“硬件”和“软件”生产为主体的信息产业。

### (二)旅游经济的产业化形成

根据现代产业部门形成的机制和特点,以及对旅游经济形成过程及发展特点的分析,可以看出旅游经济的产业化形成具有三个显著的特征。

第一,旅游产业是派生的,是随着物质生产的发展和人们生活需要的扩大而逐渐从商业服务中派生出来的,其表面上虽仍属于商业服务业,但其经济活动的内容及范围已经超出商业服务业的范畴。

第二,随着旅游业的快速发展,旅游业已具有相对独立、相对集中的旅游需求和供给,并形成独立的产品生产、市场结构和生产经营体系,形成了自己的主体部门和产业结构体系,具有独立的分工领域,具备了成为一个经济产业的基础。

第三，旅游产业作为一个特殊的经济产业，已发展成为相对独立的经济产业，并且正日益成为经济社会发展中的重要产业。

## 第二节 旅游经济的发展要素与运行机制

### 一、旅游经济的发展要素

#### （一）旅游需求

旅游需求是指人们除工作或完成有报酬活动以外，为了其他旅行目的，定期或临时离开常住寓所外出旅行的需求。游览动机和数据收集系统中的变幻不定与差异，使人们在估计旅游需求时有必要引入某些条款规定。最常用的方法是根据到达人数或(对国际旅游业来说)入境人数，或(国际和国内旅游所需的)住宿方式来估计这种需求。[①] 据法媒报道，世界旅游组织称，2019 年国际游客数量增速降至 4.0%，为 2016 年以来的最低增速。世界旅游组织在一份声明中称，2019 年国际旅游人次达到15亿，2018年为14亿。报道指出，2018年国际游客数量增速为6.0%，2017 年为 7.0%，2016 年为 4.0%。

1. 旅游需求的特点

（1）国内需求占五分之四。

（2）需求集中：欧洲和北美洲接纳这种需求约 90%，它们也是输送旅游者数量最大的洲。

（3）地区之间的旅游是国际旅游流量的主要组成部分。

世界旅游组织所作的一些研究指出，三分之二以上的国际旅游需求是在同一洲的国家之间往来。在南北美洲，地区间的旅游百分比为旅游活动总数的 80%。相反，在非洲，这可能不足 25%。造成这种情况的主要原因可能是非洲国家的发展状况以及在非洲旅游供给的可能性小。

① 罗贝尔·朗加尔．旅游经济[M]．董明慧，谭秀兰，译．北京：商务印书馆，1998：17.

2. 旅游需求的季节性

在许多国家，旅游需求是一种季节性行为，就是说它集中任一年的几个月。我们在一系列促进旅游发展的社会、文化、历史因素中找到这种现象的原由。在适当的气候和环境中度过自由时光和享受这段不工作时光的愿望带来了季节性现象。学校的课程安排和工业的某些习惯做法又强化了这一特点。

显然，季节性主要关系到假期旅游，而不是像商务那样其他动机的旅游。这就是为什么人们要谈论假期不错开这个问题。至于出于各种不同动机（探亲、宗教、体育运动……）的旅行，气候不是优先考虑的因素。

季节性是国家旅游行政机构和欧洲的旅游专业人员经常关注的，季节性已成为确定旅游项目的根据而受到限制。因此，人们设法吸引在夏季之外能外出度假的一些人、会议参加者、退休人员、18 岁至 30 岁未成家的年轻人。为此，人们向这些顾客或提出减价（仅从经营成本出发计算交通费或住宿费），或给予优惠（如提供 2—3 天免费度假）。

总而言之，一段时间以来，通过大量的促销和广告活动，设法争取所有顾客。然而，这些活动的结果总体上是不能令人满意的，即使人们已开始隐隐约约地看到，错开休假时间在普及（一部分在夏季，另一部分一般在冬季），在“两个假日连起来休息”和长周末时短期度假在增加。错开休假时间和短期度假的习惯已趋向巩固，根据减少工作日，扩大部分时间工作制以及引入休假年的事实来看，20 世纪 80 年代社会经济自身的活力将强化这些习惯。

3. 旅游需求的因素

1972 年，勒内 · 巴雷特热研究旅游需求时注意到：“面对许多要考虑的因素，强烈的愿望是提出分类。但立即出现了一个难题：已有的标准之间的分界线仍是模糊的。”[①] 然而，确定说明旅游需求发展的几大组因素是可能的，无需寻求完美无缺。

（1）自由时光的任意使用。国家对领薪休假制的确认是促使现代旅游需求发展的最重要的因素。这个权利被引入更多的国家并涉及越来越多阶层的民众，便产生了一种客观的基础，即更大量的潜在旅游需

① 罗贝尔 · 朗加尔 . 旅游经济 [M]. 董明慧，谭秀兰，译 . 北京：商务印书馆，1998：18.

求存在的必要条件。此外,人们注意到在短期和中期减短工作时间的趋势,更重要的是,更加重视自由时光的趋势。

(2)经济因素。至少在近30年,在许多国家,个人(或家庭)可自由支配的收入确实增加了,这有力地刺激了其中有旅游业的物质财富和服务方面的私人消费。旅游业的利润增大,它几乎涉及各类人群,至少在发达国家,这一事实使人们看到旅游业关系到差不多各个社会阶层。尤其在国际旅游业中,使用相对价格的手段促进了到外地度假方式的扩大。如对一些国家有利的汇率,加之货币的稳定与经济的扩张等因素,意味着这些国家的旅游价格明显地有利于旅游需求。同时,旅游消费的固定成本(相对与绝对地)减少了。例如,空中运输对旅游业发展变得更为重要,通过努力,人们在经济上能够承受它,同时由于空运的能效更高、污染更少(噪音和大气污染)。

(3)人口因素。人们很快意识到,人口特征不同,居民会有不同的行为。一般来说,可以确认,生活在城市的社会群体更爱好旅游。其他特征,如年龄、性别、家庭状况、孩子数量等等,也不可忽视地影响着对外出度假作出决定。至少在西欧,我们注意到年龄越大的人就越少外出度假,旅游者的行动是随着年龄而变化的。在欧洲,最年轻的人更喜欢去地中海周围的旅游地,选用各种各样的交通工具和留宿方式。因此,认清这个因素,可以使土地整治工作者从可利用的资源中进行选择,并以适当方式加以配置。

(4)社会因素。社会对度假更加重视,无疑会产生模仿效应、与高收入人群的消费模式攀比的效应。然而,这种模仿行为今天有着其他特点。生活在更加开放的、情况越来越好的社会里,这一事实无疑已超越了地理和政治的界限,由此,人们相信,旅游业容易使各国人民之间和各社会阶级之间相互接近。实现彼此接近的精神状态和心境趋向,对尊重和关心各个集体的真正价值,人们把这种价值作为一些补充加以接受,而并不排斥自身的价值。一致确认的事实是,不同社会和不同文化的交流,在某些条件下,不仅通过竞争,而且通过互补来促进各自的发展。旅游业对这种发展起着部分促进作用,同时也从中受益。①

(5)组织和促销。旅游业是一种经济力量和一种引起国家关注的

① 罗贝尔·朗加尔.旅游经济[M].董明慧,谭秀兰,译.北京:商务印书馆,1998:21.

强大社会现实，国家将其作为达到文化、社会、教育甚至政治目标的一种工具。起初，是旅游促销者和操作者筹划旅游产品的生产、促销和分配方案，通过扩大旅游需求和在某些严峻的情况下控制旅游供应，来取得最大的效益。今天，大多数国家已不同程度地参与旅游促销活动，并以更开阔的视野给予它更大的优先权。事实上，国家不仅对获取外汇感兴趣，甚至要保证旅游部门适当地发展，并监视这些部门与自然和人文环境、领土整治、职业培训、保护消费者等方面可能引起的外部成本。

### （二）旅游消费

#### 1. 概况

旅游消费是以货币形式表示的关于旅游需求在一系列服务和物产方面所作花费的总和。确定一种消费是否具有“旅游的”性质，是与确定这消费的主体（“旅游者”）的性质有关的。鉴于旅游部门的特点，旅游消费量等于生产量，就是说，只生产将被消费的东西，因为不可能将旅游物产和服务贮存起来，以后再出售。旅游消费量主要是与实际价格水平和消费者可支配的收入有关。这些变量之间的基本关系取决于一系列非经济因素，如社会对旅游消费的重视，这意味着，旅游不仅在发达国家已是越来越多居民的生活方式，而且还成为发展中国家（已都市化的）精英的生活方式。[①]

在困难的20世纪70年代，旅游消费比许多其他物品的消费情况显得更严峻。旅游消费随着国内旅游的加强或面对国际旅游更经济型旅游的探索而作了结构调整，但它有时以家庭储蓄减少为代价而保持了继续增长。

视旅游业为最重要的欧洲和北美国家，旅游消费继续以一定程度的集中为其特点，表现在几个不同方面。

在时间方面：旅游消费是同有关工作与学习期限的现行法律和社会规章所确定的自由时光一致的。周末、复活节、圣诞节短假期和年休假是最主要旅游消费的时光，尽管“正在探索错开休假时间”。

在空间方面：对旅游地集中使用，甚至达到饱和状态，由此造成在

① 罗贝尔·朗加尔.旅游经济[M].董明慧，谭秀兰，译.北京：商务印书馆，1998：24.

开发已定的有吸引力的旅游点中社会成本的提高。

在外出动机方面：旅游消费中，“休闲”的动机超过其他动机，如商务、宗教、家庭、健康等。

在旅游方面不太发达的国家，旅游需求量小，较少发生上述集中现象。在这些国家，商务旅游占主要地位。时间(季节性)的集中现象很少，甚至不存在。但是不应忘记季节性效应在无旅游以外其他消费的旅游地是更为重要的。这就是说旅游消费的季节特点不是在整个国家或整个旅游区，甚至不是在整个设备上都是一致的。

在都市区域，饭店等设施有常客，这种顾客是它们收入补偿的重要因素。在没有以当地居民为核心支持的专门旅游区域里，人们只间断地经营旅游设施，这就导致在旅游“淡季”关闭这些饭店设施。

2. 旅游消费的类型

如果我们是按照已选定目的地的旅游者(国内的或国际的)来源，按照消费者组成的经济团体或消费时刻来进行分类的话，旅游消费的类型可以是相当复杂的。我们把全部旅游消费简单地分为两类：

(1)国内旅游消费，即一个国家的居民在本国旅游的消费。

(2)国际的或国外的旅游消费，即旅游者在其常住地以外国家的旅游消费。

3. 旅游消费和国民经济一体化

重要的是要知道旅游接待国所占的旅游消费份额是什么，因为旅游消费中使用的一部分物产和服务不是接待国生产的，而是输入的，这就导致收入流向国外。这种现象是众所周知的，一般没有量化。它与接待国的发展程度和经济结构一体化程度是成反比的。经济结构越发展并完善，收入流失就越少。在计算输入的物资时，应包括的不仅是直接用于旅游需求的消费物产，而且还有国家为生产适应国内和国际旅游需求的物产而输入的生产资料。

归根结底，这些“流失”包括：

(1)直接用于消费而输入的物产和服务。

(2)用于供应旅游用品的生产部门而输入的物产和服务。

(3)付给外国制造商的纯支出(报酬、酬金、手续费等)。

(4)在外国的促销费和广告费。

(5)对旅游业的资本输入。

可利用的数据是分散的，很少是一致的。这些“流失”的代价有时很高，特别是对岛国。在马耳他，流失达 50%。检查旅游经济一体化也可使用中介消费概念。对某些物产和服务的中介消费可以包括一些旅游成分，特别是在交通运输领域内。

4. 旅游消费的结构

按照传统，旅游消费可分解为：

（1）住宿。包括餐馆和食品，一般占消费总额的 40% 到 50%。

（2）交通运输，约 30%。

（3）购物、参观和其他娱乐费。

（4）其他费用。

根据地点、年份或实施的旅游类型不同，上述的每一项百分比会有很大变化。例如，在免税区，“购物”的比例可上升到消费总额的三分之二以上。旅游消费在近几年将趋向稳定，除非发展中国家能满足基本的旅游需求，并且设法通过旅游业改善公民的生活质量。然而，在定量配给食品的资源有限的社会里，这种旅游消费模式看起来不大合乎情理。旅游消费更会受到一种旅游业的基本价值的影响：旅游业能促进人际关系以及带来社会与文化丰富的机遇。

这就是说，人们参与旅游消费的态度，是同旅游地区社会、文化和物质遗产的真实性以及受重视程度相一致的。从战略上讲，旅游业可能受益于工作时间的缩短和人的平均寿命的延长。生活的线形观念是：培训—工作—退休。它为一种新的生活范围所取代，在这个范围中，休闲、培训、工作以及个人与家庭生活的作用同时得到发展。在这新的设想中，所有这些作用尽管份量不同，但都将同时被表现出来。它们的特点是连续性。与旅游消费相对应的是向旅游者提供的物产和服务的生产，同样，实际的旅游需求等于被消耗的旅游生产。归根结底，以生产观点对旅游业所作的分析指出：

（1）旅游者与供应者之间的相互经济作用（以货币计算）。

（2）把旅游供应者分为活动提供者和 / 或物产和服务提供者。

（3）供应者之间的相互作用。

（三）旅游生产

生产（或供应）是任何经济部门特有的变量之一。确切地说，这是业务部门在一个确定期间，一般为一年，所创造的最终全部服务和物产的价值。旅游业的经济概念是从旅游业目的的概念中得出的，其目的是生产供旅游者消费的物产和服务。这个特点是旅游业特有的。

1. 整个经济体系中的一种活跃因素

鉴于旅游生产部门的多种多样，从经济观点看，旅游业是经济体系中的一种充满活力的因素。西班牙的情况很好地说明了旅游生产的这种结构性特点。在该国，按照 74 个生产部门所提供的在最终需求范围内旅游消费的百分比向它们分配生产任务。产销结合也清楚地显示出，旅游经济的内容根据国家或地区而发生变化或可能发生变化。各国特有的资源，它接受的设备和推动发展的设施等可以改变与旅游相联系的生产部门的类型。然而，像饭馆业和旅馆业这样一些基本部门总是要存在的。

2. 整个经济体系的一种多样化成分

旅游业促进了国民经济多样化，这是它与各经济部门直接关联的结果，这对较落后的国家特别有利。对这些国家同对其他国家一样。例如，对石油出口国经济衰退和外贸减缩使生产的全面转换显得更为重要，这时，旅游业可以补充生产结构。

从严格的经济观点看，各国心照不宣地一致把旅游业作为充满活力的和多样化的部门加以发展。但另一方面：

(1)这要求有一个适当的场所，就是说要对所有活动作出规划并对土地作统一整治。

(2)这导致各国根据国家经济和社会条件寻求旅游部门的最佳规模。

(3)最后，这意味着各种不同类型的国家应当有特色地发展旅游业。

显然，在发展中国家旅游业的主要作用在于促进生产，包括创造就业机会、发展投资和提供外汇等。

3. 旅游业的增加值

人们经常把旅游业的收入与国民生产总值作比较，以便估计旅游业对国家生产的贡献。证实这种比较，需要使用一些较正确的数据，因为这样一些国民收入总额不是在所有情况下都一致的。

旅游部门获得的收入是与其生产总值的概念有关的。要作比较的量值是旅游部门的增加值,这个增加值是从旅游部门为生产专用物产和服务向其他部门所购买的东西中统计得出的。

鉴于旅游产值中个人交付的金额成分大,获取高额的增加值百分比是不足为奇的:从50%到60%。旅馆业下属部门——旅馆和饭店经常研究这种情况。在多数情况下,它们获得同样水平的增加值。大多数工业部门的相对应的百分比(增加值/总产值)一般要低于旅游部门。

从经济分析的观点看,增加值可分解为几个成分:

(1)工资补贴和社会保险分摊额(疾病、家庭、劳动事故和养老金)。

(2)固定资本的消耗。

(3)税和纯间接税,就是说不包括补助金和各种税务奖励部分。

营业上的结余,不应与企业的利润一致,它是这集合数的平衡成分。关注最终产值的另一个方面是把它视为与有关部门所创造的总社会产量相等的价值。这个价值可以解释为参与生产过程的制造者领取的总收入。有关这个问题可使用的统计信息是相当少的。旅游生产的物质载体是不容易分析的,原因是:难以明确地鉴别旅游企业。①

一般地说,旅游企业是中小规模的,这会促进旅游供应集中的进程,使其在竞争激烈的市场中得以幸存,这也会刺激旅馆以外的或类似旅馆业的供应实体的建立和发展,这些实体的优越性是个人服务减少,经营的灵活性最大,需要的投资最少。这完全符合旅游需求的愿望:选择更适合需要的(如家庭式的)住宿,追求更大的灵活性和更多的自由。

### (四)旅游投资

从技术上讲,要创建一个真正的新资产(设备、建筑、交通运输器材等)(英语是 gross fixed capital formation,全部固定资本构成),就需要投资。在旅游部门的情况是,对可变的宏观经济的投资极少作出分析。迄今,分析家们的兴趣,更确切地说,是要知道对旅游部门投资是否比其他部门有更多"赢利"。用这种或那种方法对农业和工业部门作的不易的分析是很复杂的,原因是构成旅游业的成分多种多样,并且很难计算需要作比较的投资和生产。

---

① 罗贝尔·朗加尔.旅游经济[M].董明慧,谭秀兰,译.北京:商务印书馆,1998:27.

1. 基础设施投资和设备投资

在初期，对基础设施投资和设备投资作一个基本的区分是合理的。在建立资本 / 生产系数时，我们已有一个过于简单化的估计，并且可以获得不同生产部门之间的比较参数。关于旅游投资，重要的是要了解同基础设施投资相比较的设备投资的份额是怎样的。没有基础设施，就不可能发展旅游业，但是应将地方社团发展的利益与旅游的发展结合起来。例如，建一个机场，它确有旅游的目的，但也有多种用途，其中可能包括国防的用途。

2. 资本 / 生产系数的计算

在非洲、加勒比海地区和其他地方对已实行的这个系数有许多种估算。计算出旅游部门的资本强度有着不可克服的困难。人们通常只对旅店业的投资和增值计算资本强度，因为对整个旅游部门进行这种计算实际上是不可能的。从本书所引述的大多数研究(联合国贸易和发展会议的、米歇尔或法布尔的研究)材料中，我们可以得出以下最重要的结论：

(1)存在着结果的分散：资本 / 生产系数的价值之间的差距是很大的，这无疑是受到各个国家特点的影响。

(2)一般可以发现，在旅游部门的这个系数有一些价值与工业部门所达到的价值相似。在西班牙的特殊情况下，可能已建立了资本 / 生产系数的某种稳定性，平均边缘系数为 2.5，这就意味着对旅馆业和饭店业下属部门增值的每一个单位必须带来总资本的三个单位(包括 20% 的分期偿还)。

3. 国家的作用

在旅游领域里，如同在其他经济部门一样，国家也是一个重要的经济经纪人，在投资领域里，它的作用随国家的不同而变化。最通常的参与形式是：

(1)基本设施建设的信贷。

(2)旅游的商业化、信息化和促销。

(3)创建和管理旅游企业。

(4)参与合资企业。

(5)补贴、免税、低利率信贷、职业培训等。

每个国家介入的方法一般取决于它干预经济的基本原则,但并没有共同的标准。经常是在参与或创立旅游企业时,人们尤其想开发一些旅游资源好的但在发展初期对私人积极性吸引力不大的区域。

从国家角度看,对投资的估计是更困难的,因为除了投资概念(有些是模糊的)的确定问题之外,还有按照集体利润(而不是仅按市场利润)对这些投资作社会估计的问题。

在各种情况下,要确定的一个目标是对旅游基础设施的投资带来最大效益。鉴于国营部门的参与程度,这个目标是很重要的。联合国贸易和发展会议的研究对达到此目标的主要手段作如下的引述:

(1)集中投资,以图减少规定的服务所需的单位成本。

(2)在投资的时间上适当分期进行,适时地(不前不后)创建必要的、能满足需求的基础设施和设备。在旅游业方面,应参照最大需求来确定投资规模,但鉴于旅游的季节性特点,这意味着除旅游旺季外,旅游业处于空闲状态。

(3)将这些投资的利润扩展到其他用途(尤其是为地方居民的用途),使国家发挥多种作用。

### (五)旅游业与就业

旅游业向来被视为劳动密集型的部门。鉴于在旅游提供的几乎所有活动中都有个人服务的成分,它便成为创建新职业的行业。问题是要知道它创造的就业能力是否高于其他的经济生产部门。各种研究指出,旅游业在最不景气时,就业状况也可达到制造工业部门水平。可惜,只能经常分析旅馆领域的情况,不可能掌握精确一致的信息。其余只是近似值而已。

#### 1. 旅游业的直接和间接就业

旅游就业,这个术语是不太准确的。通常,直接就业是指在旅游企业中的就业,间接就业是指在为旅游部门供货的企业中就业。在生产体系内部,旅游企业的职员和为其供货企业的职员所得的收入引起需要增加而设立的补充职位,人们常把这种补充就业称之为“引发就业”。

在这点上,人们还特别研究了在旅馆业和饭店业这样的下属部门中直接的、间接的和引发的就业。旅游部门创造的就业是一个国家的旅游政策、该国的发展水平以及旅游业对国民生产总值的相关贡献诸因素带来的结果。就业程度最终是随着旅游部门所雇佣的劳动力创造的生产率的提高而变化的。

2. 旅游业和职业培训

职业培训是各国政府行政部门应当承担的一项任务。经常是各种机构(教育、劳动、旅游、社会事务等)组织培训,专业机构(雇主协会、雇员协会或劳资协会)通常为培训进行协作并且提供全部或部分资金。因此职业培训的投资是政府、企业或雇员自己的事。在这方面,存在多种情况。

培训可分为三个等级:学徒、速成培训和终身培训。各阶段培训期限长短不一,时间甚至是分散的,不仅有国际水准的,也有国内各种项目的。

在旅馆、饭店行业,传统的培训方式是(全部地或部分地向公众开放或不开放的)旅馆职业学校。在发达国家某些情况下应招收一些适合的学生,因为在旅游部门内有晋升的机会和有时为个人服务的职业在形象上缺乏吸引力。相对广泛使用的方式是函授,进行行政管理和行政问题的教育。另一方面是教员和教练员的使用,他们的流动率高(或因晋级问题或因经济原因,在企业内有报酬较丰厚的工作)。

最后需要指出,培训的成本很高,很难在国与国之间作比较。

3. 季节工和移民工

绝大部分旅游活动的季节性特点导致断续地使用劳动力,由此而产生使用季节工和移民工。这个特点决定了每个企业的策略,在可能范围内将固定成本转化为与生产水平相关的以及从消费者支付的价值中最易被收回的可变成本。然而,劳动要素是创造产品的主要决定因素之一,并且它也是分期偿还的最重要的成本之一。因为旅游生产不能贮存,不能像农业或工业那样进行生产“转移”,来满足旅游旺季的需要。必须相当灵活地使用劳动要素,又因劳动日的延长,这就带来了报酬制度或职业等级的复杂性。这也是为什么在旅游部门建立按百分率计分红和付酬制度的原因。与此相关的一个问题是社会保险问题(尤其是如果把固定薪水视为高社会保险费的底数的话),社会保险只能保证给领薪者低等的补偿。

季节性明显经营的企业在旅游淡季把一部分职工分开来。总的倾向是定期地辞退业务上最不合格的劳动力,他们往往是移民劳动者。季节工的数量根据企业的类型、地点和规模等，可以有许多变化。

在旅馆业，季节工有时达到总量的40%到60%。国际劳工组织所作的一些专门研究试图将旅游业和旅馆业中不同种类的职位编入目录。这些研究指出，季节工和移民工的工作条件最差，因为国家的劳动立法，更确切地说，是基于固定工的情况而制定的。往往，由此产生了对国际劳工组织编入目录的移民工和季节工的损害：

（1）不遵守法律或集体协议中关于每日最多工作时间、工作时间错开、每周最多的工作和休息时间的规定。在某些情况下，季节工正常的劳动时间多于固定工。

（2）不遵守有关假期的规章。

（3）尤其是关于移民工，人们注意到以下实际情况：

——在本国侨民工和外国工的计酬表上存在不利外国工的差异。

——外国工的报酬滞留在工资表的最低档次上。

——支付外国工的工资与他们的身份相比是低的。

——扣除外国工基本工资以外的某些补贴，包括全部地或部分地扣除“基本赢利”或服务费收益的分红。

——对外国打黑工的人付酬低。

——按正常工时价而不是按加班工时价支付实际的加班工时报酬。

——为本国侨民保留高层职位的倾向。

——不给予外国工按所在部门他们工龄应有的权利，工龄一般按照为雇主连续工作的时间计算。

相反，我们看到在发展中国家，移民工都担任技术职务和领导职务，因为那里人员不足或缺乏。一般地说，这些“移居国外者”担任着负责的职务，并享受良好的工作条件和报酬。由此，在那些缺少专门人才的国家形成传统的战略，即招聘接收较低年俸的那类职员。用这种办法，可以减少他们的依赖性，降低输入合格专业人员的成本。

#### 4. 新的旅游职位的成本

除了有关就业的绝对数字信息外，另一个值得关心的问题是：确定在旅游业设立一个新的工作岗位成本是多少，或与其他经济部门相比，旅游业的生产效益如何。

鉴于旅游业作为一个生产部门而出现，人们还要非常小心地运用这些数字。显然，旅游生产所处的不同发展阶段决定着新设职位的成本或高或低。如果考虑到三个不同阶段：创办阶段、成熟阶段和高度使用空间阶段，那么显然在第一阶段（由于需要投资建立新的机构或由于没有调整好专业人员和班组）或最后阶段（由于需要使用边缘资源或空间），每新设一个工作岗位的成本更高。另一个困难是在不同的旅游下属部门投资创建一些活动，带有不同于其他生产部门的一种技术生命力。[①]

目前的研究，特别是旅馆业部门所作的研究不都是结论性的，但这些研究至少指出，在旅游业设立新工作岗位的成本几乎与发展中国家的其他工业部门的相似，还必须把基础设施和生产方面投资而新设的职位同行政管理职位和其他职位区分开来。因为必须看到，在饭店业、旅行社、旅游促销部门、交通运输部门等下属机构中设立每个新岗位的成本可以有明显的差别。

5. 就业和毛增值

所创造的就业和旅游产值之间的关系以选择法表现出来，这是为了确定一个业务部门在什么范围内是否以密集的方式使用劳动力。尽管用这种方法排除了"就业 / 投资方法"的某些局限，但所提供的数据并不精确，因为这些数据总是在旅馆部门所作的基本估计。只有在夏威夷和肯尼亚所作的某些研究才能指出旅游部门使用劳动力的程度是相当高的。

归根结底，旅游业创造就业这个问题很难预断，并且存在着一些分析不充分的模糊点，特别是在以下两方面：关于旅游就业的适当成本和关于旅游业对其有关地区或国家的社会经济组织是否尤关紧要。

## 二、旅游经济的运行机制

发展旅游经济是一个复杂的系统工程，具备内在的联动运行机制，包括在旅游经济理念指导下的动力系统、旅游经济理论指导下的支撑保障系统、参与的层面系统、目标系统等要素系统和旅游经济模式。整个运行框架体系体现了区域旅游发展与资源、环境的可持续利用和保护的有机统一。

影响旅游经济发展系统运行的系统和相关要素，是一个包含经济、

① 罗贝尔·朗加尔．旅游经济[M]. 董明慧，谭秀兰，译．北京：商务印书馆，1998：37.

社会、旅游资源、旅游环境等在内的若干个系统和因素。但主要是旅游心理容量、旅游资源承载力、旅游生态容量、旅游及旅游业容量、旅游地容量几个方面的系统要素。在五个方面的系统要素中，旅游心理容量包括价值观念、活动类型、社会旅游业等要素；旅游资源承载力包括资源性质、旅游区（点）空间、游览时间等要素；旅游生态容量包括大气环境质量、水环境质量、土壤环境、生物环境等要素；旅游及旅游业容量包括旅游业环境、基础设施、生活资料等要素；旅游地容量包括宗教民俗、人口状况、生活方式等要素。旅游经济的发展是在一定的时间、空间和技术条件下的相对状态。它的运作受一定的时空约束，这种相对性表现为发展的阶段性和区域性。旅游经济是旅游业系统、社会系统和自然系统的协调发展。

社会经济系统主要包括推动旅游经济发展的动力系统、支撑保障系统、支撑层面系统以及通过发展旅游经济的最终目标系统。动力系统主要包括政府的推动力、市场驱动力、社区参与和负面阻力等方面；支撑保障系统主要包括政策法规体系、监督评估体系、政府调控、绿色认证体系、技术研究开发体系等方面；参与层面系统主要包括企业层面和社会层面两个方面；目标系统主要包括资源利用最大化与生态环境破坏最小化、利益协调、旅游可持续发展、区域可持续发展等。

按照木桶理论，旅游经济的发展常常受到某种或某几种限制因子的作用，是由最短缺因子起决定作用的。因此，要调动社会经济系统中一切的积极因素，实现旅游经济模式的良性运行。

## 第三节　旅游经济的相关范畴

### 一、旅游

作为世界上最大的产业之一，旅游业与世界经济的很多主要产业密切相关。约曼等人（2006）曾在书中提到，在过去的半个世纪里，旅游业的年平均增长速度是6.6%，国际旅游者从1950年的2500万增长到到10.35亿。具体说到我们更关注的生态旅游，1950年全球前五大旅游目的地（在欧洲和北美）占世界旅游市场71%的份额，而到2002年其份额仅35%。约曼等人在书中把这种变化归因于人们对新目的地的渴求，这种需求同样也刺激了亚洲、非洲、中东和太平洋地区的新目的地的发展。

旅游业涵盖范围的广度使之非常难以定义，因为它严重依赖第一、三产业的生产和服务水平，实际上它与国计民生、社会文化和环境都丝丝相扣、密切交织。《经济学人》杂志在1991年某期曾这样描述这个行业的复杂性：关于旅游业的构成现在还没有一个能得到普遍接受的定义，任何定义都或夸大或低估了这种经济活动。最简单的定义认为，这个产业是让人离开居住地到其他地方（然后再返回居住地），并在这期间提供住宿和餐饮服务的行业，但这个定义其实说明不了什么。所有餐厅的营业额都被计入旅游业收入，所以这个数字被当地居民的消费托得虚高了很多，但如果把餐厅的营业额完全扣除显然也是错误的。

克劳森和尼奇（1984）及米切尔（1984）认为，由于旅游与社会经济体系如此紧密地关联与渗入，定义旅游业变得异常复杂。旅游研究在哲学观念、研究方法和研究动机方面往往大相径庭。众多的旅游定义中，每个都带有某个学科的烙印，反映出的研究动机也各不相同。例如，旅游与娱乐休闲研究有很多共同的理论基础和类似的特征。在扬森－弗比克和戴特沃斯特（1987）看来，"闲""娱乐"和"旅游"这几个词具有一定的共通性，都是强调活动体验的，而经济学和统计学角度的定义则往往忽略人的体验要素，更重视人的跨边境移动以及这种移动所带来的花费。

旅游与很多学科关系密切，包括心理学、社会学、人类学、地理学和经济学，因此定义旅游变得非常复杂。不过尽管旅游与这些学科都有很强的依附性，仍有很多学者认为旅游是一门独立的学科，利珀（1981）就是其中的一位。利珀认为，我们研究旅游应基于这个产业的结构，认为这个产业是由相互关联的五大要素构成的，即：一个移动的人；客源地；移动区域；目的地；旅游产业。这个定义与马西森和沃尔（1982）的提法很类似，后者认为旅游是由三个基础要素构成的，即：移动要素，即向一个选定目的地的移动；静止要素，即要在一个目的地逗留一段时间；前两个要素结合的结果，即旅游者直接或间接带来的经济收入。其他定义还包括米尔和莫里森的定义。他们认为旅游是相互关联的各要素构成的一个系统，这个系统像个蜘蛛网，牵一发而动全身。这个系统中有四个主要组成部分，即：市场（接近客源）、旅行（购买旅行产品）、目的地(旅游需求的形态)和营销(旅行的销售)。

由于认识到定义旅游是非常困难的,史密斯(1990)认为比较现实的做法是接受现有的各种定义,因为不同的定义服务于不同的目的。这是最现实的办法。本书对旅游的定义是,它是指一个由旅游者和相关服务设施(住宿、景区、交通等)组成的相互关联的系统,这些相关设施是帮助旅游者实现位移和旅游体验的。根据世界旅游组织的定义,旅游者是指出于愉悦身心的目的旅行并在外逗留一晚以上,但不超过一年的个人。国际旅游者是指离开自己的国家,到其他国家逗留不超过6个月,其主要目的是观光并且在目的地进行不以获得报酬为目的的活动的个人。

## 二、旅游景点

旅游业包括很多要素,旅游者依靠这些要素在目的地满足他们的需求。广义地说,这些要素包括各类设施,如住宿、交通、景区等。尽管进一步的深入讨论已经超出了本书的范围,不过深入地分析旅游景点仍有必要,因为它是旅游体验的基础要素。按格德纳等人的观点,旅游景点可以大体分为文化类(如历史遗迹、博物馆)、自然类(如公园、动植物)、节庆类(如节日、宗教活动)、休闲类(如高尔夫、徒步)和娱乐类(如主题公园、电影院)。以往的旅游研究更多地关注对旅游景区的理解,以及它是如何影响旅游者的,而不是把它作为旅游产业的一部分。正如冈恩指出的,"它们(景点)是到某个目的地旅游的主要理由"。

麦克内尔(1989)把旅游景点形容为,"一个旅游者、一个旅游地和一个标记之间的经验主义关系"。旅游者指人的要素,旅游地指目的地或物质实体,标记指旅游者认知某个景区或对其赋予意义的相关信息。

不过卢(Lew,1987)有不同的看法,他认为以旅游者—旅游地—标记的模式,基本上任何事物都可以被称为景点,甚至包括服务和设施。刘更强调景点的主观和客观的特征,认为研究人员应该从以下三个方面去分析景点。

(1)表意性:某个地点的具体、独有的特征,包括这个地点个性化的名称和所属的小区域,这是旅游研究中最常见的景点形式。

(2)组织性:重点不是景点本身而是其空间承载力和时间性。数据曲线走势取决于景点所涵盖的区域规模。

（3）认知性：一个地方带给旅游者的感觉，景点是指那些能引起人们相关感受的地方，这些感受包括“内在感”和“外在感”（1976），以及麦克内尔（1989）所说的地区前台和后台的真实性。

利珀（1990）根据麦克内尔的模型进一步形成了一个系统定义，即一个旅游景点是对以下三个要素进行系统化的组合安排：一个有旅游需求的人，一个核心（此人要到访的任何一个地方的任何特征）和至少一个标记（关于这个核心的信息）。

利珀所采用的方法也得到了冈恩（1972）研究的印证，后者在文章中用很长的篇幅说明景点在旅游研究中的重要性。冈恩引入的旅游景点模型包括三个不同的地带：核心，即景点的核心；缓冲带，即核心需要的周边空间地带；闭合区，即包括旅游基础设施（如卫生间、信息中心等）的区域。冈恩认为任何一个景点如果缺少以上三个要素中的任何一个都是不完整的，而且难以管理。

有些学者，包括皮尔斯（1982）、冈恩（1988）和利珀（1990）认为，景点有不同的规模层次，小到一个具体的物件，大到整个国家。这种规模的巨大差异使景点研究更加复杂。因此，景点核心和景点外围是共同存在的，在不同的地区，在地区之间，其界定更多地取决于到访的旅游者类型。

在固定的空间中，随着时间的推移，到访景点的旅游者和旅游者团体的数量和类型逐渐形成了一个细分群体，一个度假目的地中的某个常被旅游者占据的区域，通过对时间、空间和其他行为要素的分析，人们根据旅游者对目的地的选择和利用对旅游者进行了分类，人们可以通过旅游团选择景点类型，不再对旅游者进行区分。

对于旅游产业来说，这意味着一个地区要尽可能让自己多元化，提供多种不同的旅游体验。例如，一个目的地因认识到吸引各类旅游者的重要性和市场机会，这个目的地可能会努力让自己既能满足一般游客的需求，也能满足寻求文化和自然体验的游客的需求，不论这个目的地处于城市、乡村还是荒野。景点也被描述为一个固定的物质实体，这个实体具有一定的文化或自然形态。自然形态的景点会吸引一些特定的旅游者，如野生动物旅游和生态旅游。例如，对于一个观鸟者来说，某种鸟类就是其最大的吸引力和追寻目标。一个比较极致的例子，就是苏格兰设德兰的赫曼内斯国家自然保护区的一只候鸟信天翁，可能会吸引大批观鸟者。信天翁是观鸟者主要的吸引物，而赫曼内斯是一个载体（吸引物集群)，它是主要吸引物(鸟)的一个代表。自然景观可能会在时间和空间转移，其吸引力可能以秒计、以小时计、以天计、以周计、以月计、以季计或以年计。对于追逐这种体验和景观的旅游者，他们的转移可能是非常具有挑战性的。

### 三、大众旅游和替代旅游：相互竞争的模式

旅游很嘈杂而且常受到指责，因为它具有对目的地的物质上的转变能力。以前旅游能为一个地方提供长期发展的机会，后来它对目的地的生态和社会的干扰超越了它的其他功效。尽管也有很多案例说明旅游对发达国家也同样具有各种影响，但绝大多数相关文章还是记载着旅游对发展中国家的负面影响。例如，有学者在文章中记录了马耳他如何从原来的一个小渔村发展成为一个旅游发达的目的地。随着时间的推移，交通系统和度假村的开发越来越复杂，旅游者带来的社会影响淹没了整个地区。

现在我们会更自然地去指责传统大众旅游，把它当成洪水猛兽，当成对目的地居民和自然资源不可饶恕的恶魔。最终，人们对大众旅游的批评焦点基于这样的事实，即它统治了旅游行业，无视目的地本地差异化，大众旅游者虽然逗留在目的地，但在当地的花费非常少。酒店和大型度假村往往成为某地区大众旅游的主流代表，这些酒店和度假村内几乎没有任何当地的产品，对当地的特色食品需求很少，这一切都是为了迎合大城市人的喜好。

酒店的营销努力带来大批量的游客，而这些游客的大量涌入也往往是季节性的。季节性的结果是酒店对当地人的雇佣也往往是季节性的，完全是随着游客数量的变化而起伏。旺季时高密度人流的集中让当地人完全脱离了自己原来的谋生方式，成为游客的佣人。最后，景点也都围绕着这些游客密集地区建设，完全为了迎合这些游客的需求。这些景点已经将自然和文化资源完全商业化，其结果是景点有很重的人为设计元素而失去了真实性，如一些主题文化节庆。

上面描述的大众旅游至少说明了一点，即旅游业的经营目的不是出于当地居民和当地资源的利益的。这一点被 20 世纪 80 年代的很多旅游研究所印证，这些文章普遍看好一种新型的、对社会和生态有更良性作用的大众旅游的替代形式。克里彭多夫(1982)认为替代旅游

（AT）——与传统大众旅游相反的一种旅游形式——背后的哲学是要确保旅游政策不再以经济和实际操作为重心，而要重视未被污染的环境和当地居民的利益需求，这种“较软性”的方法把自然和文化资源前置到了旅游规划和开发的阶段，而不是事后的补救。替代旅游也在弱化外部因素对旅游开发的影响，让当地政府自己监控旅游项目并参与开发，在关键的问题上夺回自己的话语权而不是任由外部机构和外来者摆布。

替代旅游泛指一种旅游战略（如恰当的、生态的、软性的、负责任的、强调人与人关系的、有控制的、小规模的、村舍型的和绿色的旅游），是指一种更度性的、替代传统大众旅游的旅游模式。德尔尼（1981）指出替代旅游的好处可以归纳为以下五个方面。

（1）对个人或家庭的好处：直接住到当地人家里能直接给家庭带来收益，当然接待家庭也必须有一定的接待和管理能力。

（2）对当地社区的好处：替代旅游能给社区成员直接带来收入，同时能改善当地人的居住条件，避免大规模的公共基础设施花费。

（3）对接待国的好处：替代旅游能有效避免旅游收入外流到目的地国以外，能有效避免与当地传统保护力量之间的摩擦和紧张关系。

（4）对客源国旅游行业的好处：替代旅游对于消费比较谨慎的旅游者来说是非常理想的，也非常适于那些想近距离接触当地人的旅游者。

（5）对国际关系的好处：替代旅游能促进国家间、地区间和文化间的相互理解。

韦弗（1993）进一步具体分析了替代旅游能给住宿设施、景点、市场、经济影响和规范等方面带来的潜在好处。这是一种更感性的旅游发展路径，从互补而不是竞争的角度力求满足当地居民、旅游者和资源各方的需求。

替代旅游的重要性同时也是其所面临的主要挑战是，作为一种比较软性和更负责任的旅游形态，现在的事实是，以欧洲为例，旅游业在未来 25 年将增长一倍。有很多学者马上指出，替代旅游发展得再好也不能取代大众旅游，因此更现实的做法是集中力量改造最差的情况，而不是发展其他替代形式。

巴特勒（1990）认为大众旅游没有被完全否决的两个原因是：经济因素，即它仍然是很多国家外汇收入的主要来源；社会心理因素，这点与下述事实相关：很多人很享受作为一个大众旅游者的经历。他们真心喜欢这种旅游模式，不用自己操心旅游安排，到了目的地不用自己找房，不用学外语也能买到需要的商品和服务，能在旅游目的地待得比较舒服，能吃到相对熟悉的食物，而且不用花太多钱和时间就能实现这一切。

## 四、生态旅游

### （一）生态旅游的缘起

关于“生态旅游”这个词的起源一直众说纷纭，关于这方面的文献也数量众多。奥拉姆斯（1995）和贺文贾德（1994）在文中写到，这个词的应用最早可追溯到20世纪80年代，而也有些学者（Higgins，1996）认为这个词最早源于20世纪70年代米勒（Miller，1989）关于生态发展的书。

大部分文献比较统一的看法是，这个词最早是在20世纪80年代初由塞瓦略斯－拉斯库赖因创造出来的（Thompson，1995）。他把生态旅游定义为“到相对未被打扰过或未被污染过的自然区域旅行，带有明确的研究、欣赏或观赏当地野生动植物，或现存当地文化（古代的和当代的文化）的目的”。塞瓦略斯－拉斯库赖因自称他最早想到这个词是在1983年，自组织发起一个叫偏自然的非政府组织1996）。

赫兹认为一种比较负责任的旅游有四个要素，即：最小化的环境影响；对当地本土文化的最小影响；对接待国普通民众的利益最大化；最大限度满足旅游者对“娱乐”的需求。随着生态旅游概念的发展，赫兹认为，生态旅游是一个比较极致的概念，是因人们严重不满于过度开发的负面作用，特别是对生态环境的负面影响而产生的。

纳尔逊（Nelson，1994）也认同这个观点，他指出生态旅游其实是一个很老的概念，20世纪60年代末到70年代初这个概念已比较泛滥，因为当时的学者对不当利用自然资源的问题越来越关注了。

再早，洛萨·马胡拉（1954）的论文“自然保护与旅游：以奥地利为例”是首次提到旅游和观察关系的学术文献，这为后来的生态旅游埋下了种子：他的讨论涉及旅游如何与自然保护合作或两者可能会怎样地不兼容。马胡拉在文中写到，旅游可以是唤起人们对自然的热爱的一种介质。不过有趣的是，2013年10月我在谷歌学术搜索马胡拉的论文时却没有找到这篇文章的记录。

其他相关领域的研究还有芬内尔(1998)从加拿大政府找到生态旅游的证据,关于这种旅游运营的记载是在20世纪70年代中叶。当时的生态旅游主要是围绕横贯加拿大高速公路的开发进行的,这条高速公路是1976年开发的。加拿大版的生态旅游在时间上是比较超前的,但它还缺少当今生态旅游具备的低影响、可持续、关注社区发展和道德标签等要素。当时生态旅游的发展出于加拿大政府认为,有必要让国内和外国旅游者通过对自然环境的解读,了解并欣赏加拿大人与土地的关系。尽管当时没有明确的生态旅游定义,但每个生态旅游指南都有下面这段前言:

> 生态旅游是加拿大林业局为你提供的,帮助你了解在这个国家看到的自然景观特征,包括自然和人文历史景观的解读。生态旅游的线路根据景观的主要类型或生态地带划分,每个生态地带的地图上都有景观位置的标识(上面带有编号)。尽管大部分景观可以从车上看到,但有些我们还是建议你下车观赏。各景点之间的距离标有公里数,同时也标出了支路以及支路到高速公路之间的距离,如果你事先了解旅行里程和每个景点的特点,就能从生态旅游中获得最大限度的价值。

芬内尔还指出生态旅游的发展方向应该是收敛的,"很多地方的民众要独立地对本地的发展需求负责,在发展更自然的旅游业态和生态环境的全社会保护之间寻求平衡",纳尔逊也持同样的观点。很多学者努力要找到生态旅游和其他旅游形式之间的关系和共同点。

人们普遍认可的是,生态旅游实际出现的时期远早于20世纪80年代。例如,纳尔逊(1993)指出美国自然历史博物馆早在1953年就组织过针对自然历史探索的旅行。可能更有力的证据是非洲基于野生动物的生态旅游的发展,这类旅游应该在20世纪早期就存在了,有些人甚至认为自然旅游企业在19世纪中叶就有了。前面提到的马胡拉的文章针对的就是这种基于自然历史的旅游。有更多的文献说明人类去荒野旅行触发灵感的行为自古罗马时代起就有了。纳什在文中指出,19世纪很多人到欧洲和北美旅行的主要目的就是寻求户外体验,有下面的文字为证:

> 亚历西斯·德·托克维尔1831年在美国旅行时,在密歇根看到一片荒野,这个年轻的法国人觉得自己终于找到了文明的边界。不过当他把这种旅行的欲望和发现原始林地的兴奋

感分享给别人的时候，其他人觉得他疯了。美国人那时还无法相信还有一种旅行的目的是在伐木或觊觎土地以外的。

托克维尔追求的是旅行中的一种基础心理体验：新奇感。纳什（1992）也回应道，十八、十九世纪社会和科学的发展让当时的知识分子普遍有一种需求，相信到未被人类涉足的自然界能找到灵感，触发精神和心灵深层的涤荡，使灵魂得到滋养。触发这种需求要求社会上存在一个比较富裕而且有文化的群体，这些人长期居住在城市里（如卢梭和英国作家约翰－罗斯金）。对于这些人来说，“荒野能让人获得新奇的体验，满足人们深层的精神和心理需求”。当时这种情怀在美国远不及在欧洲流行，因此，“直到19世纪70年代，美国西部荒原的自然旅游者几乎完全是外国人”。

当美国人开始到本国的荒原旅行时，主要是一些特权阶层的人。据奥加拉（1996）记载，19世纪80年代，去黄石旅行一次的费用是去欧洲旅行费用的三倍。毫无疑问，去旅行的人都被黄石的景色所震撼，但他们的行为却差强人意，他们留下的痕迹在拉迪亚德·吉卜林（1996）的书中有记载：这虽然不是惊人的庸俗，但也足以体现人们无法控制的自私和对环境的忽视，这种现象令人震惊。有大量号称“优雅”的女士把自己的名字刻在老忠实泉边的石头上。自然把这种丑陋现象永远地记录了下来，经年以后，我们仿佛还能看到“哈蒂、赛迪、玛米、苏菲”们把自己的发卡摘下来在老忠实泉的脸上留下的划痕。

（二）生态旅游的定义

由于关于生态旅游的起源一直存在着模棱两可的说法，下面这部分文字就要努力找到这个词含义中的一些关键原则，特别是自然旅游（或偏自然的旅游）和生态旅游的区别。拉阿曼和德斯特在他们早期关于生态旅游的文献中把生态旅游定义为自然旅游。在他们的定义中，“旅游者被目的地的自然历史的一个或多个特征所吸引而前去旅行，他们的旅游目的兼有教育、娱乐，往往还有探险色彩。另外，这些学者可能是最早提出自然旅游有硬性和软性的两面，其衡量标准是看体验的严酷度和对自然历史的兴趣度。拉阿曼和德斯特认为科学家会比一般的游客更可能专注于追寻生态旅游，有些类型的生态旅游者在追求体验的过程中更愿意承受一些艰辛。关于生态旅游者软性和硬性的特征，在阿科特等人的文章中被定义为深度和浅层生态旅游。

深度生态旅游的特征是小规模开发，体现生态旅游本质价值，对社区有充分认知并有深度的社区参与，而生态旅游的物质主义解读是完全错误的。浅层生态旅游的特征是从生态旅游的商业到常态维度的解读，即自然被视为一种资源，可以被最大限度地服从于人的利益，管理决策是以开发利用为出发点，而可持续性被弱化。深度和浅层生态旅游是一个连续区间的两个极端，作者认为浅层生态旅游的极致边缘实际上已与大众旅游接壤，唯一的差异就是企业不同的宣传方式而已，浅层生态旅游会在广告宣传上号称生态旅游（如看到一种或另一种野生动物），然而从中获取利润的目的要远优先于其他社会和生态因素的考虑。

拉阿曼和德斯特（1993）最终的定义主要是从概念上区分生态旅游和自然旅游。由于定义自然旅游非常困难，故他们把定义分为狭义定义和广义定义。狭义定义是指经营自然导向的旅游，而广义定义指所有利用自然资源（包括海滩和乡村风景区）开展的旅游。

他们定义的自然旅游是“把重点放在自然资源的旅游，这些自然资源包括游客相对较少的公园和自然区域、湿地、野生动物保护区及其他动植物栖息地的保护区”（1993）。从这个角度讲，确实有很多文献都把生态旅游形容成一种比较广义的基于自然的旅游（NBT）。

以古德温（1996）为例，关于自然旅游，他在书中是这样写的：它几乎可以涵盖所有旅游形式——大众旅游、探险旅游、弱影响旅游、生态旅游——这些都是利用原生态自然资源的旅游。这些自然资源包括自然物种及其栖息地，自然地貌风景，咸水和淡水景观。自然旅游是以享受这些未开发自然资源或野生动物为目的的旅行。

相对地，他关于生态旅游的描述是：弱影响的自然旅游，对物种及其栖息地保护能做出直接或间接的贡献，直接贡献包括直接投资用于保护，间接贡献包括为当地社区提供收入或为当地居民提供帮助，从而让他们更愿意保护当地的自然资源以谋求这种收入的延续。

虽然自然旅游与生态旅游的区别是定义生态旅游的基础，但实际上生态旅游的定义非常多，每种定义都使用一些恰当的术语和词汇去描述。除了上述早期定义以外，齐费尔（1989）在讨论基于自然的旅游（NBT）和生态旅游时第一次提出了一些相关术语，如“自然旅行”“探险旅行”和“文化旅行”，这些多是基于活动的表述；还有一些基于价值观的表述。齐费尔认为自然旅游虽然未必是以生态为中心的，但更关注的是个体旅游者的动机和行为。反之,生态旅游由于其涵盖面太广(需要以实现某种社会目标为目的进行提前规划),实际上是更难实现的。她认为生态旅游应该是:

> 一种以某个地区的自然历史为主要动机的旅游形态,其中,自然历史包括土著文化。生态旅游者走访一些未被开发的地区是希望能欣赏当地风景和融入当地社区。生态旅游者以非消费的态度对待当地野生动物和自然资源,并希望能通过劳动或资助的形式为到访地区做贡献,这种贡献的目的直接或间接地有利于当地的保护和改善当地居民的经济状况。这种造访能加深生态旅游者对当地的欣赏与对当地保护和当地人福利的关注度。生态旅游也意味着接待国或接待地的一种管理方式,即在景区的建设和维护过程中让更多的当地居民参与,进行适当的营销,执行一定的规则,让企业出资用于当地的土地管理和社区发展。

与齐费尔的定义类似的是华莱士和皮尔斯(1996)的定义。这也是一种涵盖面比较全的定义,强调了各种变量的重要性。他们的定义是:旅行到相对未被打扰过的自然区域去研究、享受或参加志愿服务。这种旅行与当地动物、植物、地理、生态系统,以及当地人的需求、文化和人与土地关系等方面有关,它把自然区域视为"我们全人类的家",而不仅仅是"当地居民的家"("生态"也有家的含义)。这是一种保护和可持续发展的工具,特别是针对那些当地居民强烈要求开发利用本地资源的地区。

华莱士和皮尔斯(2008)总结的关于真实生态旅游的七个原则认为,具备以下六个主要特征的旅游就是生态旅游:

(1)对当地环境和地区负面影响最小的一种资源利用形式。

(2)认识和理解当地自然和文化系统,并把游客影响纳入这个系统内。

(3)立法对当地自然资源进行保护和管理。

(4)当地居民在决策接纳什么样的旅游形态的初期就参与,并且能够长期参与决策。

(5)旅游经济收入能用于当地居民和扶持当地原生态活动(如种植、捕鱼、社会系统的运行等而不是取代这些传统活动)。

(6)让当地居民和自然旅游方面的雇员跟其他游客一样都有机会到访自然区域并了解当地的景观和资源。

多诺霍和尼达姆(2006)对生态旅游定义的内容进行了较深入的分析,并得出了与芬内尔(2001)较早期的研究一样的结论。大部分生态旅游定义由以下几个核心点构成:基于自然;保护;教育;可持续性;收益的分配;伦理道德/责任。两位作者认为由于很多生态旅游定义缺少上面的一些核心要素,结果变成了粉饰绿色、生态机会主义和生态剥削。

两位作者在后来的文献中把生态旅游描述成一个连续的区域,从一端的操作型生态旅游到另一端的严格意义生态旅游。真正意义上的生态旅游要能符合生态旅游所有定义要素,而伪生态旅游可以分为两类,一种是轻生态旅游,包括一些运营商或产品是实践和应用了部分生态旅游的原则,而且是侧重基于自然的旅游;而另一种则是粉饰绿色,其产品几乎没有任何生态旅游要素,但在营销时向市场标榜自己是生态旅游运营商,实际目的与生态旅游的高尚目标相去甚远。

多诺霍、尼达姆、霍尼、齐费尔、华莱和皮尔斯等学者都一致认为生态旅游要获得成功就必须努力实现其高尚的目标。相对来说,生态旅游协会(现在的国际生态旅游协会)给出的生态旅游定义是一个比较"走中间道路的"或相对被动的定义,而这个定义也是比较容易清晰表述的。协会给出的生态旅游定义是:"到自然区域的负责任的旅行,这种旅行能保护环境和改善当地居民的福利。"波里斯等人(1995)用的是澳大利亚国家生态旅游战略在生物多样性和生态旅游这一部分概述中的定义,这也是一个比较笼统的定义。这个战略把生态旅游定义为含有教育和深入了解自然环境的基于自然的旅游(NTB),其管理方式是生态可持续的。这些定义代表了描述生态旅游的一些核心原则,包括可持续性、教育、基于自然、强制或强调保护。2002年国际生态旅游年召开的会议上发表了《魁北克宣言》(联合国环境署/世界旅游组织,2002)。宣言指出定义生态旅游要遵循五个主要原则:基于自然的产品、影响最小化的管理、环境教育、为保护做贡献和为社区做贡献。

这一切都说明生态旅游是无法快捷或简单地定义的,只能找到一些核心原则。这个术语的简单定义给读者留出了很大的解读空间,太宽泛的定义可能会给服务供应商设定太多的限制,使这种旅游实际上无法实践。如果我们仔细解读生态旅游的一些简单定义,就会发现这些定义很容易造成误解。

下面就是两个例子：

保护环境和维持当地居民福利的负责任的旅行。

在自然区域负责任的旅行，能保护环境和改善当地居民的福利。

第一个定义是长期以来使用的美国国际生态旅游协会对生态旅游的定义，第二个是美国南卡罗莱纳基于自然旅游协会的定义，它把生态旅游定义为旅游的一个类型，包括了背包旅行、泛舟、自行车旅行、垂钓、打猎和生态旅游。虽然两个定义的文字表述接近，但两者有着根本的区别。第二个定义描述了依赖于自然环境的一系列旅游类型。用韦弗的话说（2001），基于自然的旅行（NBT）是"依赖自然环境的任何一类旅游形式，生态旅游和旅游都属于基于自然的旅行，如前所述，生态旅游只是NBT的一种，它更依赖于户外自然环境。这一点已经在前面提到的很多学者所表述的生态旅游和NBT的关系中得到确证了。

两个词的互换使用或把两者视为同义词的情况很多。如加拿大的萨斯喀彻温省就用了一个非常类似的定义（生态旅游是"对目的地地区负责任的旅行，它能保护环境和提高当地居民的福利"）。以垂钓为例，这在萨省是非常流行的一项活动。如果能严格执行捕获限制，它能是一种负责任的活动；它可以保护环境，因为养殖鱼苗能补充河流和湖泊里的鱼群数量；如果雇佣当地土著捕鱼向导，也能为当地居民带来福利。垂钓肯定是NBT的一种，但它是不是生态旅游的一种就值得推敲了，因为这种追逐和捕猎的活动会带来一系列哲学问题。由于无法从概念上有效地把生态旅游和NBT区分开来，故业内相关各方已经误读了生态旅游，并且在错误地宣传生态旅游，从而在市场上形成了一个虚大的生态旅游市场，未必能让这个产业健康发展。

不过为什么要大费周章地找到正确的生态旅游定义呢？博特里尔和皮尔斯（1995）发现定义是非常重要的，因为人们通常要通过定义去观察、统计和评价什么是生态旅游，什么不是生态旅游。博特里尔和皮尔斯研究了22家生态旅游企业，发现只有5家能真正满足以下几个条件：动机（实际活动、教育、参与）、敏感度管理和保险区地位。

两位作者提出需要在定义方面做更多的工作并修正一些核心点和标准。他们的文章把定义往前推了一步，要通过定义定位生态旅游经营者，而且认为定义要能够经受公众和相关利益方在伦理道德和实践方面的推敲。米勒和凯耶（1993）的文章也响应了这个观点，认为"生态旅游的优点和不足……并不体现在任何标牌上，而是体现在人类在一个生态系统中的活动所带来的具体环境和社会影响的性质和程度”。

为了能继续我们的阐述，我推荐以下生态旅游定义，一个综合了大量文献观点的定义，也结合了我的个人经验。这个定义涵盖面已经足够全面，能避免产生歧义，但也不至于过于宽泛和设置过多限制条件。生态旅游是：旅行的主要目的是出于对目的地自然历史感兴趣，是基于自然旅游的一种，强调在目的地自然的第一手资源的学习、可持续性（保护和当地参与 / 收益）和有道德的规划、开发和管理。

这个定义指出生态旅游作为一种独特的旅游形态，必须具备和保持其定义特征才能与其他旅游形态加以区分，尽管大部分生态旅游者可能要求的是比较软性的、容易获得的城郊体验，而且“受欢迎的”生态旅游产品要求运输条件，方便的可进入性和较高水平的服务。较软性的生态旅游与其他旅游形态是本书后面章节要讨论的一个话题。深入了解生态旅游和生态旅游者是非常重要的，为了更好地理解，目前我们需要用生态旅游较硬性的一面做说明。另外，严格的生态旅游定义让我们知道在区分什么是生态旅游、什么不是生态旅游时要用到哪些指标（1995 年介绍的生态旅游连续体中从硬性到软性的路径）。这种思维较早期的例子是在肖尔斯（1992）的研究中，他指出生态旅游行业在评价体系和收益评估方面需要有更高的标准。评价体系为 0（旅游者被告知环境的脆弱）到 5（旅行的整个运行体系都以环保的方式进行）。

读者们会发现前面提到的定义和生态旅游基础特征中没有提到文化。这个定义中只把文化看作生态旅游为当地居民造福的一个内容，因为文化是任何旅游体验中都具备的要素。如果文化是生态旅游的主题，那它就变成文化旅游而不是生态旅游了。无疑，文化是生态旅游体验的一部分，不过文化总体来讲是次要目的，是排在主要目的——自然和自然资源之后的。以芬内尔（1990）的研究为例，统计数据显示加拿大旅游者和生态旅游者在文化类景点的行为特征几乎没有差异，这些文化类景点包括博物馆、美术馆、当地节庆和手工艺品。另外，科尔和贺文贾德（2012）对观鲸宣传册的研究发现，这些宣传材料无一例外地不会强调文化或历史景观。

可持续发展在生态旅游中起着重要作用，因为它迫使我们不仅考虑当地居民的需要——当地居民有机会参与决策而且他们的决策肯定会要求获得经济和社会方面的收益——而且要考虑保护的需要，即保护自然世界,为了我们现在的利益也为了将来几代人的利益。这些价值观要引起企业或其他相关利益方的兴趣,形成更符合各自利益的生态旅游开发模式。

通过针对环境的结构式教学课程了解环境是生态旅游体验的一个基础。

在以往的研究中,人们一直关注想参与现场获得知识的需求与导游的解说及信息之间的关系。以观鲸为例,很多人只是想看鲸(新奇感或满足好奇心),但也有些人想通过观鲸了解更多的知识。知识是关于某个场景的信息,而学习则是亲身参与的结果。学习是生态旅游者的首要动机。赫尔特曼和锡德霍姆(2006)指出虽然学习或获得关于自然的知识是生态旅游的首要目的,但生态旅游者"不能以任何侵犯的方式介入自然;自然界必须保持其原生态"。这种不介入的观点与本书不谋而合。尽管生态旅游者要获得的是第一手自然体验,但这种互动必须把自然世界包括其中个体的利益放在优先于生态旅游产业利益的位置(1992)。

威尔逊的观点(1994)也与第一手自然体验有关,他提出了一个热带生命的天性的概念,即"被其他生命形态及其自然生活系统所吸引是一种发自内心的驱使"。生态旅游就是这种内在驱使的产物,这种内在驱使会让人希望参与到自然世界中,而这种参与活动有可能会给自然世界带来负面影响,他在书中提出人和他们所选择的活动与他们对野生动物的价值观是正相关的。

正确的价值观选择对这个行业是非常重要的,因此有越来越多的学者关注伦理道德,并把伦理道德视为生态旅游定义的一部分,以此推动对理论和实践的指导。这意味着对生态旅游恰当的规划、开发和管理,涉及营销、对待动物和自然界的伦理道德,后者以往也被归入关于低影响和非消费的讨论中。阿科特等人指出:"定义生态旅游时如果忽略其背后的哲学理念和伦理原则会带来很多问题,一个人所处的地理位置(如保护区或因其他理由被认定为生态旅游区的地区)是不足以确定这个人的环境价值观的"。鲍威尔和哈姆(2008)综合各家的理论,总结出了生态旅游要持续发展下去必须要考虑的4个要素,即环境保护、教育、经济收益和公平。凯特(1994)也同样强调了伦理道德的重要性,她指出,外在力量必须有意愿去服从和重视人的这种需求,否则这种需求会被旅游边缘化,而这种外力的意愿就是生态旅游的道德问题,刚刚提到的观点都是生态旅游存在的基础。

对于旅游学者来说,生态旅游的魅力在于麦克切尔(2010)所表述的这样一个主题，即相比其他所有旅游形式，学者在培养生态旅游的兴趣方面起到最重要的作用。生态旅游如此众多的定义就从一个侧面印证了这个观点——如此的丰富性让这门学科散发出独有的魅力。从生态旅游产业的角度来看，根据国际生态旅游协会（TIES，2006）的统计，自 1990 年以来，生态旅游经历了每年 20%—34% 的增长速度，轻松超越所有旅游类型的增长速度。

随着对生态旅游者和其他一些生态旅游核心要素的深入讨论，现在我们把一些标志性的、发达国家和发展中国家的生态旅游目的地列出来可能比较好。这些目的地有：哥斯达黎加的蒙特韦尔德云雾森林保护区，厄瓜多尔的加拉帕戈斯群岛，亚马逊盆地的伊瓜苏瀑布，南极的巴塔哥尼亚，澳大利亚大堡礁，坦桑尼亚的塞伦盖蒂平原，南非克鲁格国家公园和加拿大丘吉尔观北极熊。大家要知道生态旅游会涉及所有的生态环境，包括雨林、山区、极地、海岛和海岸、沙漠和草原、海底，以及涉及从蓝鲸到苔癣各类动植物的区域，很多这样的区域可能是一种一生只能有一次的体验，像加拉帕戈斯群岛。尽管很多人一生只能去一次这样的目的地，但他们对这种目的地的钟爱会体现在他们给更多朋友推荐这样的目的地。

# 第四章　生态与旅游经济的融合

随着社会经济的快速发展，人们生活水平日益提高，逐渐意识到自然环境对人类的重要影响。因而，人们开始重视对自然生态环境的保护，希望社会经济发展与自然生态环境都得到可持续发展。相应地，旅游经济的发展同样也不例外，需要与生态发展理念相融合，以追求长远发展。为此，本章主要研究生态与旅游经济的融合，涉及旅游经济发展复合系统的研究、生态外生型的传统旅游经济发展方式、生态内生型的可持续旅游经济发展方式、两种旅游经济发展方式的深入比较。

## 第一节　旅游经济发展复合系统研究

### 一、旅游经济发展社会复合系统的理论审视

#### （一）旅游生态经济社会复合系统的建立

1. 旅游生态经济社会复合系统的理论基础

旅游生态经济社会复合系统实际上就是把旅游经济运行作为一个系统来研究和运作，通过谋求旅游经济系统构成要素间和旅游经济与外部相关系统间联系的科学化、合理化，形成有序的、优化的系统结构，并在优化系统结构的追求中提高旅游经济系统的整体素质以谋求旅游经济整体功能的最大化。[①]

（1）多维协调发展的系统理论。从系统学观点来看，旅游系统是一个由经济系统、社会系统和生态系统有机构成的复合系统，三部分之间

① 周星星.关于新常态下旅游经济发展方式的转变路径探析[J].全国流通经济，2020（13）：141-142.

互相关联、作用和制约。旅游经济系统和社会系统从自然生态系统输入物质和能量,经过加工、处理和转化来满足旅游经济发展和人类自身的需要。同时,旅游经济社会系统也向自然生态系统输出物质和能量,其结果改变乃至破坏了自然生态系统的结构和正常功能,形成了对自然生态系统的污染。[①] 这种输入—输出关系就是旅游经济社会系统和旅游自然生态系统的相互关系问题,也就是通常所说的人与自然的关系或人与环境的关系。旅游经济发展中所面临的环境污染、资源破坏、生态退化等问题,都是经济社会系统和自然生态系统之间关系恶化和紧张的表现,其根源皆来自人类旅游经济活动本身。

旅游生态经济社会复合系统既不是单一的经济社会系统,也不是单一的自然生态系统,而是由于人类旅游经济活动介入生态系统,以劳动形式作用于自然生态系统所形成的自然生态要素和社会经济要素共存,并相互作用的对立统一体。它是一个具有独立要素、结构和功能,具备自身性质、特点和发展规律的复合系统。

鉴于旅游生态经济社会复合系统的观念,人类的旅游经济活动必须在一定的生态空间进行,都必须依赖于旅游资源的供给和生态环境的消耗。旅游生态经济社会复合系统不能脱离自然生态系统而存在,在旅游生态经济社会复合系统中,自然生态系统是整个系统的基础;同时,经济社会系统则逐渐对整个系统的变化起着主导作用。自然生态系统对整个系统的基础作用表现在:生态系统为经济系统提供了物质基础。[②]

经济系统所有运转的物质和能量,都是人类通过劳动从生态系统中取得的,所以,旅游经济系统离开自然生态系统是无法存在的。与此同时,旅游生态经济社会复合系统也无法脱离经济社会系统而独立存在,因为它是由人的活动支配的,系统的结构、功能直接与人的活动有关,并且深受社会制度、经济条件、科技发展水平的制约。

(2)可持续发展理论的生态内因论。可持续发展理论在认识旅游生态经济社会复合系统的结构方面,主要关注永远处在变化之中的自然生态系统、经济系统和社会系统三者的耦合关系。在该复合系统的演化过程方面,主要关注自然生态系统、经济系统和社会系统形成的集合体演化的规律性;在该复合系统的功能方面,主要关注这一演化进程是

---

① 刘名俭,刘思华.旅游经济发展方式转变路径研究[M].北京:中国环境科学出版社,2012:22.

② 祝碧青.旅游经济学[M].天津:天津大学出版社,2011:116.

否朝着和谐、公平与效率三者协同方向发展。同时，它认为虽然旅游经济复合系统的复杂结构及其复杂的演化过程是不依赖人们意志而转移的客观规律变动的客观过程，但它可以为人们所认识。但由于旅游经济复合系统结构及演化过程的复杂性，人们要在实践、认识、再实践、再认识过程中通过不断反复进行的信息反馈过程，才能逐渐掌握其客观规律。①

生态内因论作为可持续发展经济学主要的理论主线，深刻阐释了自然生态系统对于旅游经济复合系统的主要意义和作用。基于可持续发展理论的生态内因论的基本观点，旅游经济的复合系统得以可持续发展的基础，就是自然生态系统。因此，旅游经济的发展不可能脱离自然生态系统的支撑而独立存在，旅游经济不可能是一个单向度的独立系统，而必须是建立在生态系统基础之上的多维复合系统。

2. 旅游生态经济社会复合系统的关系分析

旅游生态经济社会复合系统概念的提出即是要促进旅游经济社会系统与自然生态系统之间相互作用关系的协调、优化，促进旅游经济可持续发展。因此，必须深入研究系统之间的关系，使系统处于协调运转状态。

（1）系统之间的耦合关系。旅游生态经济社会复合系统是由自然生态系统和经济社会系统相互交织、相互作用、相互耦合而成的，是具有特定功能和结构的复合系统，既包括自然要素、生态要素、环境要素、资源要素，也包括社会要素、技术要素和经济要素。自然生态系统是客观存在的，其自身能够自主地进行物流、能流的循环，并具有规律性。这是不以人的意志为转移的。

（2）系统之间的辩证关系。旅游自然生态系统和经济社会系统的关系既是对立的，又是统一的，但从根本上说是统一的。这是由旅游生态经济社会复合系统内部存在的基本矛盾及矛盾转化的条件所决定的。旅游生态经济社会复合系统内部不同子系统存在着各自的运动规律，有质的差别。仅就经济系统而言，就是要达到最大产出水平，以满足旅游者日益扩张的旅游需求，即经济系统存在着经济增长不断扩张的驱动机制，这正是社会经济系统在整个旅游复合系统中主导性、能动性的

① 刘名俭，刘思华．旅游经济发展方式转变路径研究[M]．北京：中国环境科学出版社，2012：24.

表现。[①]

（3）系统之间的统一关系。这种统一关系是由旅游生态经济社会复合系统的本质属性所决定的，自然生态系统是经济社会系统的基础，自然生态系统先于经济社会系统存在，经济社会系统是在自然生态系统的基础之上产生并发展的。人类所有的旅游经济活动都是在自然生态系统中进行的，离开了生态系统的物质、能量供给，离开了生态系统优美的自然风光和优良的生态环境，旅游经济子系统的发展就成为无源之水、无本之木。

### （二）旅游生态经济社会复合系统的有机构成

#### 1. 旅游经济子系统

（1）旅游产业系统。包括旅游交通、旅游游览、旅游住宿、旅游餐饮、旅游购物、旅行社、娱乐等部门。

（2）旅游地域系统。旅游地域系统是由旅游资源在旅游系统（或旅游环境）中的主体地位决定的，是旅游产业结构和旅游产品结构的空间形式，表现为一定区域内旅游资源的合理配置与协调。各种旅游资源及其依托的自然生态环境都不是孤立存在的，无论是已有的旅游资源，还是新开发的建设项目，都要将其置于国家整体旅游资源系统中形成吸引物体系，增加其整体功能。[②]

（3）旅游组织系统。它指构成旅游经济的各行业、部门机构和旅游企业机构的设置，以及旅游企业的规模等。它一般包括旅游行业组织机构、旅游企业规模结构以及旅游企业内部的组织结构等。各旅游企业群体由于其服务内容、规格与档次等差异，应该坚持以市场需求为导向，同时立足于本地区资源状况实现规模、数量和结构优化，使不同企业群体的数量、质量及其布局科学合理，面向不同的目标市场，实现功能互补。[③]

（4）旅游产品系统。旅游产品是指旅游经营者为满足旅游者在旅游活动中的吃、住、行、游、购、娱等各种需要，凭借各种设施、设备与环

① 刘长英．旅游经济学[M]．北京：中国财富出版社，2013：57-59.
② 朱伟．旅游经济学[M]．武汉：华中科技大学出版社，2015：178.
③ 刘名俭．旅游经济发展方式转变路径研究[M]．北京：中国环境科学出版社，2012：28.

境条件向旅游市场提供的全部服务要素之总和。

目前我国的旅游产品在种类、数量、质量和结构上尚与市场需求存在一定差异，旅游产品的生产需要随着旅游需求的多样化和个性化趋势，向个性化与专业化发展，重视相互协作与结构优化。

旅游经济子系统是以旅游地域系统为基础、以旅游产业系统为主体、以旅游组织系统为保障、以旅游产品系统为特色的开放式复杂式动态系统。旅游经济子系统的发展要受到错综复杂的利益主体关系的影响，并最终将会影响旅游经济生态社会复合系统的协调度。因此，在旅游经济子系统的发展过程中要重视协调好这些不同利益主体的关系，要建立一种生态友好型的旅游经济结构或体系。

2. 旅游社会子系统

社会系统的要素是个人、人群和组织，联系是经济关系、政治关系和文化关系。旅游社会子系统是指与从事旅游生产经营活动有关并根据一定的规范和制度组合而成的社会群体和社会组织。它包括以下要素：

（1）旅游消费者。旅游消费者就是暂时离开常住地，通过游览、消遣等活动，以获得精神上的愉快感受为主要目的的人。旅游消费者的动机包括满足如学习工作之余出去放松自己、锻炼身体的生理和心理需求；增长知识、开阔眼界的精神文化需求；提高自己的社会威望的社会需求；结交新的朋友、巩固社交网络的社交需求；家人之间、情侣之间、亲朋好友之间增进感情的人际需求以及实现自我价值、追求自我解放的最高层次。

旅游消费者的行为既是经济行为，也是社会行为，还是生态行为，因为其对旅游地社会文化的影响和自然生态的影响都不容忽视。旅游消费者采取怎样的态度和行为，不仅关系到个人的旅游体验，也关系到旅游生态保护和社会文明进步乃至旅游经济的健康发展，因此，作为社会系统中重要构成者的旅游消费者理应采取负责任的旅游态度，促进旅游社会子系统与经济子系统和生态子系统之间的良好关系。①

（2）旅游地社区。旅游地社区和旅游经济发展有着密切关系：社区居民为当地旅游业发展提供较为充足的人力资源保障和民众支持，当地民众对旅游业及其相关支持系统的认知程度，从旅游业中受益的程度，

① 盖陆祎．智慧旅游环境下的乡村旅游经济发展新模式[J]．风景名胜，2019（11）：249.

都影响着居民对待旅游地生态资源环境的态度和行为；此外，影响游客体验质量的因素不仅包括旅游景观、服务因素，还包括游客所感知到的当地的好客氛围等方面。只有当地社区积极参与旅游经济开发并从中获益，才有可能为游客提供高质量的旅游体验，维护旅游业赖以生存的高质量生态环境。[①] 但是当地居民一般受教育程度不高，缺乏基本的旅游从业知识和技能，所以旅游地社区是旅游社会子系统中的弱势群体，其地位和权益始终没有得到应有的重视，也正因为如此，才导致了在旅游经济发展过程中许多不和谐的现象。

（3）公众。公众是对旅游经济发展有实际或潜在利害关系和影响力的个人和群体。其中，金融公众包括银行、证券公司等金融机构，对旅游经济发展的资金支持和保障有直接影响；政府公众主要指各级各类政府管理部门，他们制定和出台各种与旅游经济发展直接或间接相关的政策法规制度，引导旅游经济的发展和走向；媒体公众包括各种新闻从业人员，他们通过舆论报道监督旅游经济发展中的问题，弘扬旅游经济发展中的健康倾向，规范旅游经济发展中的行为；群众团体是如消费者保护组织、动物权益保护组织等群体，他们客观上起到维护旅游市场公平、保护旅游消费者权益等作用；一般公众就是社会上的普通公众，他们对旅游经济发展具有评判、监督发表意见的权利。各种类型的公众通过不同的渠道和形式同旅游经济的发展产生着千丝万缕的联系，这种联系既有可能促进旅游经济的发展，又有可能对旅游经济的发展形成阻力，所以旅游经济的发展必须充分考虑公众的意见和权利。[②]

3. 旅游生态子系统

在系统生态学中，所谓生态系统是指生命有机体与其周围环境形成的一个不可分割的整体。在这一整体中，生命有机体与其非生物环境因素，通过错综复杂的能量流动和物质循环相互作用，从而构成一个相对稳定的自然体，这个自然体就叫做生态系统。当今社会，由于人类活动对自然生态系统干预程度的不断加深，要找到完全天然的旅游生态系统已经不太可能，因此，旅游生态系统是在自然生态系统基础上，通过人类旅游活动对自然生态环境的适应与改造而建立起来的自然生态、旅游

① 刘名俭．旅游经济发展方式转变路径研究［M］．北京：中国环境科学出版社，2012：32.

② 马海龙．旅游经济学［M］．银川：宁夏人民教育出版社，2020：45.

经济产业和地域社会文化复合体系。

旅游生态系统内部存在着具有不同节律特征和运行周期的各个子系统。自然生态系统中的动物、植物、微生物的生长、发育、繁殖和死亡的生命节律，无机环境的年周期、日周期的节律变化，由当地居民生产、生活方式所表现出的社会文化节律，还有旅游消费者的旅游活动及旅游经济活动的运营节律往往都存在一定差距，特别是旅游消费者的旅游活动节律与其他子系统的运行节律之间的矛盾非常突出。将这些具有不同节律特征的各个子系统组合在一起，其运行节律与活动周期必须协同，否则整个旅游生态系统就会变得无序，旅游经济也就不能健康持续发展。

## 二、旅游生态经济社会复合系统的矛盾运动

### （一）旅游生态经济社会复合系统的多重矛盾

#### 1. 旅游经济增长需求无限和生态供给有限之间的矛盾

旅游生态经济社会复合系统的基本矛盾是：快速增长的旅游社会经济系统对自然生态资源需求的无限性与相对稳定的自然生态系统对自然资源供给的有限性之间的矛盾。[①] 在旅游经济发展实践中突出表现为人们快速增长的旅游消费需求和自然旅游资源供给相对不足及生态环境容量有限所带来的挑战。旅游生态经济社会复合系统首先是消耗系统，因此引出了旅游供给消费和旅游资源承载力的矛盾。没有对旅游资源的开发和自然生态环境的利用，旅游经济的发展是难以为继的，所以对旅游资源的消耗和对生态环境的利用存在边界，并非是毫无节制的。

#### 2. 旅游经济发展的物质文明追求刚性和生态文明建设不足之间的矛盾

旅游经济发展对生态环境具有最直接的影响和最明显的作用，重视旅游经济增长轻视生态环境保护建设是一直以来困扰和制约旅游经济发展的问题，成为当今旅游经济发展过程中生态经济矛盾的核心问题之

① 厉新建．旅游经济发展研究——转型中的新思考[M]．北京：旅游教育出版社，2012：23.

一。事实上物质文明建设不能以失去生态文明为代价，只注重经济效益的物质追求，会造成严重的生态环境破坏，有的破坏甚至无法扭转，以牺牲生态环境作为代价来谋求旅游经济发展反过来又制约旅游经济发展。

### （二）旅游生态经济社会复合系统矛盾的解决

#### 1. 旅游生态经济社会复合系统矛盾运动对传统经济发展方式的自我否定

自工业革命以来，传统经济发展方式主宰了现代人类几百年的历史进程，对旅游经济的发展方式也是影响深远。正是在传统旅游经济发展方式的驱使下，人类在旅游经济领域中取得了丰硕的物质成果和经济财富，旅游经济也成为世界范围内新兴的有活力的经济，甚至被视为传统工业文明背景下相对清洁的无烟工业和朝阳产业。

然而当经济理性被无限放大之后，当人类开始片面地追求旅游经济的无限增长时，却发现旅游经济已经陷入重重危机之中：旅游经济活动需求的无限扩大与生态系统负荷过重而供给能力相对缩小之间的矛盾日趋尖锐；旅游经济活动的不合理使污染迅速增加与生态系统净化能力及环境承载力下降的矛盾日趋尖锐。自然生态系统的供给能力正在上升为旅游生态经济社会复合系统矛盾的主要方面，成为旅游经济发展不可持续的深刻根源。

旅游经济发展中所暴露出来的种种问题已经表明，传统旅游经济发展方式只是把经济社会系统直接供给给旅游经济生产消费的物质定义为财富，而由自然生态系统直接供给给旅游经济生产和人们生命与生活的物质不视为财富，排除在旅游经济的生产与分配过程之外。这种否定生态要素作用、排斥生态资本、忽视生态成本的做法已经使旅游经济的发展付出了巨大代价，如果继续沿用传统旅游经济发展方式，将会导致不可持续的巨大风险。[①]

#### 2. 旅游生态经济社会复合系统矛盾运动对可持续经济发展方式的迫切要求

旅游生态经济社会复合系统的矛盾运动反映了人类对可持续旅游

① 黄羊山．新编旅游经济学［M］．天津：南开大学出版社，2010：78.

经济发展方式的迫切要求，可持续旅游经济发展方式强调人类在追求生存与发展权利时应保持与自然旅游资源和生态环境的和谐关系，强调当代人在创造和追求今天的旅游经济发展与进行旅游消费时，应承认并努力做到使自己的机会与后代的机会平等，是在旅游经济领域解决生态经济矛盾的新的发展思路。

可持续旅游经济发展方式调整和变革了人们旅游经济活动的价值体系，克服了传统经济发展方式用货币表现的一定时期内所生产的全部物质资料价值的产值观，认为现代社会旅游经济发展是人们为了提高物质生活和精神生活水平，以一定的生产关系联系起来，在保护自然生态环境和旅游资源的前提下，通过合理地改造自然、利用自然和开发自然，创造物质财富和精神财富的过程。[①] 它创造了新的生态经济价值观，使人们的旅游经济行为在不危及生态系统的前提下寻求当代旅游经济发展与生态系统协调的发展途径，使生态价值总量在旅游经济发展过程中不至于下降和大量损失，使旅游资源和自然生态环境的数量和质量得以保证旅游经济可持续发展，缓解生态系统供给不足的矛盾。

## 第二节　生态外生型的传统旅游经济发展方式

传统意义上的旅游经济发展方式，在本质上蕴涵了人与自然对立的理念。它以物质财富的创造和增长为核心，以经济利益和指标的增加增长为唯一目标，并认为旅游经济增长必然带来生活改善和社会文明进步，进而认为物质财富的无限增长可以解决旅游发展过程中的一切需要和问题，因此，追求经济的无限增长及物质财富的无限增加是至高无上的。[②] 至于旅游经济发展的生态基础和生态制约，则被排除在旅游经济发展的基本框架和必备要素之外。

① 刘名俭．旅游经济发展方式转变路径研究［M］．北京：中国环境科学出版社，2012：37-38．

② 贺莹．乡村振兴背景下文创旅游促进乡村经济发展的模式研究［J］．农村经济与科技，2020，31（16）：58-59．

## 一、理论前提

长期以来,传统旅游经济发展方式只是把人类生存的自然环境看作人生命的外在因素,是生产力发展的外部条件,尤其是把生态环境排除在经济分析过程之外,把生态要素视为旅游经济发展的外生变量。

传统旅游经济发展方式的理论前提如下所述。

第一,自然资源的供给能力具有无限性。旅游经济增长和财富增长所依赖的旅游资源和生态环境在数量上不会枯竭,在质量上不会下降,因而旅游经济开发可以不受自然生态的约束。

第二,自然环境的自净能力具有无限性。旅游经济发展对环境生态虽然有负面影响,但旅游供给和旅游消费产生的废弃物排放所需要的自然环境在容量上也不会降低,因而旅游经济发展对自然生态的利用可以不受约束。

根据这个理论前提,传统旅游经济发展方式作为工业文明时代的典型产物,就隐含着一个基本的实现条件,即追求更快的旅游经济增长,追求更多的旅游经济利益,人类凭借创造的技术圈和智慧圈同生物圈对垒,为所欲为地干扰和破坏生态环境,不仅可以把自然界当作取之不尽的无偿恩赐的“供奉者”,进行掠夺性的旅游资源开发,甚至任意挥霍浪费自然资源,而且还可以把自然界当作装之不满、无偿使用的“垃圾桶”,将旅游经济发展中产生的废弃物毫无顾忌地倾泻于生态环境之中。①

在传统经济理论的指导下形成的生态外生型发展方式,一方面将旅游经济的增长建立在大量地消耗旅游资源和过度开发自然生态环境的基础之上,旅游经济的繁荣背后是对大量旅游资源的掠夺性开发和对旅游环境容量的毫无顾忌的利用。另一方面在旅游经济发展过程中对旅游经济发展质量的关注有限,严重忽视旅游资源有效利用和保护增殖以及对旅游污染的认真防治,忽视自觉地调整经济社会系统与自然生态系统的协调关系,这就使得旅游经济的发展越来越脱离人、社会和自然界的协调发展和全面进步的良性循环轨道,成为制约旅游经济可持续发展

① 刘名俭.旅游经济发展方式转变路径研究[M].北京:中国环境科学出版社,2012:45-46.

的重要根源。[①]

## 二、具体表现

### (一)忽视生态,追求旅游经济无限增长

传统的旅游经济发展方式是一种经济无限增长的发展方式,完全否认旅游资源和生态环境容量的有限性,不考虑自然生态系统对旅游经济发展的制约性,导致其发展的不可持续性。

在传统的旅游经济发展方式下,人们追求发展的单一性、至上性和无限性。他们认为"发展是天然合理的",发展是无限的,即只要是发展就比不发展好、发展快比发展慢好、现在比过去好、未来比现在好;自然资源是取之不尽、用之不竭的源泉,人类只需凭借科学技术的利剑就能取得一个个的胜利,就能一步步走向理想未来,而无需考虑如何同自然、环境的协同效应。

这种旅游经济发展方式把发展作了简单化和粗糙化处理,把发展的一些要素从旅游生态经济复合系统中孤立出来,只注重经济要素的发展,而忽视了经济要素与生态要素之间的非线性相互作用及其协调耦合,造成了旅游经济子系统和生态子系统之间的尖锐对立。

### (二)牺牲生态环境换取旅游经济过度增长

传统旅游经济发展方式奉行经济第一主义,在旅游经济发展实践中表现为经济增长决定一切、经济增长解决一切、经济增长评判一切。在狂热追求旅游经济高速增长的目标驱使下,不惜一切代价主要是以牺牲生态环境为代价换取物质财富无限增长,使经济增长和物质财富增长超过自然生态系统承载能力的极限。

① 吕波,王辉,何悦,周仲鸿.辽宁城市间旅游经济联系的空间结构及发展模式[J].统计理论与实践,2021(03):57-61.

# 第三节 生态内生型的可持续旅游经济发展方式

可持续的旅游经济发展方式认为旅游经济发展是包括经济、自然、社会系统在内的系统动态发展过程。在旅游生态经济系统中,系统包含无限多个可变的要素,各要素之间、要素与系统、要素与环境之间不是独立的,而是具有非线性相互作用的。

## 一、科学缘起

生态文明的兴起与发展,已经成为现代经济发展的大趋势。保护与改善生态环境,走出生态经济恶性循环的工业文明困境,推进人类文明由征服掠夺生态环境到保护建设改善生态环境的大转变,即由工业文明到生态文明的大转变,已成为当代人类的神圣历史使命,是现代经济社会发展重大而紧迫的战略任务。

目前,生态革命即现代经济社会发展的生态化趋势,已成为历史潮流正在席卷全球,极大地冲击着现代人类社会的生产方式、生活方式、思维方式,触及当代经济社会发展的各个领域。这股潮流的兴起,对生态文明的发展起到推动作用,使人类由地球之小通向地球之大开辟了广阔的现实。①

在生态文明建设的背景下,以生态内生为特征的可持续旅游经济发展方式包括生态化的思维方式、生产方式和旅游消费方式。生态化的思维方式是21世纪人类社会主导型的思维方式。它对优化人际、国际和人与自然之间的关系,对遏制和调控正在迅速膨胀的人类利益,对促进人类社会的全面、持续发展,将起到十分重要的作用。

旅游生态消费是一种绿化的或生态化的消费模式,它是指既符合经济物质生产的发展水平,又符合自然生态生产的发展水平;既能满足人的旅游消费需求,又不对旅游资源和生态环境造成危害的一种消费行为。②

---

① 陈纲.旅游经济[M].杭州:浙江人民出版社,1987:42.

② 迟景才.中国旅游经济探索[M].广州:广东旅游出版社,2004:15.

随着时代的发展，旅游产业结构不断升级，生产力得到极大发展，旅游经济的产出能力日趋增强，旅游消费需求也呈现由低档次向高档次递进，由简单稳定向复杂多变发展的趋势，但是，旅游经济系统中生产和消费的无限制跃进所造成的“反自然”和“反生态”的生产和消费行为，已经给自然生态系统带来了越来越大的冲击和压力，使本已脆弱的生态系统不堪重负。因此在生态文明的时代背景下，人类必须设法使包括不可持续的旅游经济行为在内的一切经济行为向有利于环境和资源保护以及生态平衡的方向演变，这样，转变旅游经济发展方式，建立生态内生型的可持续旅游经济发展方式就成为生态文明建设的重要内容。[①]

## 二、理论前提

### （一）形式与基础

旅游经济发展是自然生态因素作用的自然生态过程和社会历史因素作用的社会历史过程相统一的自然历史过程，在旅游经济发展过程中始终存在自然基础，生态环境因素始终在起作用。

（1）自然生态环境和旅游资源是旅游经济活动的自然基础与先决条件。没有自然生态环境和旅游资源，旅游经济活动就无法存在，甚至连从事旅游经济活动的自然基础都消失了。自然生态环境和旅游资源是人类用来从事旅游生产和消费、在其中开展劳动活动、在其中生产出和借以生产出自己的产品的自然基础，是人类旅游经济活动的基本前提与先决条件。生态环境和旅游资源的多样性和差异性，在旅游产业内部形成分工的自然基础，这表现为人类在旅游经济活动过程中的需要、能力、生产和劳动方式的多样化，它们形成了差异化的旅游产业结构、旅游经济结构、旅游产品结构和旅游市场结构等。

（2）旅游经济活动存在自然生态环境和旅游资源条件与界限的制约。在旅游经济价值形成与增殖的过程中，作为劳动过程要素的劳动对象、劳动资料、劳动力和劳动本身都有一个自然基础，虽然在表面上似乎看不到自然物质的作用，但实际上都存在自然生态环境和旅游资源条件与界限的制约。良好的自然生态环境和旅游资源为人类从事旅游经

① 刘名俭．旅游经济发展方式转变路径研究[M]．北京：中国环境科学出版社，2012：51-52.

济活动和开发提供了可能性，同时也作为自然界限对旅游经济领域的劳动发生影响。这种影响主要表现为人类生产旅游产品劳动产生与发展，旅游产品价值的实现和增殖总是离不开相应的自然基础。因此，旅游经济过程中劳动力的使用、价值的形成和增殖无不受到自然生态的各种制约。①

（二）内在要素

自然生态环境和旅游资源是人类旅游经济活动中物质财富生产和劳动过程的构成要素。旅游经济过程首先是人与自然之间的物质变换过程，自然生态环境和旅游资源不仅是旅游经济发展的自然基础，而且是进入人类旅游经济生产实践的自然形式和自然要素，是旅游经济健康持续运行与发展的内在要素。自然生态环境和旅游资源是旅游生产劳动本身的要素，是旅游经济财富的源泉。只有把自然生态环境和旅游资源纳入旅游市场劳动过程，在生产过程中使劳动和自然生态环境和旅游资源一起共同发挥作用，劳动才能成为财富的源泉。

自然生态环境和旅游资源是旅游经济生产实践活动的内在要素。进入人类旅游生产过程的自然生态环境和旅游资源，不仅是人身外的自然，还包括人自身的自然，二者都是旅游生产劳动的内在要素。无论技术如何进步、生产力如何发达，旅游经济产出所需要的生产材料始终还是取之于自然生态系统，对于和自然生态系统有着天然密切关联的旅游经济来说尤其如此。科学的进步和技术的发展，将会使自然生态环境和旅游资源以更大的规模和更高的效能进入旅游生产过程。不认识旅游生产劳动的自然制约性，不承认旅游经济运行与发展过程中的自然生态约束，就会招致自然界的无情惩罚。②

旅游经济得到高速发展以来，环境危机、生态危机也日趋严重，甚至引发了一定程度上的社会危机和经济危机，生态内因论作为生态内生型的旅游经济发展方式的理论前提，旗帜鲜明地指出自然生态环境优劣已经成为决定现代旅游经济发展速度、质量与可持续性的关键。自然生态要素作为制约旅游经济发展的基本要素已经引起广泛关注，良好的自然

① 崔庠．旅游经济学原理[M]．长春：东北师范大学出版社，2012：26.
② 刘名俭．旅游经济发展方式转变路径研究[M]．北京：中国环境科学出版社，2012：54-55.

生态环境和旅游资源是旅游经济发展高度短缺的生活要素与生产要素，它正在由“外部自然条件”转化为“内部自然要素”，形成现代旅游经济运行与发展的内在因素和外在因素的有机结合与高度融合的新趋势，显示了生态环境内因论及在此基础上形成的可持续旅游经济发展方式的科学性与生命力。[①]

以生态内因论为基础的可持续旅游经济发展方式的理论内核，一是人类生存的自然生态环境是人的生命的组成部分，是人的身心健康和生命安全的内在因素；二是当今世界系统中的生态环境是旅游经济可持续发展的内在的决定因素，已经成为旅游经济可持续运行与发展的内在变量。它克服了传统旅游经济发展方式关于生态环境外生假定的根本缺陷，转向在生态环境内生假定下考察旅游经济发展及其可持续性的源泉和决定，将生态变迁、生态创新这一长期经济可持续发展最基础的决定因素视为旅游生态经济系统发展的内在力量，突破了传统经济学、传统发展观和传统经济发展方式的理论框架和研究视野，成为具有生态文明时代特征的旅游经济发展方式。

## 第四节　两种旅游经济发展方式的深入比较

### 一、时代背景的比较

#### （一）工业文明时代的传统旅游经济发展方式

历史和现实已经充分表明，成长于工业文明背景下的旅游经济活动与发展过程，很大程度上违背了生态规律，使旅游经济发展的生态代价和社会成本超过了人们从中得到的正效益，而付出了惨重代价。其核心问题是将生态要素排除在旅游经济体系之外，造成对现代经济社会发展的生态基础的根本性破坏，导致旅游经济发展过程中种种危机日益加深，标志着传统旅游发展方式已经走到尽头。

生态外生型的传统旅游经济发展方式是工业革命的产物，是工业文

① 丁侃，杨文，王蕾蕾，冯国华，李欧纹．旅游经济学[M].长春：吉林大学出版社，2014：69.

明的思想表现,是单纯追求经济增长的发展方式。它以经济增长的总量来衡量旅游经济发展成就的大小,把旅游经济的产业化和由此创建的物质文明作为旅游经济发展的最高标志。现在,生态外生型的传统旅游经济发展方式已经使旅游经济的发展陷入困境,从总体上看,它基本上已经完成其历史使命,陷入难以自拔的重重危机之中。这就从根本上决定了作为工业文明时代典型表现的生态外生型的传统旅游经济发展方式必然走向衰败。

(二)生态文明时代的可持续旅游经济发展方式

生态文明的兴起与发展,正在遏制工业革命的种种危机的全面加深,阻止生态灾难的负效应全面蔓延,有力推动着现代文明从工业文明向生态文明的大转变,把现代经济社会发展推进到一个崭新、协调、繁荣的生态时代。可持续生态文明是对工业文明的扬弃和发展,是比工业文明更先进、更高级、更伟大的现代文明。这不仅预示着现代文明模式的根本性转变,而且标志着现代文明发展已走上生态经济相互协调和可持续发展的新道路。①

人类要克服工业文明的种种危机,走出非持续发展的险境,就必须彻底改变工业文明时代的发展方式,建立可持续经济发展方式,这是现代经济发展方式的巨大变革。生态文明时代可持续旅游经济发展方式真正把现代旅游经济发展建立在节约资源、增强环境支撑能力及生态良性循环的基础之上,使人类经济活动和发展行为保持在地球资源环境的承载力极限之内,才能确保旅游经济由非持续发展向可持续发展的转变,最终达到旅游经济可持续发展。

生态内生型的可持续旅游经济发展方式可以理解为实现旅游生态—经济—社会三维复合系统的健康运行轨迹与可持续发展,人类选择生态内生型的可持续旅游经济发展方式,代表着由传统工业文明的发展观向现代生态文明发展观的历史性飞跃,是一种划时代的全新发展观,是一场彻底的发展方式革命,是一场势在必行的旅游经济领域乃至整个经济社会的全方位巨大变革。

① 胡芬,郭清霞.旅游经济绿色发展论[M].北京:中国环境出版社,2017:59.

## 二、生态向度的比较

### （一）传统旅游经济发展方式的生态外生特征

工业文明时代的发展不仅是最大限度地追求经济高速增长和物质利益最大化，而且是无限制的物质占用和无节制的物质消费与享受，并把它作为人的生存与发展的最高目标，成为现代经济发展的根本动力与基本原则。

以生态外生为特征的传统旅游经济发展方式，建立在“二战”以后的经济理论发展基础之上，虽然注意到在经济增长的因素中引入经济以外的变量，却忽视了一个重要的因素，即作为现代社会经济发展的物质基础的自然生态系统及其发展，在现代旅游经济发展过程和战略决策中的重大作用。

长期以来，人类在对旅游自然生态系统的认识及其利用领域里缺乏战略眼光，不承认旅游资源数量和自然生态环境容量会成为旅游经济发展的限制因素，更不会去关心旅游资源的命运和自然生态环境的保护，不考虑对旅游资源和自然生态环境的掠夺性开发、榨取性利用和浪费性使用所带来的后果和长远影响。对旅游自然生态系统无节制地消费而丝毫不考虑对它的更新和保护，加剧了旅游经济发展中生态环境问题的严重性。

在生态外生型旅游经济发展方式的支配下，极端的经济功利主义使人类以人的利益和需要作为旅游经济活动的出发点和落脚点，否认生态的利益和需要，导致人与自然的对立，形成一种以人类对旅游资源和自然生态环境无限制的商品化转换来满足人类经济利益和物质需要为唯一目的的生存方式。于是，片面追求经济利益和经济效应最大化成为旅游经济活动的唯一目的和价值取向，并置于旅游经济工作的绝对优先地位，就必然导致把追求经济效益最大化建立在大量消耗自然资产与生态资本的基础上，用消灭生态价值来创造经济价值，在获取大量经济效益的同时，却毁灭了巨大的生态价值，导致生态和经济的对立，形成一种在旅游经济发展过程中以经济社会系统对生态资本的无节制掠夺与消耗的旅游生产方式，使现代旅游经济发展走上了一条以牺牲生态环境为代价的不可持续发展道路。

在生态外生型旅游经济发展方式的支配下，极端的物质享乐主义使现代人的追求单一化，导致经济社会发展以人的牺牲为代价换取社会物质财富的极大增加。为了满足最大限度的物质占用和享受，其根本途径就是向自然索取，肆无忌惮地消耗珍贵的旅游资源和自然生态环境，以支撑过度膨胀的旅游经济系统的运行与发展。极端的物质享受主义使现代社会的生活方式畸形化，现代人的旅游方式主要表现为无限制地追求物欲，满足最大限度物质消费和物质享受，把物质消费作为人生的根本目标和最高价值，把追求高物质消费水平看作人的社会地位的源泉和象征。这样就淡化了人们在旅游活动中所追求的精神需求与消费，压抑了人们的生态需求与满足，人就把自己变为没有感觉和没有精神需求的存在物，是庸俗的经济动物，根本谈不上通过旅游活动来实现自身与自然的全面解放。旅游经济发展的速度越快越繁荣，越使人性、社会与自然呈现出种种病态，导致人、社会和自然界的畸形发展。

### （二）可持续旅游经济发展方式的生态内生特征

旅游生态经济社会复合系统是一个由经济、人口、资源、生态环境等组成的多目标、多质量、多层次、多因素纵横交错的立体网络系统。人类已经进入把人、自然与社会作为一个统一整体来揭示经济社会发展清晰图景的新时代，我们今天不仅能指出自然生态系统内部各个部分变化发展过程的联系，而且能够指出社会经济系统内部各个领域变化发展过程的联系，还能够从生态经济社会系统的总体上指出自然生态系统和社会经济系统各个部分、各个领域相互之间的联系。这样，我们就能够按照生态经济协调发展原理，把一个朝着恶性循环演变的生态经济系统，建设成一个持续、稳定、协调及适度发展的生机勃勃的、生机盎然的生态经济社会系统。

因此，以生态内生为特征的可持续旅游经济发展方式具有以下特征：

首先，认为旅游资源和自然生态环境等生态要素是旅游经济生产和再生产的物质基础，一定数量和质量的自然生态资本是旅游经济发展的摇篮和襁褓。人类在发展旅游经济的过程中必须同自然生态保持和谐的关系，不能把大自然作为异己的力量而与其为敌进行不择手段的征服，成为凌驾于自然生态系统之上的统治者。

其次，人类从事旅游生产的劳动是人和自然之间关系的纽带，正是通过这个纽带,才使得自然生态系统和社会经济系统结成了有机的统一整体。各种旅游资源和自然生态环境是旅游生产劳动的第一源泉,人类劳动这个广泛意义上的经济活动成为人与自然相互作用的中介,使社会经济过程与自然生态过程紧密联系在一起,也使旅游经济成为一个把自然物质交换为社会物质财富的生态经济社会系统。

在构成旅游生态经济社会系统的生态系统与经济系统之间,生态系统是整个系统的基础,而经济系统则对整个系统的变化越来越起着主导作用。生态系统对整个系统提供了物质基础,经济系统中运转的所有经济物质和经济能量,都是从生态系统中的自然物质和自然能量中得出来的。所以经济系统如果脱离了一定的生态系统是无法存在的。

可见,在不同的旅游经济发展方式支配下,旅游生态经济社会复合系统的演进会面临着不同的命运。如图 4-1 所示,旅游生态经济系统既有可能导入可持续发展的良性轨迹,实现生态、经济和社会的协调发展,也有可能使旅游生态经济社会系统陷入停滞或走向灭亡,即使技术的进步和制度创新能在一定程度上延缓旅游经济衰亡的命运,但是,从长远来看,生态危机的出现和加剧必然导致经济危机和社会危机的产生,也使整个旅游经济的发展陷入无可挽救的危机之中。造成不同结果的根本原因便是旅游经济发展方式的差异。

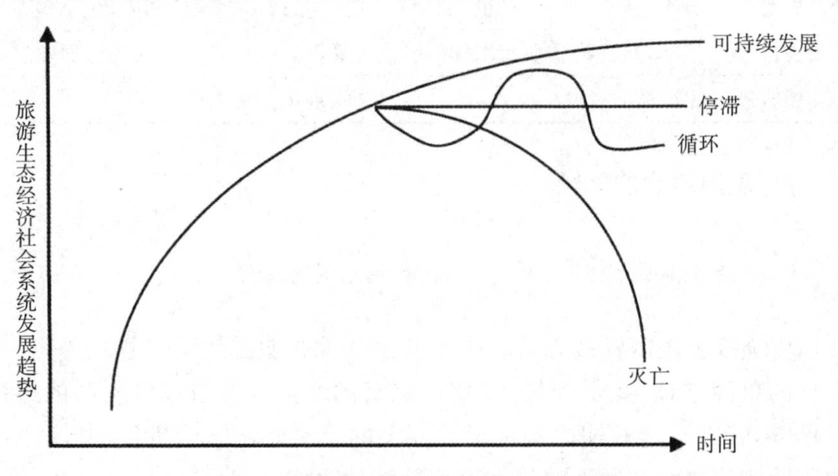


**图 4-1 旅游生态经济系统的演进模式**

因此,传统旅游经济发展方式和可持续旅游经济发展方式在诸多方面存在差异(如表 4-1 所示),它们直接影响着旅游经济的发展状态、质量与走向。对两种旅游经济发展方式的比较可以全面认识两者在理论和现实的种种不同，从而在发展观念上根本革新，代之以生态文明时代以生态内生为特征的可持续旅游经济发展方式，使旅游经济的健康发展成为国民经济可持续发展的重要组成部分，也使旅游经济成为建设“两型”社会的标志性、代表性产业。

表 4-1　两种旅游经济发展方式比较

| 比较内容 | 传统旅游经济发展方式 | 可持续旅游经济发展方式 |
| --- | --- | --- |
| 时代背景 | 经济无限增长的工业文明时代 | 生态经济协调发展的生态文明时代 |
| 理论基础 | 以生态要素作为外生变量的生态经济分离物本框架的传统经济学理论 | 以生态要素作为内生变量的生态经济协调可持续发展的新经济学理论 |
| 理论前提 | 自然生态的供给和自净能力无限，重视经济规律，忽视生态规律 | 自然生态系统的供给有限性和承载极限性，遵循生态经济规律 |
| 具体特征 | 生态外生：自然生态系统与经济社会系统割裂分离 | 生态内生：自然生态系统与社会经济系统有机统一 |
| 现实表现 | 经济功利主义、物质享乐主义、人类中心主义导致旅游经济发展中生态经济矛盾尖锐和严重的生态危机、社会危机 | 人与自然、社会协同发展、物质需求与精神需求和生态需求和谐统一，实现旅游经济发展中生态经济利益协调 |
| 发展要素 | 资本、技术、劳动、制度 | 资本、技术、劳动、制度、生态 |
| 发展目标 | 经济增长，物质财富增加 | 经济、社会、自然和人的全面发展 |
| 发展轨迹 | 走向衰亡 | 实现可持续发展 |

## 三、发展理念的比较

### （一）传统旅游经济发展方式的经济无限增长观

传统旅游经济发展方式将生态要素排除在旅游经济过程之外，信奉经济的单纯增长、无限增长，以物质财富的增加为旅游经济发展的终极目标，尽管在一定时期内实现了表面上的旅游经济繁荣发展，却又不可避免地使旅游经济发展面临着不可持续的深渊。

传统旅游经济发展方式支配下的发展，并不是真正意义上的发展，其根本缺陷就在于它完全忽视了现代经济社会的健康、稳定、持续发展的前提条件是要维持生态财富（即生态资本存量）的非减性，完全否定了自然资源和自然环境的承载力即生态环境支撑能力的有限性，完全违背了经济不断增加和物质财富日益增加要以生态环境良性循环为基础这个铁的法则。

传统发展观的这个缺陷表现在经济社会的各个方面：在经济领域里，传统发展观形成了一种高投入、低产出的粗放型经济发展模式，效益低，质量差，资源浪费；在社会发展领域，传统发展观严重割裂了经济和社会、经济和文化、物质价值和精神价值、效率和公正、经济增长和人的发展之间的有机联系，使人性与社会呈现出某种病态，破坏了社会系统的有机性和整体性，造成人和社会的畸形发展。

在经济社会和生态环境相互关系领域里，传统发展观使人们面临重重危机，归根结底都是生态危机的表现形式，这种人口、资源、环境与经济发展关系的严重失衡，正是工业文明危机的症结所在，造成人、社会和自然界的畸形发展。所以，传统发展观已经完全不适应当代人口、经济、社会与资源、环境、生态之间相互协调和可持续发展。

### （二）可持续旅游经济发展方式的生态经济协调发展观

可持续的旅游经济发展方式将旅游经济发展视为一个旅游生态经济有机整体，是人与自然界完成的本质的有机统一体。它一改传统发展观认为社会愈进步，经济愈发展，技术愈先进，人类就会愈超脱于自然界之外，经济也就会凌驾于生态之上，因而人、社会和自然界的依存关系逐渐削弱的观点，转而采用以下观点。

#### 1. 旅游经济是生态经济复合系统

无论社会怎样进步，旅游经济发展所需要的一切旅游资源及自然生态环境基础，归根结底都要来自自然界，无论技术怎样先进，人类社会所进行的经济活动和繁衍，总是离不开一定的生态系统。[①] 随着人类生活质量的不断提高，旅游需求空前膨胀，旅游经济发展所需要的旅游资源和生态要素也会不断增加，对其质量的需求也会不断提高。

与此同时，为了维持以生态环境和旅游资源为基础的生态资本的非减性，使旅游经济具备可持续发展的能力，人类必须通过自己的旅游经济活动持续不断地为生态系统输入物质和能量，以激活与增强生态环境

① 刘名俭．旅游经济发展方式转变路径研究［M］．北京：中国环境科学出版社，2012：68.

的自我更新和资源补偿具有持续供给能力,使自然生态系统在物质循环和能量流动中不断发展。社会越进步,经济越发展,技术越先进,生物圈、技术圈和智慧圈之间就越相互依存、相互融合、相互作用,成为不可分割的经济有机整体即旅游生态经济系统,这是一个无法逃避的客观现实。

2. 人类旅游需求是生态经济体系

现代经济社会的发展将人类需求推进到一个以生态需求为特征的新阶段,现代人的旅游需求不仅是对物质文化消费的需求,而且还包括对生态健全的环境以及环境补偿价值等方面的生态需求。现代经济社会中人的需求是多要素统一的需求综合体系,是物质需求、精神需求和生态需求的有机统一。旅游经济发展要满足人类的全面需求,这是旅游经济发展的强大推动力,也是旅游生态经济系统进化与发展的内在动力。①

3. 旅游经济再生产是生态经济有机系统再生产

旅游经济的再生产不仅是物质资料的再生产和经济财富的再生产,还包括自然生态系统内部物质循环和能量转化的自然生态再生产和人类智力产品的精神再生产。自然经济再生产是人口再生产、物质再生产和精神再生产的物质基础。旅游经济越发展,四种再生产越融合成为互相制约、互相作用的有机系统。现代旅游经济发展过程,实质上是社会经济系统与自然生态系统相互交织与统一运动的生态经济再生产运动过程。

4. 生态经济协调发展规律是现代旅游经济发展的基本规律

人类的旅游经济活动是在生态系统的广阔天地中进行的,人类及其旅游经济活动不仅是社会经济系统的整体,而且是自然生态系统的控制者和协调者,推动着生态经济系统按照它本身所固有的规律不断运动、变化并向前发展。因而,社会经济系统和自然生态系统之间相互平衡和协调发展,是旅游生态经济系统进化发展的总趋势。

不管经济社会形态如何,社会经济系统和自然生态系统相互平衡和协调发展都具有内在必然性,因而它是一切社会经济形态下人类社会经济活动所共有的生态经济规律。因此,以生态内生化为特征的旅游经济

① 冯学钢.上海旅游经济研究[M].上海: 立信会计出版社, 2004: 16.

可持续发展方式是秉承生态经济协调发展的理念，遵循生态经济规律，以求建设协调互促的旅游生态经济，实现旅游经济协调发展战略。

在这种全新的方式指导下，旅游经济发展既不能以追求利润和经济增长为基本目标，也不能以追求古朴的自然环境为基本目标，而是要以生产发展、生活提高、生态改善相统一为现代经济社会发展的战略目标，将现代经济社会的持续稳定发展建立在生物圈的稳定进展演替的基础之上，由过去常常把自然界视为经济社会发展的异己而屡遭无情报复，转移到人与自然、社会经济与自然生态和睦相处、协同发展的轨道上来。这标志着我国旅游经济发展战略思想的根本转变。

# 第五章　旅游经济发展方式转变的动因及多重约束

旅游经济发展方式转变并不容易，传统旅游经济的发展方式往往以牺牲环境发展来换取经济利益，看不到旅游经济长远发展对环境的意义；传统旅游经济往往通过剥夺他人的发展来换取自己的发展，为了自身利益不惜损害全局利益，这是不可取的。本章对旅游经济发展方式转变的动因及多重约束展开分析。

## 第一节　旅游经济发展方式转变的动因

### 一、政治动因

#### （一）生态文明时代的到来

工业文明的生产方式，从原料到产品到废弃物，是一个非循环的生产过程，以无限地攫取有限资源为代价；工业文明的生活方式则以物质主义为原则，以高消费为特征，认为更多地消费资源就是对经济发展的贡献。但严酷的现实表明，工业文明生产所依托的许多资源都是不可再生的，"涸泽而渔""焚林而狩"的做法将给人类社会带来灾难性后果。

步入生态文明时代，经济发展由"保增长"转向"促转型"成为一种必然。毋庸置疑，旅游经济发展方式自然也将与时俱进，随着这股洪波巨澜产生根本性的变革。在以往的旅游经济发展过程中，旅游资源粗放式开发造成生态环境破坏的例子比比皆是。[①] 例如，许多旅游投资者通

---

① 陈秋华，修新田．构建具有中国特色的旅游生态经济管理体制[J]．旅游学刊，2016，31（09）：5-8.

过融资租赁的形式获得旅游地的开发权后，为了实现租赁期内的利润最大化，在开发中过度地追求旅游项目和旅游产品的多元化，而对于生态环境的控制很容易患上短视症，措施不力，草率为之，往往是租赁期满后带走大量的财富，留下无法恢复的生态环境。尽管在短暂的租赁期内给当地带来一定的财税收入，却牺牲了其进一步可持续发展的空间。这样的结果显然与生态文明建设的要求是相悖的。

生态文明已经成为全世界范围内的共识，并代表着一种新的潮流，我国目前已经有一些具有社会责任感的旅游企业开始在开发旅游的过程中主动践行生态文明，尝试生态内生型旅游经济的发展模式。[①]

例如，深圳东部华侨城景区茵特拉根小镇和茶翁古镇的开发就在实现人与自然和谐共生方面做出了有益的实践，在获得大梅沙地块的开发权后，为了景区建成后的地表垃圾不影响到附近饮用水源水库的水质环境，华侨城集团首先投入了1000多万元人民币在水库周围修建了一片人造湿地作为缓冲带，同时湿地上种植的五颜六色的花卉也为景区平添了一个极具观赏力的旅游亮点。事实证明，深圳东部华侨城景区这种生态旅游开发的成功实践较好地实现了旅游经济发展与生态环境保护的有机统一，对其他旅游景区的开发具有十分重要的借鉴意义。[②]

### （二）构建和谐社会、“两型”社会的要求

21世纪，我国的改革与发展也逐渐步入一个关键时期，改革在广度上已涉及经济、政治、文化等所有领域，在深度上已触及人们具体的经济利益，发展方面已由单纯追求经济GDP上升到追求经济GDP与人文GDP、环保GDP的统一，实现人口、资源、环境统筹协调发展。

国际经验表明，当一个国家进入人均GDP 1000—3000美元的时期，既是黄金发展期，也是矛盾凸显期，处理得好，能够顺利发展，经济能够很快上一个新台阶，处理不好，经济将停滞不前或倒退。目前我国已进入人均GDP 1000美元阶段，为了避免可能出现的经济社会问题，巩固改革发展的成果，推动经济可持续发展，应积极维护社会稳定，促进社会和谐，重构社会结构，完善社会组织，调整社会关系，转变经济发

① 冯春久，王晓雅．生态文明时代的到来[J].决策探索（上半月），2013(01):12.
② 刘名俭．旅游经济发展方式转变路径研究[M].北京：中国环境科学出版社，2012：69.

展方式,化解各类矛盾和问题,努力实现经济与社会的协调发展。①

“两型”社会指的是“资源节约型、环境友好型”社会。随着经济的发展,资源的约束越来越突出。在这种情况下,为了保证经济“又好又快”地发展,我国经济结构要面临转型,即从过去那种“高投入、高能耗、高污染、低产出”的模式向“低投入、低能耗、低污染、高产出”转变。

## 二、经济动因

### (一)旅游生态补偿机制有望完善

生态补偿(Ecological compensation)是当前生态经济学界的热点问题之一。1992年联合国《里约环境与发展宣言》及《21世纪议程》中将其表述为“在环境政策制定上,价格、市场和政府财政及经济政策应发挥补充性作用;环境费用应该体现在生产者和消费者的决策上;价格应反映出资源的稀缺性和全部价值,并有助于防止环境恶化”。

从本质上看,生态补偿就是促进生态保护的经济手段或者说制度安排。我们必须正视旅游开发对环境的负面影响,哪怕被普遍看作对协调旅游经济发展和环境保护具有积极作用的生态旅游,也仍然可能给环境造成某些消极影响。所以,在旅游经济发展过程中引入生态补偿机制显得尤为必要和紧迫。

旅游生态补偿机制是旅游经济发展与资源环境容量有限之间矛盾运动的必然产物,它运用“资源价值论”的观念重新评价生态环境资源的实现价值,运用政府调控与市场化运作的方式让开发、利用、破坏生态环境资源的人们支付相应的经济补偿,用于生态建设和环境保护,以便为旅游发展提供可持续利用的资源基础和生存环境。②

目前,广西、江苏、福建等省区已经制定了生态环境补偿费征收管理办法,在旅游行业中征收生态环境补偿费。显然,旅游生态补偿机制的出现本身就是旅游经济发展方式转变的一种制度尝试,随着旅游生态补偿机制的不断完善,旅游经济发展方式也将不断走向健康、科学。

---

① 刘名俭.旅游经济发展方式转变路径研究[M].北京:中国环境科学出版社,2012:70.

② 李淑娟,高宁.旅游生态补偿研究现状及趋势[J].生态学杂志,2018,37(08):2515-2523.

（二）旅游循环经济正在逐步推广

旅游循环经济的实践涉及旅游业的各个相关层面，包括旅游目的地、旅游客源地及旅游通道等环节，需要从旅游区的规划、开发、旅游活动开展的全过程综合考虑。旅游循环经济体系的构建包括4个环节（图5-1）。

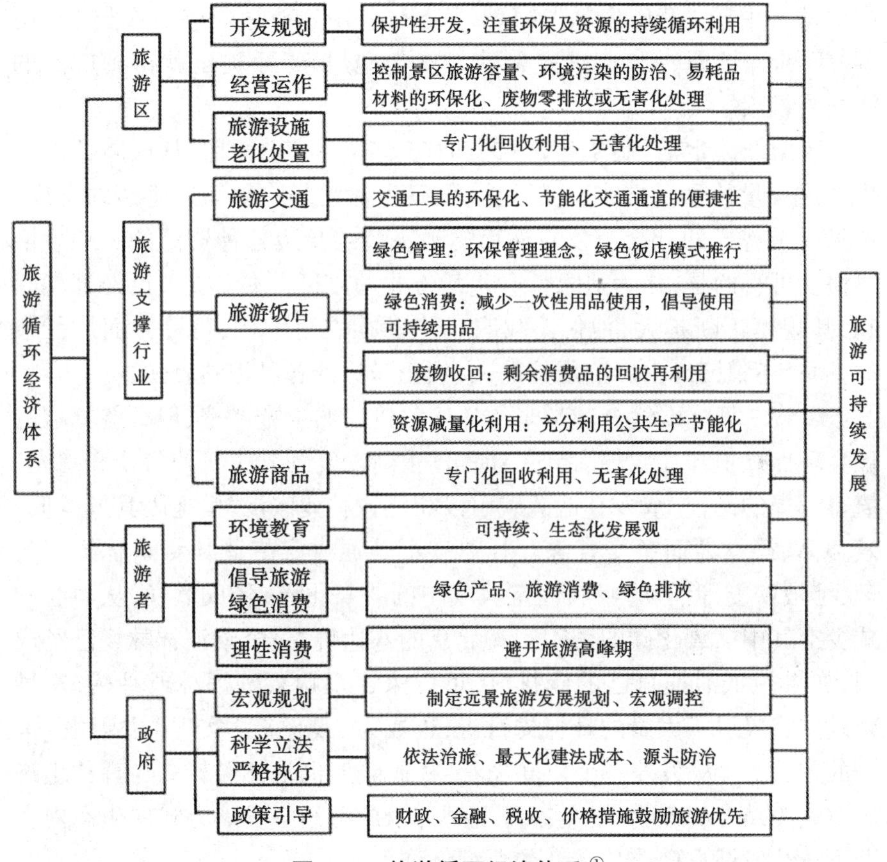


图5-1 旅游循环经济体系[①]

可以预见，旅游循环经济代表了我国旅游业未来发展的方向，它也构成了旅游经济发展方式转变的内生动力。

① 刘名俭．旅游经济发展方式转变路径研究[M]．北京：中国环境科学出版社，2012：78.

## 三、社会动因

### （一）社会环保意识的觉醒

人类意识到生产和消费过程中出现的过量碳排放是形成气候问题的重要因素之一，因而要减少碳排放就要相应优化和约束某些消费和生产活动。由于"低碳生活"（Low-carbon life）理念顺应了人类"未雨绸缪"的谨慎原则和追求完美的心理与理想，一经提出就得到广泛的认同与推崇。

所谓低碳生活，是指生活作息时尽量减少能量耗用，从而减低二氧化碳排放量的生活方式。实际上，低碳生活就是一种简约生活的态度，是每一个普通的社会个体自然而然地去节约身边各种资源的一种生活习惯。可喜的是，作为追求低碳生活方式的族群，"低碳族"已经悄然兴起，其规模不断扩大，他们不仅自己主动在衣、食、住、行等方面厉行节约，而且还积极地去影响周围的人，纠正身边的各种浪费资源的行为。

尽管二氧化碳给全球带来的环境危机依然十分严重，但日益觉醒的社会环保意识却让我们看到了让地球重新恢复勃勃生机的希望和曙光。值得一提的是，与众多其他减碳手段相比，"林业碳汇"措施因其成本低、效益高、操作易而备受青睐。林业碳汇是通过实施造林和森林经营管理、植被恢复等活动，吸收固定大气中的二氧化碳，释放氧气，从而起到减少空气中二氧化碳的作用。在北京的八达岭，一个碳汇林林场已经成型，如果想抵消掉自己的碳排放，可以来这里购买碳汇林或种树，这种减碳方式吸引了大量的环保先行者，也成为"低碳族"实现"去碳化"承诺的首选。[①] 从另外一个角度来看，林业碳汇也是环保教育与森林生态旅游完美结合的产物，是生态外生型传统旅游经济发展方式向生态内生型可持续发展方向成功转变的典型例证。

### （二）旅游方式的绿色转变

在绿色旅游的实践中要做到无污染旅行，只要在安排交通、准备饮食、设计活动时按照生态智慧的原则来进行就可以实现，国外一些"绿

① 姚雪痕．低碳生活［M］．上海：上海科学技术文献出版社，2013：114．

色游客”的做法对于绿色旅游在世界范围内向更加深入和广阔的层面来开展具有非常重要的示范意义，值得大力推广。

在英国，每年大多数家庭都会安排假期，于是长途旅行每年造成了大量的二氧化碳排放，为此越来越多的旅行社和志愿组织提倡绿色出游，其中一种最受关注的方法就是让那些在无法避免的情况下需要搭乘飞机的旅客捐款植树，以此抵消旅程对环境的影响。有人倡议，从英国到冰岛旅游的旅客植树1棵，到厄瓜多尔的旅客植树3棵，以便达到保护环境的目标。而德国人在旅游的时候第一件事就是准备一个大大的旅行包，里面有筷子、勺子、牙刷、牙膏等，他们用手绢而不是纸巾擦汗，旅馆不提供任何一次性生活用品，全由客人自带。景区内看不到用野生动物制作的旅游纪念品，餐馆里也无野味可供食用，因为捕杀、食用野生动物违反法律。

日本的多家旅游社为保护生态环境，推出一日游特别团。游客在观赏湖山美景之际，动手收集园林中的垃圾，以保护园林的整洁。游客只需在风景区收集垃圾1小时，便可免费享受温泉浴和午餐。

## 第二节　旅游经济发展方式转变的多重约束

要实现旅游经济发展方式由传统到可持续的过渡，实现由生态外生到生态内生的根本变革，并非是一个一蹴而就的过程。来自旅游经济发展的理论和实践都表明，要实现旅游经济发展方式的转型，无论在思想观念还是具体操作方面都存在诸多约束和限制条件。若不清楚地认识到这些约束条件的制约作用和负面影响，不对这些约束条件有清楚的认识和战略性的解决办法，就无法寻找到谋求旅游经济发展方式转变的科学路径。

### 一、思想约束

从人类社会的发展历史来看，社会和经济的每一次跨越式发展总是发生在思想大解放或观念彻底革新的背景之下。随着人们对自然规律的深入了解和对社会发展问题的不断反思，其发展方式也在不断地得以矫正。在进入21世纪后，中国的旅游经济迎来了“大众旅游时代”，旅游资源开发和旅游消费远远超过了历史上的任何一个时期，旅游经济发展中出现了许多新的问题。从生态经济学的视角来看，如何实现旅游活动中的人与自然和谐成为最重要的战略问题。要实现旅游经济由“生态外生”向“生态内生”发展方式的转变，首先就是要正确认识学术理论和思想认识中的羁绊。[①]

（一）理论弊端

1. 西方经济学的物本框架理论溯源

传统西方经济学是一门研究人类经济行为和经济现象及人们如何进行权衡取舍的学问。工业文明和市场经济改变了人们的价值观念。传统西方经济学的理论体系都是建立在“物本主义”的基础之上，传统经济学说是经济至上的价值理念的理论之源。它强调片面追求物质社会中的财富堆积与分配，盲目地迷恋于追求经济的增长指数，完全不顾地球承载人类生命能力的有限性，掠夺性地与自然资源进行物质交换，忽视了资源的可持续利用问题，尤其是一些自然资源的生态价值。从这一点来看，西方经济学从一开始就没有充分考虑到地球资源的保护，而只是考虑了资源的开发利用问题。在“经济至上”理论诱导下相继爆发了一系列的生态危机、经济危机、文化危机和社会危机。

2. “经济至上”思想在中国社会盛行

古典经济学确立了经济学的基本理论体系，新古典经济学通过三次革命形成了微观经济学和宏观经济学的基本理论框架，现代经济学则分为现代马克思主义经济学和现代资产阶级经济学两大学派。

总的来看，西方经济学的形成与发展确实为资本主义国家换来了物质的繁荣。马克思曾经说过，资本主义在一二百年时间内创造的财富比人类历史上的财富总和还要多。但从长远来看，他们也将为一时的繁荣付出沉重的社会和生态的代价，困扰现代西方资本主义社会发展的不是经济矛盾，而是文化矛盾，是经济与文化之间的矛盾。[②]

传统经济学是伴随着资本主义产生发展而逐渐形成发展起来的，建立在私有制的基础之上，它主要是为资产阶级利益服务的经济理论体

① 侯红松．绿色经济与可持续发展的关系[J]．网友世界，2013(Z3)：101+103.
② 金里伦．重塑中国经济的思想伟力[N]．经济日报，2018-01-18(001).

系。把经济当作唯一的、至高无上的价值取向对人与社会的发展产生了深刻的影响。

总的来看，传统西方经济学只适应资本主义国家和资本主义经济发展的需要，只代表占人口少数的资产阶级的利益，从诞生开始就被打上了“经济至上”的思想烙印。自改革开放以来，在谋求中华民族崛起和全球经济一体化的时代背景下，我国理论界受传统经济学思想的影响较为深远，如今它的宏观调控和市场机制在加强和改善我国经济管理中也发挥着重要作用。[①] 有人认为中国当前的问题就是经济问题，更有人将金钱利益作为衡量人生价值和社会贡献的标准，一切以经济利益为主的评价机制和发展导向在当前的中国占据了主流，这种思想已在我国社会各界普遍存在，并还将长期作用于我国社会经济发展之中。

### （二）观念误区

#### 1. 旅游产业是否为“无烟工业”

旅游产业被比喻为“无烟工业”，主要是基于对旅游核心产品两大特性的认识。

其一，旅游产品的体验性。旅游核心产品是一种有别于工业产品的特殊消费品，旅游者购买的是在旅游过程中集旅游体验和服务于一体的组合产品。无论是游览自然风光、欣赏名山大川，还是探寻古代历史足迹、体验多元地域文化，旅游产品的无形性导致游客在旅游消费结束后并没有将其带走占为己有。

其二，旅游产品的共享性。旅游自然和人文景观在其承受范围内可以让人们多次反复地共同使用，旅游吸引物不会因为游客的一次消费而消亡，旅游消费过程中并没有损耗其价值和使用价值。正是由于旅游核心产品的这两大特殊属性，部分学者认为旅游活动消耗的仅仅是一种无形资源，不会产生“废气、废水、废渣”及其类似的污染，把旅游产业形象地比喻为“无烟工业”、把旅游经济比喻为“绿色经济”很容易被认同和接受。[②]

事实上，以上观点是人们对早期旅游消费的朴素认识，由于人类最

① 刘名俭．旅游经济发展方式转变路径研究[M].北京：中国环境科学出版社，2012：88.

② 张鹏杨，田里．旅游经济增长的低效锁定与路径依赖研究[M].北京：中国旅游出版社，2020：190.

初的旅游活动是少数人的活动，参观游览的景观以自然界中的原始风貌为主，小规模的游客对环境造成的微乎其微影响可以通过大自然的自净能力将其消化。从本质上看旅游业的发展同其他产业一样，必须要考虑环境资源的使用和耗费。现代旅游业已进入“大众旅游时代”，旅游成为大多数人必不可少的一种生活方式，国内旅游和入境旅游的人数逐年呈快速增长态势，游客数量的显著增加势必对自然环境造成严重的威胁和破坏。

2. 旅游资源是否可以永续利用

从专业的角度来讲，所谓旅游资源是指自然界和人类社会中凡能对旅游者产生吸引力，可以为旅游业开发利用，并可产生经济效益、社会效益和环境效益的各种事物和因素。它具有游览观赏性、地域分异性、景观组合性、消费季节性、不可再生性和使用永续性等特征。旅游资源使用上的永续性是指它只供观赏不能带走，可以长期供游人使用。随着社会进步和人们生活水平的提高，人的需求正由追求物质享受为主逐渐转变为追求精神享受为主，这一必然的发展趋势使得旅游业具有广阔的发展空间。因而，旅游业又被称为“朝阳产业”，有人认为旅游景区一旦投资建成，尤其是一些自然景观和历史遗迹等静态观赏性的旅游景区，就可以供游客进行无数次的消费，也就可以获得长期丰厚的经济利益回报。

旅游资源“取之不完、用之不竭”的观点是带有片面性的，旅游资源的重复使用并不代表它是永远不能穷尽的、可以长期地自然地永续利用，旅游资源的永续利用必须建立在科学开发、有效保护的基础之上。如果不加以保护，盲目开发，肆意践踏，同样会造成资源的退化或破坏。[①]

一些自然景观、历史文化遗迹具有不可再生性，一旦遭到破坏，就永远失去本来的面目。在生态环境“部分改善、整体恶化”的大背景下，许多旅游风景区和自然保护区也出现不同程度的问题：水体污染、水土流失加重，植被覆盖率下降，野生动植物的有效保护区域范围缩小等。面对规模庞大的旅游客流，脆弱的生态环境面临着难以承受的巨大压力。长白山自然保护区的日游客量最多时高达6000人次，鼎湖山自然保护区高峰期的日接待量高达上万人次，敦煌莫高窟中的壁画受震动、气流、噪声、灰尘的影响非常大，杭州“瑶琳仙境”溶洞高峰期的日客流量

① 唐静．生态旅游经济关系和谐发展论[M]．北京：中国环境科学出版社，2011：44.

高达15000人,由于二氧化碳的作用,洞内石钟乳的色泽正在变黑。[①]

此外,现实中我国还多次出现旅游资源破坏性利用与开发的重大事件,如张家界超容罚黄牌事件、《无极》剧组香格里拉“毁水”事件、四川“鱼海子”事件等,都造成了旅游资源的不可持续利用。分析其动因主要有3种:

(1)一些地方片面强调旅游经济、过度开发旅游资源的做法并没有得到有效遏制,有的在景区内人为“跑马圈地”,建设休闲中心、旅游度假村、培训中心、旅游商业街等楼堂馆所。

(2)对旅游资源非科学、不正当的利用和开发,对一些高品质的稀缺资源缺少前瞻性开发理念,有的开发条件根本就不成熟,有的在规划设计中没有统筹考虑经济效益、社会效益和生态效益的协调统一。

(3)为了获得更多的经济利益,没有对旅游景区的环境承载力进行科学测定和严格控制。我国现阶段正处于旅游开发的热潮,社会各界必须保持清醒的头脑,正确处理保护与开发的关系。保护好古树名木、植被群落、地质地貌和文物古迹,禁止随心所欲的人工造景和不切实际的过度开发,杜绝一切破坏性行为,使风景旅游区真正体现人与自然、环境的和谐共生。

### 3. 发展旅游与保护环境的关系

发展旅游与保护资源环境二者之间是否相互矛盾?在经济发展与环境保护问题上,国际社会也一直存在不同的观点。一种是极端的“经济中心论”,一种是极端的“生态中心论”。前者将经济增长作为社会发展中的唯一中心来考虑,忽视由此带来的环境问题,甚至认为环境问题的最终解决依赖于经济的发展水平,选择“先污染、后治理”的发展路径,因此持这种观点的人认为:为了旅游产业的短期效益,可以不惜破坏环境和浪费资源为代价,对旅游景区进行掠夺式的开发。

以上两种观点截然相反,前者为了获取短期经济利益而不惜一切代价,后者为了绝对保护生态环境而完全否定旅游开发。发展旅游与保护环境是一个矛盾的统一体,我们应辩证地看待二者之间的关系。毋庸置疑,任何产业的发展都会给资源与环境带来一定的影响,旅游产业的发展也会带来社会环境、生态环境、文化环境等方面的负面影响;但同时,旅游景区建设可以极大程度上促进资源的保护,旅游景区经营可以为其

① 刘名俭,刘思华.旅游经济发展方式转变路径研究[M].北京:中国环境科学出版社,2012:92.

环境治理提供资金保障,拉动区域经济的增长。因此,旅游与环境之间是一种天然的耦合关系,良好的生态环境是发展旅游的前提和基础,旅游经济的发展有利于促进生态环境的改善。①

上述两种极端观点在实践中都是不可取的,可持续发展理论讲究“公平性原则”,即代内公平、代际间的公平和公平分配有限的资源。正确处理二者之间的原则是“在保护中开发,以保护为前提,适度开发,合理利用”,只有这样才能实现旅游经济的可持续发展,可持续发展模式是未来旅游经济发展的必由之路。旅游经济可持续发展不是不要发展,它以提高生活质量为目标,同社会进步相适应,其最终目的在于推动和指导发展的实现:它要求人们必须坚决放弃和改变传统的发展模式,即要减少和消除不能使发展持续下去的生产和消费方式;以自然资源为基础,同环境承载能力相协调,也即资源环境保护与旅游产业增长的协同发展。

## 二、制度约束

### (一)旅游生态要素的产权制度需要革新

#### 1. 旅游生态要素的产权制度

经济学领域中的“产权”并不是我们法律意义上的“所有权”,也不是指对财产进行占有、支配、使用、处置和收益分配的权利,而是人们对物的使用过程所引起人与人之间的相互关系,并强调产权是一组行为性权利,具有排他性、有限性、可分解性和可交易性等性质。产权制度(Property system)是制度化的产权关系或对产权关系的制度安排,是划分、确定、保护和行使产权的一系列规则,其最主要功能在于降低交易费用,提高资源配置效率。②

#### 2. 旅游生态要素产权制度问题突出

(1)旅游生态要素产权主体虚位。旅游生态要素的产权制度是指旅游活动中所涉及的生态要素的产权关系和产权规则,主要包括所有权、委托代理权、风景观赏权、经营权、管理权、收益权等,集中体现在旅游景区和生态旅游资源的产权制度上。市场经济条件下,旅游景区管理

① 厉新建,等.短论新见说旅游 旅游经济发展多维探索[M].北京:旅游教育出版社,2017:89-90.

② 潘鸿,李恩.生态经济学[M].长春:吉林大学出版社,2010:102.

制度和运行机制的创新问题已成为旅游行业广泛关注的话题。

中国社会转型期间存在着两种经济体制的混合和过渡，行政事业单位管理体制下的传统景区管理模式阻碍了资源开发和环境保护工作，主要表现在国有资产的产权主体虚位、产权关系混乱、产权管理制度不健全等方面，没有实现国有资产的有效利用和保值增值，旅游生态环境的破坏无人监管，旅游生态环境的保护与修复无主体承担责任。

张晓（2001）认为，资源保护与企业化经营之间的矛盾在于“财政约束条件下的管理目标冲突”。在保护旅游景区资源的同时，还需要通过促进开发获取保护资金，这是中国目前的经济发展特征所决定的。

景区保护资金主要来源于按旅游景区门票收入提成的资源保护费，而资源保护费的多少又与经营机构的利润相关联。因此，政府容易陷入既要保护资源、弱化企业逐利，又要多方面寻求市场资金支持的目标冲突之中，行政计划权利的分割、权利与资本的博弈、市场价格配置成为旅游景区产权制度变革过程中的三大主导性力量。

（2）旅游生态要素产权制度不完善。中国政府长期实施的政府主导地位计划经济，导致了对公共资源（自然文化遗产资源）的管理，一直没有明确的制度安排。我国旅游资源的相关法律制度存在缺陷，制约了旅游产业的经济增长与发展。

1988 年《宪法修正案》将土地有偿使用制度安排到现在的资源法，没有改变现行的资源产权结构，没有安排旅游生态资源可交易的产权制度，从而使得很多国有资产失去了最大化增值的产权属性。此外，景区管理中还存在很多“漏洞”和“真空”，如景区资源开发中出现的“短视”行为、“圈地”现象、管理政出多门、缺乏统一的景区规划等。

3. 旅游生态要素产权制度改革路径

（1）旅游生态要素产权制度改革的重点应该放在市场化条件下的行政体制改革，即实现旅游生态要素所有权与经营权、管理权与经营权、监督权与管理权的分立。旅游景区市场化与企业化经营模式创新与管理体制改革，目前主要有两种做法。①

一种是取消地方政府对公共资源类景区的直接管理，使旅游景区变成一个小级别的行政单位，把资源保护的职能内生化，将旅游景区的所有权、管理权、经营权、收益权“一体化”，如专门设立的黄山市、武夷山

① 罗明义．旅游经济发展与管理[M]．昆明：云南大学出版社，2008：79-80.

市；另一种是政府对旅游管理体制进行改革，将旅游景区作为其下属的经营单位实施企业化管理，实施政企分开，在明晰产权关系的基础上交付企业进行非完全产权关系下的企业化经营，政府主要承担法制管理、规划管理及技术管理方面的职责，如旅游景区管委会，部分民俗文化景区还可以采取"政府 + 公司 + 旅行社 + 农户"的自主开发模式(表 5-1)。

表 5-1 国内旅游景区管理模式比较[①]

| 典型模式 | 行政建制 | 经营体制 | 旅游管理方针 | 内部能力建设 |
|---|---|---|---|---|
| 黄山模式 | 隶属黄山市黄山区，黄山管委会主要领导由黄山市主要领导兼任 | 黄山旅游集团和黄山旅游发展有限公司与黄山管委会是一套人马，两块牌子 | 严格保护、统一管理、合理开发、永续利用的方针，坚持"山上游，山下住"的管理方针 | 采取了一系列工程、技术、管理、行政等措施，强化自身建设能力 |
| 九华山模式 | 九华山管理委员会属于池州市政府派出机构，九华山风景区工作委员会属于池州市委的派出机关。没有人大和政协，管委会和党委是一套班子，两块牌子 | 集团公司是管委会下面直属机构，由原来的国资委演化而来，股份公司是集团公司下面的一个二级公司，主要是集团公司控股 | 遵循"科学规划、统一管理、严格保护、永续利用"的发展方针，山上常住人口逐渐减少，让景区的文化旅游功能更突出 | 采取了分区建设、功能整合、竞争联动的发展建设模式 |
| 泰山模式 | 泰山旅游管理委员会管理景区山上旅游相关业务，但是，同时泰山旅游管理委员会又隶属于泰安市泰山区旅游局，形成双头管理 | 泰山旅游管理会具体负责旅游管理、运营、服务等方面的工作 | 实现了对泰山森林、植被及旅游景点的 24 小时全方位监控，在景区资源监测、森林防火、游人安全管理方面进展很大，科学合理地保护管理好泰山 | 在极力保护核心景区的文化、自然遗产资源的同时，加强招商引资和配套项目建设的力度 |
| 武陵源模式 | 武陵源管理体制比较复杂，一方面涉及的利益主体比较多，另一方面，行政主导的方向不尽相同，但是均以旅游管理委员会为主，不设行政职能 | 武陵源的管理运营处于张家界、索溪峪、天子山 3 个景区"三足鼎立"的格局，张家界国家森林公园处于龙头地位 | 有利于武陵源的规划建设和管理是武陵源的管理方针 | 在规划、设计、建设等方面强调各方利益的均衡，加强内部协调工作力度 |

① 刘名俭．旅游经济发展方式转变路径研究[M]．北京：中国环境科学出版社，2012：105．

（2）旅游资源资本化是解决旅游可持续发展的根本途径。旅游资源应像其他社会资源一样走市场化道路，依靠市场机制的作用实现其最佳配置，政府不可能成为旅游业可持续发展能力的全部“供给者”。尽管受到我国自然资源体系、法规及制度的约束，旅游资源很难从环境中剥离出来，但是部分地区已经做出有益的尝试。

（3）建立公平的旅游生态要素利益分配机制。旅游生态要素产权制度改革也是资源与利益再分配的博弈过程。

①按照旅游资源分级管理的原则，分别由国务院、省级、市（县）级旅游行政管理部门进行经济管制和质量管制。

②将旅游景区门票、特许经营收入、旅游发展基金等收入上缴国家财政，由国家和地方政府财政设立旅游发展专项资金，用于旅游资源的开发与保护。

③允许社区居民通过门票收入分成、环境保护费分成、外来项目管理费分成、参股控制经营收入分成、就业劳动收入获得等多种方式直接参与利益分享。

### （二）旅游资源的生态补偿机制尚未建立

#### 1. 旅游生态补偿的内在含义

旅游资源生态补偿机制主要包括3个方面的内容，即经济补偿机制、生态补偿机制和政策补偿机制。其中，旅游资源经济补偿机制主要是指通过旅游资源税和旅游发展基金设立旅游生态环境保护专项基金，遵循“谁开发谁保护，谁破坏谁恢复，谁利用谁补偿”原则，有计划集中使用专项资金用于环境保护工程；旅游资源生态补偿机制主要是通过人工绿化改善旅游资源周边的生态环境，弥补旅游开发对自然生态环境造成的“创伤”；旅游资源政策补偿机制主要是各级政府通过规划引导、项目支持等方式，为生态脆弱、经济欠发达地区的旅游环境保护实施政策倾斜和差别待遇。

#### 2. 实施旅游生态补偿的意义

（1）改变无偿使用生态资源的习惯。生态补偿机制可以改变企业无偿使用生态资源的习惯，经营者的开发程度和破坏程度与其为此付出的生态补偿成正比，这就能够让开发者优先考虑生态环境的保护与损耗。为减少生态成本，企业必须采取措施减少环境资源的破坏、污染和占用。

(2)有利于筹措生态环境保护资金。旅游生态补偿的关键问题在于资金,生态环境修复、居民生产生活方式的改善以及人员素质的提高都需要大量的资金。建立旅游生态补偿的长效机制可以为旅游地生态环境保护提供稳定的资金来源,多种渠道筹集所需的资金,统筹道路交通建设、农林专项发展基金、水域环境综合治理、地质灾害治理、文物保护与非物质遗产抢救、旅游基础设施建设等各种项目资金。①

(3)有利于平衡旅游社区居民利益。社区居民参与旅游开发与生态保护的程度与其获得的利益有很大的关系,也就是说,在旅游开发中对当地社区进行生态补偿越大,社区参与旅游活动和生态环境保护的行为就越积极,同时生态补偿机制也让居民有监督经营者开发建设的作用。

3. 旅游生态补偿的理性回归

从全国的旅游开发实践来看,目前政府相关部门尚未制定专门的旅游生态补偿制度,关于旅游生态补偿的实施办法和补偿标准尚不明确。但是,对森林资源的生态补偿问题已经作出了全国性的统一安排(如生态公益林补偿等),这种生态补偿在一定程度上弥补了山地旅游资源开发造成的损失。而像城市、乡村、温泉、文化等旅游资源的开发则处于空白。②

目前,开展生态补偿的资金主要有以下集中来源。

(1)财政转移支付,用于政策补贴、农业支出、林业支出、水利和气象支出等。

(2)环境整治、保护与生态建设专项资金。

(3)征收资源使用费(矿产资源有偿采用和复垦制度、水资源有偿使用制度、环境容量排污收费制度等)。

旅游生态补偿途径大致可以分为3种。

(1)直接补偿,设立环保基金、人才培养基金和奖励基金。

(2)间接补偿,为旅游地居民提供就业机会,给当地群众优惠或免费旅游,聘请旅游和环保专家为居民进行生态旅游和生态环保培训等。

(3)混合补偿,将间接补偿和直接补偿按照一定的结构、比例和方式进行组合。

---

① 徐飞雄,等.现代旅游经济[M].长沙:湖南人民出版社,2003:154.
② 朱孔山,高秀英.旅游经济学[M].济南:山东人民出版社,2011:66.

# 第六章　旅游经济发展方式的转变——绿色发展

作为一个资源消耗相对较少、环境污染较轻的产业，旅游业曾一度被世界公认为“绿色”“无烟”的朝阳产业。但随着产业的逐步壮大，一些地区盲目追求经济效益，对旅游资源进行了无序、过度的开发，导致了对生态环境的破坏，使区域旅游资源品质下降，目的地生态环境失衡，最终阻碍了旅游业的发展。本章主要研究旅游经济发展方式的转变——绿色发展。

## 第一节　旅游经济绿色发展的基本理论

### 一、绿色经济发展理论

20 世纪 90 年代，我国生态经济学界就有学者用“绿色经济”这一术语，概括了生态环境建设绿色议题和生态经济协调发展研究的新进展，论述的重点是“一切都将围绕改善生态环境而发展，核心问题是要实现人和自然的和谐，经济与生态环境密切协调发展”。

刘思华先生认为，“绿色经济是可持续经济的实现形态和形象概括。它的本质是以生态经济协调发展为核心的可持续发展经济”。[①] 这个界定肯定了绿色经济的生态经济属性，揭示了它的可持续经济的本质特征，从学科属性上把它从西方环境经济学理论框架中彻底解放出来了，真正纳入生态经济学与可持续发展经济学的理论体系，成为生态经济学

① 刘思华．生态文明“价值中立”的神话应击碎[J]．毛泽东邓小平理论研究，2016（09）：57-64，92.

与可持续发展经济学的理论范畴,从文明属性上强调了绿色经济是生态文明经济的实现形式与形象概括。

我国学者在绿色经济理论研究上体现出了“东方智慧”,阐明了绿色经济的根本属性与本质内涵是生态经济与可持续发展经济,使它必然在本质上取代工业经济并融合知识经济的一种全新的经济形态,是生态文明新时代的主导经济形态的现实形态。而基于东方智慧的生态文明之路,正是中国为永续发展所进行的伟大实践。

党的十八大首次把绿色发展(包括循环发展、低碳发展)写入党代会报告,这是绿色发展成为具有普遍合法性的中国特色社会主义生态文明发展道路的绿色政治表达,它标志着实现中华民族伟大复兴的中国梦所开辟的中国特色社会主义生态文明建设道路,是绿色发展与绿色崛起的科学发展道路。这条道路的理论体系就是“中国智慧”创立的绿色经济理论与绿色发展学说。它既是适应世界文明发展进步,又是适应中国特色社会主义文明发展进步需要而产生的科学发展学说。

## 二、绿色发展学说

人们最初提出“绿色经济”的思想,试图从生产、分配、交换、消费等经济环节应对环境和生态危机,如2010年中国政府明确提出转变经济发展方式,建设“资源节约型、环境友好型”社会。但随着经济社会的整体发展与环境、生态的联系日益密切,“绿色发展”的概念逐渐深入人心,在2015年党的十八届五中全会上,首次把“绿色发展”提到“五大发展理念”的高度,强调“坚持绿色发展,推进美丽中国建设”。

早期学者对“绿色发展”的研究不单纯是从财富增加的视角思考问题,也不局限于经济学领域,尤其是随着人类绿色意识的觉醒和发展理念的转变,人类的绿色发展延伸至人口学、生态学、社会学等诸多领域,绿色发展的理论基础也来源于众多学科理论的交叉分析。

1994年刘思华先生在《当代中国的绿色道路》中,阐述了绿色发展的一系列主要理论与实践问题,明确提出中国绿色发展道路的核心问题就是“经济发展生态化之路”,“一切都应当围绕着改善生态环境而发展,使市场经济发展建立在生态环境资源的承载力所允许的牢固基础之上,达到有益于生态环境的经济社会发展”。

1995年戴星翼的《走向绿色的发展》一书中首次从“经济学理解绿

色发展”,明确使用“绿色发展”这一词汇,诠释可持续发展的一系列主要理论与实践问题,并认为“通往绿色发展之路”的根本途径在于“可持续性的不断增加”。绿色发展成为可持续发展的新概括。

2012年胡鞍钢的《中国创新绿色发展》创新性地提出了“绿色发展”理念,开创性地系统阐述了绿色发展理论体系,总结了中国绿色发展实践,设计了中国绿色现代化蓝图。

总之,中国学者探索绿色发展的理念、理论与道路的历史轨迹表明,在此领域“中国智慧”要比“西方智慧”高明,这就在于绿色发展在发展理念、理论、道路上突破了可持续发展的局限性,“将成为可持续发展之后人类发展理论的又一次创新,并将成为21世纪促进人类社会发生翻天覆地变革的又一次大创造”。

## 第二节　旅游经济绿色发展的基本目标

总体来说,旅游业仍然是环境友好度高、带动效应强的“绿色产业”,应该树立起比其他产业更加全面而高标准的发展目标,自觉担当起带动综合经济绿色发展的使命,通过生产方式的创新、科学战略的选择、先进理念的树立等各种举措,全方位地实现旅游产业的绿色转型,提升旅游生态经济效能,让旅游产业真正成为绿色产业发展的重要支柱,迈向旅游经济绿色发展新道路,这是旅游经济绿色发展的总目标。

### 一、提高发展效率

提高资源利用率,减少废弃物排放量,加强废弃物处理,促进从产品设计、生产开发到产品包装、产品分销的整个产业链绿色化,以实现生态系统和经济系统良性循环,实现经济效益、生态效益、社会效益有机统一。

“全国休闲农业与乡村旅游示范县”——重庆市黔江区便是通过绿色发展提高生产效率的成功典范。该区率先提出将生态作为农业生产的第五要素,这对山地生态农业发展极具参考价值,它在转变农业发展方式、拓展农业功能、构建新型农业经营主体等方面进行了积极探索并取得显著成效。无污染的耕作方式使重庆黔江猕猴桃及有机蔬菜的市场美誉度不断攀升，重庆市黔江区凭借高品质的猕猴桃基地获得“全国绿色生态猕猴桃之乡”称号，25.2万亩生态蔬菜年产值4.5亿元，是重庆唯一鲜菜供港基地。

### 二、促进绿色转型

旅游经济的创新发展是在旅游产业绿色转型的基础上，注重环境的保护与传承，强调旅游产业的生态持续发展。生态创新作为绿色转型发展的驱动力，受到世界各国的普遍重视。中国现有的旅游经济发展模式存在一定缺陷，主要体现为：旅游发展唯经济论，短期经济行为造成资源浪费和低效率开发；现有的旅游供给不能满足多元化的旅游需求。因此，当前所面临的一个紧迫任务就是如何实现旅游生态创新并进而推动我国旅游产业结构和经济发展模式的绿色转型。

## 第三节　旅游经济绿色发展的内在潜力与外部动力

### 一、旅游经济绿色发展的内在潜力

#### （一）酒店行业绿色化经营

我国酒店业的发展，特别是高星级酒店的发展，起步虽然落后于欧美等发达的国家，但是随着国民经济的实力增长，我国酒店业在改革开放后40多年的发展速度远远超过了欧美国家饭店业的发展和进步速度。虽然我国在高星级酒店的品牌建设、运营管理规范、系统和平台的搭建等方面与欧美的国际酒店集团仍然存在着一定的差距，但是这种差距正在逐步缩小，在某些地域或者某些单一领域已经超越，我国酒店业一直以来都在健康和快速地发展。

酒店业在2006—2009年非常盛行“绿色饭店”的概念，绿色饭店（green hotel）是在饭店建设和经营管理过程中，坚持以节约资源、保护环境为理念，以节能降耗和促进环境和谐为经营管理行动，为消费者创造更加安全、健康服务的饭店。我国绿色饭店以银杏叶作为标识。根据饭店在安全、健康、保护环境等方面程度的不同，绿色饭店分为A级至

AAAAA 级。

随着全球大气的污染、空气质量状况的日趋严峻，PM2.5 指数甚至成了很多休闲度假型酒店的卖点。在国家绿色政策的宏观影响下，酒店行业慢慢开始在规划、建设、运营和消费者引导等多个方面做出尝试，绿色收益和绿色文化逐渐形成。

### （二）能源的绿色管理

人类的一切活动实际上都是能量的消耗，能量由能源产生。目前，人类以煤、石油、天然气等石化能源消耗为主，它们都是非再生能源，另外如水能、太阳能、风能等是清洁和再生的能源。旅游企业的耗能主要在以下几个方面：

空调耗能：运行各种空调设备。

动力型消耗：电梯运行、生活用水水泵运行、消防用水水泵运行等。

照明耗能：各客房、行政办公和公共场所区域照明。

餐饮耗能：主要是厨房餐饮制作、冷冻冷储或加热解冻等消耗。

旅游交通：交通动力消耗汽油、柴油、天然气或电等。

能源消耗可能向空气排放废弃物，污染空气，如燃烧向空气排放 $SO_2$、$CO_2$ 和粉尘等，汽车尾气向空中排放 CO、铅等。

能源消耗是旅游企业的主要支出之一，我国高星级饭店的能源使用种类比较单一，以电、油、煤为主，单位消耗很大，平均每万平方米建筑面积要消耗 1000 吨标准煤，能源费用占总成本的 20%—30%。能源绿色管理的核心是使用绿色能源和节能，为此应该：

（1）加强绿色系统设计，有效使用绿色能源或节约能源。其设计包括：第一，针对旅游企业所处区域的能源结构，采取符合这种能源结构的能源利用设备。如处在太阳能或风能资源丰富区域的旅游企业，在其建设之初就应充分考虑利用这些清洁再生能源。

第二，使资源与负荷匹配，从而降低空耗，实现有效利用。比如浙江绍兴咸亨大酒店中央空调系统原有的设计不合理，一些水泵的配备余额很大，造成了很大浪费，后将大功率水泵更换为 18.5kW · h 的水泵，年耗电量遂由 165 00kW · h 减至 55 500kW · h。

（2）采用节能设备设施。例如选用节能灯。据测算，一只 11 瓦的节能灯的亮度与一只 60 瓦的白炽灯相当，以每天使用 5 小时计算，一盏灯每天可节约245瓦·小时，一年的节约资金相当于购灯费，且一只节能灯的使用寿命平均在3年以上，远高于白炽灯。

（3）改造运行控制，增强有效利用。可采取安装变频器、增设分表、自动程序控制，诸如公共场所的照明灯开启等措施。

（4）因时因区启用电器设备。如根据室内外的温度变化或季节变化，以及各工作部门场所的具体温度，决定是否开启空调机运行。

（5）在交通运输方面，通过新购或改造，尽量使用燃烧天然气的汽车，或各类尾气排放量越来越小的环保型交通工具和交通系统。

（6）鼓励游客有效消费。由于一切消耗归根结底都是能量的消费，所以游客的有效消费也就间接地节约了能耗。

旅游企业绿色管理中的其他一些内容包括土地使用的规划与管理，促使职工、消费者和社区参与环境事务，为实现可持续发展建立伙伴关系。

### （三）交通网络全面铺开

交通是旅游经济的重要组成部分，铁路、公路、水路、航空网络覆盖率较大并仍在以较快的速度延伸、加密。据交通运输部《2019年交通运输行业发展统计公报》，我国的交通网络发展情况表现为以下几个方面。

#### 1. 铁路

2019年末全国铁路营业里程13.9万千米，比上年增长6.1%，其中高铁营运里程达到3.5万千米。全国铁路路网密度145.5千米/万平方千米，增加9.5千米/万平方千米。

#### 2. 公路

2019年末全国公路总里程501.25万千米，比上年增加16.60万千米。公路密度52.21千米/百平方千米，增加1.73千米/百平方千米。公路养护里程495.31万千米，占公路总里程98.8%。

2019年末全国四级及以上等级公路里程469.87万千米，比上年增加23.29万千米，占公路总里程93.7%，提高1.6个百分点。二级及以上等级公路里程67.20万千米，增加2.42万千米，占公路总里程13.4%，占比与上年基本持平。高速公路里程14.96万千米，增加0.70万千米；高速公路车道里程66.94万千米，增加3.61万千米。国家高速公路里程 10.86 万千米，增加 0.31 万千米。

2019 年末国道里程 36.61 万千米，省道里程 37.48 万千米。农村公路里程 420.05 万千米，其中县道里程 58.03 万千米，乡道里程 119.82 万千米，村道里程 242.20 万千米。

2019 年末全国公路桥梁 87.83 万座、6063.46 万米，比上年增加 2.68 万座、494.86 万米，其中特大桥梁 5716 座、1033.23 万米，大桥 108344 座、2923.75 万米。全国公路隧道 19067 处、1896.66 万米，增加 1329 处、173.05 万米，其中特长隧道 1175 处、521.75 万米，长隧道 4784 处、826.31 万米。

3. 水路

（1）内河航道

2019 年末全国内河航道通航里程 12.73 万千米，比上年增加 172 千米。等级航道里程 6.67 万千米，占总里程 52.4%，提高 0.2 个百分点。三级及以上航道里程 1.38 万千米，占总里程 10.9%，提高 0.3 个百分点。

各等级内河航道通航里程分别为：一级航道 1828 千米，二级航道 4016 千米，三级航道 7975 千米，四级航道 11010 千米，五级航道 7398 千米，六级航道 17479 千米，七级航道 17044 千米。等外航道里程 6.05 万千米。

各水系内河航道通航里程分别为：长江水系 64825 千米，珠江水系 16495 千米，黄河水系 3533 千米，黑龙江水系 8211 千米，京杭运河 1438 千米，闽江水系 1973 千米，淮河水系 17472 千米。

（2）港口

2019 年末全国港口拥有生产用码头泊位 22893 个，比上年减少 1026 个。其中，沿海港口生产用码头泊位 5562 个，减少 172 个；内河港口生产用码头泊位 17331 个，减少 854 个。

2019 年末全国港口拥有万吨级及以上泊位 2520 个，比上年增加 76 个。其中，沿海港口万吨级及以上泊位 2076 个，增加 69 个；内河港口万吨级及以上泊位 444 个，增加 7 个。

全国万吨级及以上泊位中，专业化泊位 1332 个，比上年增加 35 个；通用散货泊位 559 个，增加 28 个；通用件杂货泊位 403 个，增加 7 个。

4. 民航

2019 年末共有颁证民用航空机场 238 个，比上年增加 3 个，其中定期航班通航机场237个,定期航班通航城市234个。

2019年旅客吞吐量达到100万人次以上的通航机场有106个,比上年增加11个,年旅客吞吐量达到1000万人次以上的有39个,增加2个。年货邮吞吐量达到10000吨以上的有59个,增加6个。

5. 公路交通流量

全国国道观测里程21.75万千米,机动车年平均日交通量为14852辆,比上年增长3.7%,年平均日行驶量为322599万千米,增长1.9%。其中,国家高速公路年平均日交通量为27936辆,增长4.1%,年平均日行驶量为147826万千米,增长3.4%;普通国道年平均日交通量为10641辆,增长3.1%,年平均日行驶量为174788万千米,增长1.0%。

### (四)废弃物最小化管理

废弃物是在一定时间、一定场合对某个特定的所有者或使用者而言无用的并被废弃的东西。一般概念的废弃物是指固体废弃物,与废水、废气一道被称为“三废”。我国的《固体废弃物管理办法》将固体废弃物分为工业固体废弃物和城市生活垃圾两大类,把其中具有毒性、易燃烧、腐蚀性、反应性和传染性的废物列为有害废弃物。其他则按一般废弃物进行管理。

旅游企业所产生的废弃物主要属于城市生活垃圾。一般废弃物按其来源不同可分为:

第一,食品垃圾,主要是饭店在采购、储藏、加工、食用各种食品所产生的残余废弃物。其特点是生物分解速度快、腐蚀性强、产生恶臭气味。主要产生于饭店的厨房、餐厅、酒吧、夜总会和客房。

第二,普通垃圾,即客人和员工日常生活的废弃物。如废纸与纸制品、废塑料、破布和各种纺织品、废橡胶、破皮革制品、废木材及木制品、碎玻璃、碎陶瓷、罐头盒、废金属制品及尘土等。主要产生于办公场所、客房以及旅游交通工具。普通垃圾和食品垃圾是城市垃圾中回收利用的主要对象。

第三,建筑垃圾,即建筑工地施工废弃物、建筑装修改造废弃物和旧建筑拆毁物。主要是泥土、石块、混凝土块、碎砖头、废木材、废管道和电器废料等。

第四,清扫垃圾,主要是植被飘落物、尘埃等。

废弃物管理的目标是实现废弃物的最小化,从而对环境产生最小影响。废弃物是一个相对概念,它在某地某时为废弃物,但在另一时间地点却可能是可供使用于生产的资源。所以管理的核心思想是使资源最充分有效地利用,达到"废弃物产出"的最小化。为此,建议所有旅游公司采取以下步骤措施:

(1)通过选择废弃物最小的产品来减少废弃物负担。

(2)选择那些同意将其产品废弃物减少到最小程度的供应商,或者坚持生产厂商将非必要的包装减少到最少或重新利用。

(3)只要有可能就重复使用产品。

(4)如果不能减少和重复使用,或者没有适宜的对环境更加有利的处置方法的话,就回收利用。

(5)负责任地处置不可避免的废弃物。

(6)鼓励职工在家中遵守废弃物最小化的原则。

(7)与政府和其他管理机构一道建立标签计划,这一计划提供关于产品和处置的切合实际的环境信息。

(8)回收和处置的设施向雇员和当地社区开放,以改进目的地总体的质量。

简而言之,旅游企业在废弃物管理上最主要的具体措施是雇员教育、重复使用和再循环使用。

(1)雇员教育,通过培训,使雇员具有环境意识,能够识别绿色材料、绿色产品,具备垃圾资源化意识,懂得垃圾的一般分类和处置方法,养成良好的垃圾处置习惯。

(2)重复使用,主要是尽量少采购一次性使用产品和多次使用同一产品,如可充电的电池、布制手提带、洗衣袋、毛巾、灌装瓶等。重复使用的产品应特别注意再次使用前的清洁消毒处理。

(3)再循环使用,主要通过对垃圾分类,使其资源化,实现垃圾的新利用。垃圾的分类收集是指在垃圾的产地,根据对垃圾的处理或回收利用的不同要求,将垃圾分为不同类别进行集中。

垃圾分类主要有源头工作人员分类和垃圾集中堆放点专业分类两种。社会更提倡前一种方法,这有利于提高垃圾分类的效果,减少垃圾物之间物理化学反应所带来的二次污染。其实施的保障是雇员具有垃圾分类知识和意识,通过设置不同容器,不同颜色的或规定特定的垃圾收集器等办法进行。比如德国的家庭中一般设有三个垃圾桶:一个桶装报纸和各种废纸；一个桶装那些需要送焚烧处理的垃圾；另一个桶装其他各种资源型垃圾，它们将被送到资源垃圾回收厂分类回收利用。对玻璃制品则是洗净晾干后，放在大门进口处的一只大箱里，而后再送到社区的环境专用回收桶中去。我国南京中山陵等风景名胜区在游道两旁按可降解和不可降解分类设置了分类垃圾箱，但效果不明显，主要原因是游客和雇员缺乏基本的相关知识和良好的行为习惯。

废弃物的再循环利用更重要的是仰赖社会的大循环使用，如废纸、一次性木筷回收到造纸厂或纸浆生产厂作为纸浆原料被利用，饭店废油被供应商收集后用做工业原料，酒瓶、饮料瓶被生产厂家回收清洁消毒后再灌装。

## 二、旅游经济绿色发展的外部动力

### （一）绿色发展理念广泛普及的外部牵引力

#### 1. 绿色价值取向已基本形成

就当前形势来看，从中央到各级政府，从行业管理部门到旅游企业，从规划开发者到项目经营者，从旅游产品经营者到旅游者，均已意识到绿色发展的必要性和重要性，绿色发展理念深入人心，社会绿色价值取向基本形成。价值取向决定价值标准和价值选择，是理念的重要组成部分。关于什么是绿色价值取向，习近平总书记的“两山”理论对此做了生动阐释和系统说明。“绿水青山就是金山银山”，强调优美的生态环境就是生产力，就是社会财富，凸显了生态环境在经济社会发展中的重要价值。

#### 2. 各行各业主动探索绿色发展新模式

坚持绿色发展，生产主体是关键，他们掌握着经济活动与生态环境交流互动的主动权，生产方式是否绿色科学，直接关系到对生态环境的影响。令人欣慰的是，在我国生态文明建设和绿色发展理念的引导下，各个行业已经意识到，在未来的发展中需要正确处理经济发展同生态环境保护的关系，牢固树立保护生态环境就是保护生产力、改善生态环境就是发展生产力的理念，更加自觉地推动绿色发展、低碳发展、循环发展，在优化资源能源利用结构，提高资源能源利用效率上下了不少功夫。一方面，加快淘汰"三高"（高消耗、高污染、高排放）产业和企业；另一方面，大力开发低碳能源、清洁能源等，发展循环经济，提高资源能源利用效率。

3. 公民绿色环保意识普遍增强

党的十八大以来，我国社会发展成就显著，居民生活水平进一步提高。据联合国开发计划署测算，2018年，我国人类发展指数上升至0.758，在公布人类发展指数的189个国家和地区中，排名第85位，较2000年提高26位，是同期排名提升幅度最大的国家之一，并成为1990年引入该指数以来世界上唯一一个从"低人类发展水平"跃升到"高人类发展水平"的国家。以上数据彰显了我国在精神文明建设上取得的不菲成绩。现阶段，公民的文化素养、思想水平和社会责任意识普遍有所增强，人们对生态环境的要求也越来越高，生态环境质量在幸福指数中的地位不断凸显。

（二）社会经济蓬勃发展的综合拉动力

党的十八大以来，以习近平总书记为总书记的党中央提出了治国理政的新理念、新思想、新战略，出台实施了稳定促进经济社会发展的一系列改革措施，我国经济社会发展取得了举世瞩目的重大成就，主要经济社会总量指标在世界中的分量继续提高，主要经济社会人均指标位次继续前移，国际影响力明显增强。国家综合经济实力不断增强、人均国民总收入大幅增加等对旅游产业的发展形成了综合拉力。

1. 旅游产业发展势头强劲

"十四五"时期是衔接"两个一百年"的历史交汇点和承上启下阶段，对于巩固提升全面建成小康社会成果，开启全面建设社会主义现代化国家新征程具有特殊历史意义。

《"十三五"旅游业发展规划》实施5年来，我国旅游业保持中高速增长，并在产业结构调整、提升国民幸福感、旅游扶贫、旅游公共服务建设等方面取得了新的进展。"十四五"时期，旅游业发展的总目标将着眼于持续推动供给侧结构性改革和高质量发展。面向"十四五"时期，国内旅游消费将迎来新的发展机遇和挑战。

从国际来看，全球旅游市场面临的不确定性和复杂化趋势加剧。全球经济社会发展处于"百年未有之大变局",全球治理、市场经济、科学技术、资本金融、国际贸易等面临前所未有大变革。国际旅游业也进入复杂性、不确定、模糊性和易变性的时代。全球性黑天鹅事件频发,尤其是目前全球蔓延的新冠肺炎疫情,进一步加剧了国际旅游市场和旅游企业营商环境的挑战,深度影响国际旅游需求的变化。短期来看,疫情等危机事件和不确定因素,使得世界多国旅游业发展按下"暂停键",造成国际旅游需求被抑制,国际旅游者信心受挫,旅游企业经营受到不同程度的打击。例如,太阳马戏集团和多家航空公司等申请破产。中长期来看,随着中国及亚太各国疫情有效防控,危机消退,经济复苏,旅游者信心提振,旅游业逐渐振兴,国际旅游需求将缓慢恢复。

从国内来看,国内旅游市场蕴藏诸多新机遇。"十四五"时期,我国正处在转变发展方式、优化经济结构、转换增长动力的关键时期,人民对美好生活有更多期盼。随着市场化进入深度改革期,城市化、大交通、信息化、老龄化和生态化等趋势进一步凸显,国内旅游市场和消费面临如下新趋势。一是消费者价值观改变。旅游者更加重视旅游消费的价值和品质。同时,多项疫后调研显示,疫情让旅游者价值观得以重塑,人们开始反思超越物质之外的人生价值和意义,人类与自然平衡发展,以及社会责任。这些变化将对旅游者需求产生重大影响。二是体验至上。体验成为旅游者的核心诉求,人们更加注重旅游体验的沉浸式和品质化,关注细节;科技进一步触发智能旅游体验需求。三是消费分层。消费者购买力的不断升级,服务型消费的支出增加,中产阶级队伍的壮大,低线城市的崛起,老龄化社会的成型,旅游消费分层特征显著。四是数字化新消费崛起,成为重塑旅游新零售的市场力量。五是文旅融合等国家战略和《关于促进消费扩容提质加快形成强大国内市场的实施意见》等政策法规的实施,为国内旅游消费注入活力,提供政策保障。

2. 旅游者的生态需求及乡村休闲需求旺盛

旅游产业发展的新态势还突出表现在旅游者旺盛的生态需求和对乡村旅游的热捧。"生态的满足"与环境质量是密切相关的。目前人们消费观念的"绿色趋向"就意味着追求"生活质量和生态满足",发展生态旅游正是迎合了这样的市场消费需求。生态需要与物质需要和精神需要共同构成了人类全面需要的三元结构体系。生态需要按其性质可分为物质性生态需要、环境性生态需要、生态性生态需要、空间性生态需要、精神性生态需要、社会性生态需要等内容。

随着人们生活水平的提高，消费需求也由低层次向高层次递进，一方面人们将更关注对自身有益的生态环境，另一方面社会将负担过度消费引起的负效应。因此，回归大自然成为旅游的主要目的，乡村的良好生态环境及农耕文化可以满足现代人高节奏生活压力下身心放松的需求。中国是农业文明的社会，曾经的乡村是中国文化的根脉，很多文化的根基在乡村。乡村可以满足现代人的文化诉求和生态需求，乡村旅游的价值体现在有着可以亲近的乡野美景、传统质朴的乡土文化、源于自然的健康馈赠、亲切有情的人际关系、乡愁眷恋的家园情结和归园田居的生活方式。

# 第七章　旅游经济绿色发展的方式

旅游经济的发展需要遵循经济运行的基本规律，而绿色发展对旅游经济运行存在一定的要求和约束。在发展理念上要体现绿色、低碳、"两型"的基本导向，在发展方式上既强调节能环保技术的运用，如低能高效、低碳循环的发展原则，也强调在旅游产业组织制度等方面的综合治理及生态创新，如多方参与、利益主体的整体协同以及均衡博弈等原则。本章重点介绍旅游经济绿色发展的方式，涉及旅游经济绿色发展的指导原则、基本内容、创新路径这三个层面的知识。

## 第一节　旅游经济绿色发展的指导原则

绿色发展是一种科学的可持续性发展理念，应依从以人为本，统筹兼顾，全面、协调、可持续的科学发展观。首先，要体现生产力的进步，绿色与发展兼顾，坚持创新，追求经济发展的低能耗、低污染和高效率；其次，绿色发展应由全社会共同参与，政府要担当起统筹兼顾的责任，通过各项体制机制和市场调节手段，调动行业、企业、消费者等各个参与群体的积极性，共建绿色经济，共谋绿色发展。

### 一、整体协同原则

旅游业涵盖食、宿、行、游、购、娱等多个产业，从产业的内部构成来看，六大产业之间又存在很高的关联性；从外部关联来看，我国旅游业已经向区域资源整合、产业融合、共建共享的全域旅游发展模式加速转变，与农业、林业、水利、工业、科技、文化、体育、医药等产业深入融合。

全域旅游是一种积极有效的开发性保护模式，全域旅游强调的是旅游发展与资源环境承载能力相适应，要通过全面优化旅游资源、基础设施、旅游功能、旅游要素和产业布局，更好地疏解和减轻核心景点景区的承载压力，更好地保护核心资源和生态环境，实现设施、要素、功能在空间上的合理布局和优化配置，在旅游产业食、宿、行、游、购、娱等多个板块之间形成互补、和谐、相互促进的发展态势。

## 二、低能高效原则

绿色发展对旅游经济的要求有两层含义：一是在旅游活动的整个过程中要考虑到对生态环境的影响，尽量将资源消耗和环境污染降到最低，甚至零污染；二是旅游产业不是纯公益性质的环保产业，最终仍要以获得经济利益和适宜的经济空间为目的，因此，在保护资源环境的同时不能放弃对经济利益的追求。实现以上两点，需要产业主体在尽力降低能耗和努力做到少污染乃至无污染的同时保证旅游经济的优质与高效。

**成功案例一：**

涪陵位于长江之滨、乌江之畔，是闻名遐迩的巴国故都和榨菜之乡。区位优势得天独厚。涪陵地处重庆中部、三峡库区腹心，是重庆版图的几何中心和"一圈"带"两翼"的重要节点，扼川渝东出之咽喉，占华中西进之要冲，距周边省份直线距离均不超过200千米，为渝、川、湘、黔、鄂五省市的黄金交割点，具有承东启西、传递南北的区位优势。涪陵邑枕长、乌两江，自古以来一直是乌江流域最大的物资集散地，素有"渝东南门户"之称。

涪陵乌江玉景园是涪陵景观的一大标志，下面就来介绍涪陵乌江玉景园规划设计。

万里长江、千里乌江培育了"团结求实，文明诚信，艰苦创业，不甘人后"的涪陵精神，两千多年的历史孕育了"巴文化""易文化""水文化""榨菜文化"等，一代又一代的涪陵人为家乡发展倾注了心血，当代涪陵人更加关注、关心涪陵这片热土，坚持改革、开放、创新，着力推进工业化、城镇化和城乡统筹一体化，加快建设现代化宜居大城市。

玉景园作为都市农业样板，不应是"一道菜"，而应是精心准备的"一桌菜"，各取所需，吸引八方。因此，在设计定位上，实现了"四菜一汤"的构建式样，具体分析如下。

第一道菜：丛林火锅＋火锅长廊＋火锅花园＋火锅阁楼。重庆以火锅为名,因此火锅也是重庆涪陵的一道特色。玉景园专门设置了丛林、长廊、花园与阁楼式的火锅餐厅,供游客边吃边赏景。

第二道菜:生态餐厅+玫瑰园+薰衣草园。其中,生态餐厅是极具景观特色的生态建筑,实现了建筑与环境、人与自然的完美融合,利用现代化的新材料、新工艺,采用高科技的温室技术,配套以成熟的环境调控技术,营造出原生态的园林景观环境。

采用造园技术将山、水、树木、花草与餐厅的功能分区有机结合,人在其中,宛如来到了南国水乡、傣族村寨、草原的蒙古包、东北的农家小院等。室内采用智能的环境调控技术,达到恒温、恒湿的园林景观环境;充足的阳光,清新的空气,绿色有机食品,环境与艺术,技术与自然完美融合,会给都市人一个高品质的享受空间。

当然除了生态餐厅,玫瑰园与薰衣草园也不逊色,使玉景园周边成为一个花海。

第三道菜:特色酒店+品质会所。当然,一个优质的景观免不了特色酒店与品质会所。玉景园的设计推行高品质,因此会所的设置也都追求高格调,配有游泳池、温泉等。

**成功案例二:**

重庆市农业生态旅游,旅游潜力巨大。据统计测算,2019年重庆市接待境内外游客6.57亿人次,实现旅游总收入5739.07亿元,同比分别增长10.0%和32.1%。其中,接待入境游客411.34万人次,实现旅游外汇收入25.25亿美元,同比分别增长6.0%和15.3%。在入境游客中,过夜游客297.11万人次,增长6.1%。究其原因,一是随着城市居民物质条件的丰富、生活水平的提高,开始向往在闲暇时能远离都市喧嚣,体验生态生活;其二是交通条件的改善,极大地方便了人们的出行,使短期旅游成为可能;其三是重庆周边区县旅游资源丰富,品种繁多,有民风民俗、赏花尝果、农耕体验等不同的旅游产品,各具特色,满足了人们需求的差异化。

永川区作为渝西地区的区域性中心城市,渝西旅游环线上重要的节点,其一年一度的茶竹文化节、黄瓜山梨花节已经成为城市的名片。更值得一提的是,近年来永川区农委正在大力发展现代农业,积极探索农业产业升级、利用现代农业园区带动农业观光旅游的发展模式和道路,并取得初步成效。永川区八角寺十里荷香现代农业园区就是结合荷塘藕池、佛音禅香打造的集生态农业种植、观光休闲、文化体验于一体的城郊型观光型农业生态景区。永川八角寺十里荷香农业生态景区位于永川区黄瓜山背后西三环与永峰路之间，紧邻黄瓜山农业观光旅游区及永川野生动物园，与茶山竹海、卫星湖旅游区遥相呼应。

交通条件分析：永川区交通四通八达，有成渝铁路、成渝高速公路、西三环高速公路贯穿永川区全境，城际铁路亦在永川设站，可以方便各地游客的进入。规划区现已修建一条连接道路至永峰路，距永川区仅10分钟车程；正在修建的重庆西三环永川段下道口紧靠规划区，交通十分便利。

自然条件分析：规划区属四川盆地中亚热带湿润气候区。气候温和，四季分明，雨量充沛，无霜期长，季风气候显著，全年日照少，湿度大，年平均气温17.8℃。空气质量常年处于优良状态，是重庆市适于人们活动的地区。

场地分析：场地东西高，中间低，中部地势平坦开阔，呈浅丘地貌。现状的用地类型主要是林地、农业用地及少量居民住宅用地，地质条件较好，未发现不良地质情况。

永川旅游发展形成“一城、两山、四大特色旅游区”的总体空间结构。永川八角寺十里荷香农业生态景区位于两山中以农家文化体验、绿色生态、科技农业观光、湖滨旅游休闲、野生动物观赏、中华永川龙主题公园为一体的国际俱乐部为发展定位的黄瓜山区域。

景区位于永川区黄瓜山背后，西三环与永峰路交错之间，紧邻黄瓜山农业观光旅游区及永川野生动物园，与茶山竹海、卫星湖旅游区遥相呼应。该景区以荷莲文化为核心，以佛禅文化、民俗文化为提升，以具有特色的湿地、山林、农田景观为背景，是集荷莲文化休闲度假、佛禅文化休闲养生、民俗风情体验、农业产业观光、现代化农业科普示范教育、农旅结合商贸休闲等多功能于一体的4A级绿色生态文化休闲旅游胜地。具体可以概括为如下几点特色。

佛：禅韵、禅境、禅意、禅茶。

水：麻柳河、水库（景区之魂）。

彩：多彩农业立体景观，林、蔬、花、果、草、多彩民俗文化特色。景观呈现视觉形态。

园：集乡土文化、地域文化、历史文化、宗教文化、民俗民风文化为景园。

1. 科技农业示范组团

科技农业示范组团位于园区入口位置，是展示园区现代科技农业的窗口，设置景观广场配合生态绿地，造型洼地，做到一眺千万里，步步生莲花。配合书法的石刻、篆刻等，有集会观光的功能也有文化节点，顺路而走的生态大棚，四季的新鲜果令时蔬，集观看功能、食用功能、科普功能、经济效益为一体。专家大院的庭院式设计与小桥流水结合在一起，既古韵悠长，又彰显出细节之美。

2. 湖心岛组团

湖心岛组团建筑总占地面积 6335m$^2$，拟建 6000—8000m$^2$，具有园区的主要高端接待以及商务住宿功能。以及会所三栋，频临湖滨路，共 4500—6000m$^2$，具有特色的商务功能，拥有较大的景观价值和私密性，是企业长期租赁的较好地方及重要的接待地，也是园区的中央枢纽所在，具备较高的经济产出能力。

3. 湖滨路组团

湖滨路组团作为景区最大的赏荷地，让游客观荷、赏荷、品荷记忆犹新，最终成为记忆荷、思念荷的意境，从而达到吸引游客的作用。硕果累累的瓜果长廊，滨湖区的饮食商业，游客看荷花红，闻荷花香，食荷花宴，完成从生产—加工—销售的完整产业链。

湖滨路组团建筑总占地面积 12242m$^2$。在建农家乐 1000 多 m$^2$，具有大小包房 17 个，可以同时容纳 38 桌人同时就餐，分高中低档次，室外同时拥有茶秀以及景观餐厅两种方法使用，三层也有茶秀等。

本组团为园区重点打造的具备高档景点环境的景观组团，同时具备荷藕、泥鳅等经济产出。

4. 开心农庄组团

居住在依山而建的雅居之内，面前有一望无际的生态农场，在休闲之余也同时可以继续劳动耕作，既锻炼了身体又增加了乐趣，天天可吃到新鲜蔬菜，时时可呼吸新鲜空气，体验劳动带来的健康之乐趣。

开心农庄组团建筑总占地面积 45914m$^2$，其中开心农庄建筑占地 14215m$^2$，农业培训基地占地 31699m$^2$。建筑面积约 32140m$^2$，户型可分为 30m$^2$、45m$^2$、60m$^2$ 不等；开心农场 100 余亩，种有四季瓜果，时时可以参与农忙采摘，以及藕田 1000 余亩，可供游客采摘及观赏。

5. 健康步道及八角寺组团

心中怀揣信仰,走在葱葱郁郁的山间小道上,直接与天然氧吧对话。山顶的八角寺作为园区的佛、道等中国传统文化的继承,为景区游客又提供了一个烧香拜佛、精神寄托的圣地,站在八角寺观景台,让人有种背靠佛祖、心生莲花之意境。寺庙前方陡壁之上,滔滔不绝的瀑布大有一泻千里之势。成为组团的标志性景点,吸引游客争相到来、合影留念。

6. 颐静湖养老组团

精致的房屋依山而建,面水而居,后有青山翠柏,面眺水韵霞光,水中红莲朵朵,天空一片蔚蓝。灵动的小路蜿蜒而上,轻巧蜿蜒的小溪潺潺流下。优美的风景对疗养人的心理起到非常大的净化作用。

**成功案例三:**

"七彩风情小镇"位于宜宾至蜀南竹海旅游公路旁,是宜宾市翠屏区重点打造的农业科技旅游示范项目。七彩风情小镇总占地面积3500亩,其中第一期规划面积为188亩。规划区域第一部分含主入口、广场、竹园、主体建筑及停车场等,规划区域第二部分主要为福胜河两岸及婚庆公园范围。两个区域互为对景,互为补充,构成整个小镇的核心功能,彰显风情主题价值。

该风情小镇是一个集彩林观光、科普教育、休闲体验、养生度假、苗木交易、产业示范于一体的现代特色农业小镇。

"七彩风情小镇"要充分体现人与自然的关系,以山脊为背景,以生态绿化为底色,打造成一个主题明确,产业独特,具有可持续发展的全国一流农业综合体典范。

对现状进行充分研究的基础上,可以对"七彩风情小镇"设计多个方案并进行优化,使其各景点内部功能布置完善,景点与景点之间互相衔接,做到人流与车流合理分流,动态交通与静态交通相互有序。

"七彩风情小镇"应充分尊重规划区一山一水,一草一木,尽量保护原有地形地貌。道路及建筑布局依山就势,园林景观依地形起伏层次分明,建筑材料尽量就地取材,充分利用具有地方特色的竹、石等建材。

大门、广场、停车场:由于广场紧邻宜长路,为了安全及便于管理,设计了一个半围合的大门,以竹石为主要建筑材料,充分体现地方特色;建筑正立面设计了一个开阔的广场,以篆书的"宜"字作为设计元素,以材质的色彩来体现并进行功能划分;主次入口分别布置了两个停车场,停车场地面铺砌植草砖,种植草坪,以灌木进行分割,以乔木进行围合。整个景点构造紧凑,功能合理,生态节能。

竹园:竹园布置在建筑背立面,以宜宾本土竹类为材料,其中较为珍贵的品种有黄金竹、紫竹、佛面竹、罗汉竹、龙鳞竹等。小径通幽、木门古朴、水体假山点缀园内,休闲座椅以红飘带的形式穿插其中,整个竹园具有观赏性、休闲娱乐性,保护了地方文化,展示了地方特色。

溪沟景观及婚庆公园:考虑到两个地块相邻,设计中将两个地块整合成一个整体进行设计,充分发挥两个地块的各自优势,达到互相联动,利用现有的沟渠及桥梁布景,亭榭、水体、草坪、建筑交相辉映。由于该区域既是整个小镇的地理中心,又是整个小镇的文化重心,因此无论是河岸景观还是婚庆公园的设计都应该呈现出独特的风格和超前的意识。

## 三、引导—推动原则

旅游经济绿色发展需要全社会的共同参与,政府管理部门、行业经营者、消费者等均参与其中。绿色经济可以看作是在一定的制度安排下,依照规则,由监管者、绿色经济消费者(居民)和遵从者(企业)互动的博弈行为。

在政府、市场和社会三方博弈过程中,各方之间的关系纵横交错,为了使旅游经济向着绿色化方向发展,政府必须积极调控,采取观念引导和利益推动双管齐下的手段进行干预。政府可以出台相关的经济政策,引导旅游企业绿色发展,加大对该类企业的支持力度。

(1)通过实行优惠税费开辟绿色通道等政策的实施,鼓励旅游企业的绿色行为,保障该类企业的应得利益。

(2)采取适当的处罚性手段,限制传统的高能耗、高污染旅游产品的生产。

(3)加强对绿色旅游产品监督管理,鼓励技术创新,增强低碳经济转型的动力,并建立和健全旅游产品环境标志制度,对符合环保标准的绿色产品使用统一的绿色标志,方便消费者识别。

(4)培养旅游消费者的绿色消费观念,提高消费者对绿色旅游产品的购买能力和识别能力。

## 四、规划设计原则

旅游经济绿色发展的规划应遵循“减量、再用、循环”为内容的行为原则(即 3R 原则),在此基础上还应遵循再思考(Rethink)、再修复(Repair)的原则,以及旅游区规划常用的突出特色、合理布局、价值工程、市场复合、区域合作、产业联动、协调一致等原则。

(1)减量原则。在旅游经济绿色发展规划中,应尽可能减少包括能源、土地、水、生物等资源的使用,提高使用效率。如旅游区(点)的绿化系统中的树种选择,采用乡土树种取代外来园艺品种,可以减少灌溉用水、少用或不用化肥和除草剂,并能自身繁衍,还可以强化地方特色。合理地利用自然的过程如光、风、水等,也可大大节约能源和资源的耗费。新技术的采用往往可以数以倍计地减少能源和资源的消耗。此外,应注意教育和引导游客合理地减少物质需求。

(2)再用原则。利用废弃的土地、原有材料(包括植被、土壤、砖石等)服务于新的功能,可以大大节约资源和能源的耗费。如在城市更新过程中,关闭和废弃的工厂可以在生态恢复后成为市民的休闲地。在旅游经济绿色发展规划中,这一原则要求科学保护旅游资源,延长旅游资源使用寿命;同时,要求丰富旅游产品,完善旅游产品体系,优化旅游产品结构。

(3)循环原则。在旅游经济绿色发展规划和建设中,要求旅游产品生产流程具有闭合性,以实现两个方面的生态目标:一是它将废物变成资源,减少对原始自然材料的需求;二是避免将废物转化为污染物。

(4)再思考原则。再思考原则要求改变传统旅游方式,倡导生态旅游理念,维系生态系统平衡,使人口、资源、环境和发展协调起来。旅游经济绿色发展规划贯彻生态旅游的理念,以生态学原理和可持续发展原则为指导,以保护资源特别是保护生态的多样性,维持资源利用的可持续性,促进环境保护与宣传教育,提高资源与环境的管理水平为基本特征,寻求旅游业发展与自然、文化和人类生存环境和谐统一。

(5)再修复原则。旅游区中的生态系统可能会遭到损害甚至破坏。这种情况下,可以首先考虑依靠自身的环境自净能力和自我恢复能力予以解决。如果受损严重,应采取人工治理措施,需要人工补给大量物质、能量和信息等来促使生态旅游环境尽快恢复。

（6）突出特色原则。通过各种产品与服务来突出旅游区的独特之处，通过自然景观、建筑风格、园林设计、服务方式、节庆事件等来塑造与强化旅游区形象，实现与邻近旅游区“优势互补”，创造良好的视觉效果。

（7）合理布局原则。不同类型的旅游活动进行不同的组合，使各功能分区既符合旅游区整体形象，又突出各自功能，形成一个完整的系统。在全面布局的基础上，又要突出重点地区、重点项目，既要突出全区域的重点，又要突出各个功能区的重点。

（8）价值工程原则。主要针对旅游区如何以最低成本可靠地实现其必要的功能。其定义为 V=F（Function）/C（Cost），即价值等于功能与成本的比值。价值工程分析的核心是对相关旅游区进行功能成本的比较分析。这里的成本应包括资源、环境成本。

（9）市场复合原则。针对不同区域、不同群体的市场需求，策划、设计、加工、组合、包装成多元化、多功能的有卖点的旅游产品，提高旅游经济效益；并且根据市场变化进行创新，适时开发、营销不同主题系列产品，以开拓国际旅游客源市场、国内旅游客源市场、本地旅游客源市场。

（10）产业联动原则。重视旅游业发展的联动带动效应，注意旅游业与其他产业的协调发展，通过发展旅游业来改善投资环境，扩大改革开放，促进招商引资，带动农业、手工艺、食品加工业、交通运输业、商业、生物产业、休闲娱乐业、民族文化产业等的发展，同时通过各行各业的发展，提高旅游业的经济效益和水平，共同营造旅游发展的大环境，实现互惠互利、百业兴旺的良好局面。

（11）社区参与原则。旅游经济绿色发展规划应注意各地社区居民在旅游开发中的参与，要加强宣传和教育，制定多种优惠政策，建立合理、公正的收益分配机制等，提高社区居民在旅游开发中的受益程度和生活水平，并唤起社区居民对本地生态和传统文化的主人翁意识，推动社区建设，促进社区发展，促进社区资源和环境的保护。

（12）人本主义原则。以旅游者为核心，为旅游者提供快乐体验，为其创造娱乐和享受的价值，其基本内涵有：旅游规划的中心是旅游者；旅游规划的目的是提供功利之外的体验和经历的环境和活动，提供成长经历；旅游规划的主题是游戏，即非功利目的的娱乐；旅游规划的价值在于创造旅游的娱乐与享乐价值。

（13）协调一致原则。以旅游业发展方针、政策及法规为基础，要以国家和地区社会经济发展战略为依据，与城市总体规划、土地利用规划相适应，与风景名胜区、自然保护区、文物保护、环境保护等其他相关规划相协调。根据国民经济形势，对上述规划提出改进的要求。

（14）可操作原则。旅游经济绿色发展规划是一个地域综合体内旅游系统的发展目标和实现方式的整体部署，因此必然要站在高屋建瓴的角度统筹全局，具备科学性和前瞻性。同时，旅游经济绿色发展规划是该区各类部门进行旅游开发、建设的指导性文件，所以又必须具有可操作性。

## 第二节　旅游经济绿色发展的基本内容

### 一、旅游绿色市场

面对有不同旅游需求和欲望的游客，任何旅游产品都不可能满足市场上全部游客的所有需求。旅游经营者只能根据自身的优势与资源，从事某方面的生产、营销活动，选择适合自己经营的目标市场，以满足一部分旅游者的相关需求。因此，旅游要通过基本的市场细分来选定自己的目标市场，进行市场定位，以便制定有效的旅游市场营销战略和对策。通过市场细分的作用可以帮助旅游经营者发现市场机会，掌握目标市场的特点，从而制定市场营销组合策略，提高旅游企业的竞争能力。

旅游市场细分是指企业根据旅游者特点及其需求的差异性，将一个整体市场划分为两个或两个以上具有相类似需求特点的旅游者群体的活动过程。由于旅游者的购买欲望、购买实力、地理环境、文化、社会、购买习惯和购买心理特征的不同，决定了旅游者之间的需求存在广泛的差异。通俗地讲，旅游市场细分就是将一个大市场划分为若干个小市场的过程，将在某一方面具有相同或相近旅游需求、价值观念、购买心态、购买方式的消费者分到一起。

#### （一）旅游的需求类型

人们对旅游最重要的需求可以抽象概括为一种对“意象”的梦想，

它是对“美”的追求，这种由“意象”给人们所带来的“美”，是旅游业赖以生存和发展的永不衰竭的源泉，这不仅包含对田园风光、民俗风情的审美欣赏，还包括对生活与农业生产劳动体验的向往。随着旅游市场从观光旅游向休闲旅游和康体度假旅游发展，旅游的需求类型大致分为以下五类。

1. 对回归自然的渴望

由于我国城市生活环境越来越拥挤，城镇居民已厌倦了喧嚣紧张的城市生活，希望通过旅游暂时远离喧嚣的生活环境，寻求一种回归自然的享受并通过参与各种农事活动获得身心的放松和娱乐。

2. 求新求知需求

我国城镇居民，平时跟农村很少有往来，由于长期生活在都市，他们缺乏对于农村、农事和大自然的基本了解，尤其是少年儿童，对旅游地各种独特农村设施和淳朴民风民俗的好奇，使得越来越多的城市居民前去旅游景区旅游，了解当地的文化习俗、民间艺术等，拓宽视野，感受文化艺术之美，扩大知识视野和陶冶情操，以满足自己求知求新的需求。

3. 怀旧情结驱使

由于我国特殊的历史，很多人都曾下乡插队当知青，有过在农村生活、劳动的经历，尤其是 20 世纪 60 年代到 70 年代知识分子接受贫下中农再教育运动，使相当一部分城市居民与农村、农民发生了或多或少的直接、间接关系。这部分人多有重新感受那种田野风情，缅怀当年往事的怀旧情结。

4. 康体养生需求

随着我国老龄化时代的到来，除了传统旅游业态以外，更出现了康体养生、山地运动等旅游新需求，为旅游的发展开拓了新的空间。旅游者，希望能够享受城市环境所不能带来的精神上的感受及物质上的需要，因此他们会更加注重农村的生态环境是否良好，食品是否绿色卫生，空气是否清新等，同时在这里进行一些体育活动，强身健体。

5. 参与互动意识

随着旅游者的日益成熟，城市居民越来越期望能够主动参与到旅游活动中。如以往对农家乐的需求，主要体现在餐饮上，最近几年游客期望“参与互动性娱乐”的要求越来越高，不但要求欣赏到独具特色的旅游，而且还可以亲自采摘果实和干农活，或让游客参与旅游商品的生产、制作过程，既充分调动了游客的好奇心，又能让游客体验到自己创作的意义，满足游客的心理需求。游客能够全方位地主动体验生活，这样更能加深游客对生活的印象。当然，我国城市居民参加旅游的需求是多方面的，并由此构成人们对旅游的复合型需求。

### （二）旅游目标市场策略

随着人们生活水平的提高。很多都市人都热衷于旅游，使旅游成为都市生活的主要部分。以城市居民为客源市场的旅游开发可以考虑将适合自己的目标市场确定在周末工薪阶层旅游市场、城镇学生旅游市场、以家庭单位出游的旅游市场以及私营工商业的业主、城市个体、离退休职工旅游市场和入境游游客等几个细分市场上。下面来看一则具体实例。

**耕育农园——让孩子在劳作中收获知识**

耕育农园是农场经营者以农业生产、自然生态、农村生活文化等资源为内涵，对中小学生或一般游客设计体验活动，经由翔实的解说服务方式，满足游客知性的需求，完成自然教育，同时促进城乡交流的一种休闲农业经营形态。

目前，都市的很多小朋友，对农产品常识了解不足，是一个非常值得关注的课题，自然教育就是最好的解决办法。现在自然教育课程大都是一些商业机构组织，费用在100—400元，但是仍有很多家长愿意带孩子参加课程。有商业机构表示每次推出的课程报名人数都会远远超过预期。在中国环境污染严重的情况下，通过在农园中学习自然教育课程，引导孩子了解大自然，爱护环境。在教学过程中唤起孩子珍爱自然的自觉意识，培养对户外自然环境的观察及认识能力，保护认识环境从娃娃抓起。

旅游产品是营销的载体，旅游营销要继续加快产品的开发速度，适应目标市场的个性化需求。同时完善旅游产品的配套服务设施建设，提升旅游服务质量，提高市场的美誉度和认可度。根据各个旅游细分市场的独特性和旅游企业自身的目标，共有三种目标市场策略可供选择。

1. 实施差异化策略

实施差异化策略，就是指旅游企业根据各个细分市场的特点，相应扩大旅游产品的种类，以充分适应不同消费者的不同需求，并以此制定不同的营销办法，从而扩大销售量。目前，旅游产品雷同，市场竞争激烈，实施产品差异化策略迫在眉睫。实施差异化策略在具体的思路方面可以考虑：一是增加寻幽探险和健身内容，如定向越野、生存游戏、漂流、冲浪、空中滑翔、翼装飞行、帐篷营地等个性和时尚的旅游方式。农村的丘陵、山地、草原、河流和湖泊为这类活动的开展提供了条件；二是推出各项专题旅游，如“城市上班族”“假如做农夫”“市民小菜(果)园”“教你编织和使用农具”等专题旅游，丰富旅游产品；三是注重开发休闲农业旅游产品。例如：

**休闲旅游，让途牛与众不同**

北京时间2014年5月9日22:45，继携程、艺龙和去哪儿之后，途牛成为中国第四家上市的OTA企业，也是其中唯一一家主打“休闲旅游”概念的差异领先者。在纳斯达克敲钟现场，途牛旅游网CEO于敦德不无感慨地说：“8年前，我们预见了休闲旅游的巨大市场空间，进入了这个对我们来说全新的陌生行业，树立了‘让旅游更简单’的使命并一直专注至今，创建了一个可信赖的休闲旅游品牌。今天，我们很高兴地看到，我们已经建立了行业领先地位，并不断引领行业发展。我们预见并促进了行业的分工合作，通过将休闲旅游与互联网结合，加速了行业效率与体验的提升，同时不断引领行业标准的建设。”

优点：在旅游产品设计或宣传推销上能有的放矢，分别满足不同地区消费者的需求，可增加旅游产品的总销售量，同时可使旅游企业在细分小市场上占有优势，从而提高市场占有率，在消费者中树立良好的企业形象。

缺点：会增加各种费用，如增加旅游产品的改良成本、制造成本、宣传管理费用等。

**丽江格拉丹帐篷酒店**

特别的营地，离天最近的帐篷酒店——丽江格拉丹帐篷酒店营地，是国内首家低碳环保绿色的高端帐篷度假营地，是国内第一家五星级的帐篷营地，也是世界上唯一的高海拔帐篷酒店。格拉丹草原是老君山国家公园的一部分，是一个没有被外界打扰过的世外桃源，被称为“天上的草原、丽江的最后一片净土”。营地海拔3600米，拥有一座42平方米帐篷房、全景观卫浴间、帐篷餐厅、帐篷书吧、73平方米的帐篷酒吧，房价包括三餐，中餐有虫草炖鸡，晚餐有烧烤啤酒。一切都保留最自然的状态，有180° 落地玻璃全景观，在帐篷里一览草原美景：甩着尾巴的牦牛、慵懒的绵羊，错落有致的帐篷。在这里完全释放天性，回归真实的自我。

2. 保持文化特色

农村环境的独特性形成了城市居民对旅游的巨大需求，旅游开发应立足于自身的生态农业特色和文化特点，把相关文化资源、文化素材旅游化，提高文化品位，增强游客的参与性，设计出高质量的文化旅游产品。旅游经营要依据自身的地域环境，寻找独特的发展方向，并且尽可能地形成规模、形成景观效应，如滨州市香坊王村大地乡居、八大主题宾舍、一间房一个故事。以闲置农宅为依托，集合地方风物特产与地域文化元素，创意出精致且带有浓郁地域标识的时尚乡土度假空间，打造集主题住宿、休闲餐饮、创意购物、沙龙活动等多种功能于一体的小而美的乡居艺术客栈。

## 二、旅游绿色产品

旅游产品是指能提供给市场，用于满足旅游者某种欲望和需求的旅游吸引物，包括提供旅游服务的载体、旅游服务、旅游活动场所、经历体验等。即旅游目的地向游客提供一次旅游活动所需要的各种服务的总和。旅游产品是营销的载体，要继续加快旅游产品的开发速度，适应目标市场的个性化、多元化需求。同时，完善旅游产品的配套服务设施建设，提升旅游服务质量，提高市场的美誉度和认可度。旅游产品要注重开发的功能，要求产品有独特的卖点，把旅游产品的功能诉求放在第一位。

### （一）旅游产品的生命周期策略

产品生命周期理论对于旅游企业分析产品市场中的地位和发展趋势，及时开发新产品，改良过时产品，有针对性地制定正确的产品策略都有重大意义。生命周期是指旅游产品在市场上维持的时间长度，其中包括导入期、成长期、成熟期和衰退期四个阶段，如图 7-1 所示。

1. 推出期（导入期）

由于旅游产品尚未被消费者了解和接受，因此旅游者的购买很多是试探性的，几乎没有重复购买，导致销售量增长缓慢。为了使旅游者认识旅游产品，旅游企业又需要做大量广告和促销工作，使旅游产品的投入和销售费用较大，导致旅游企业往往利润极小，甚至亏损。

营销策略：当旅游产品处于导入期，促销的主要目标是使旅游者认识旅游新产品。旅游企业宜以一种低姿态的方式，采用缓慢渗透策略进入市场，进行各种广告宣传和营销公关，运用各种促销手段宣传，使市场尽快接受旅游产品。通常的方法是媒体宣传或组织业内人士考察，直接通过邮件、微信（微博）促销。随着产品知名度打开，再慢慢提高价格收回投资。

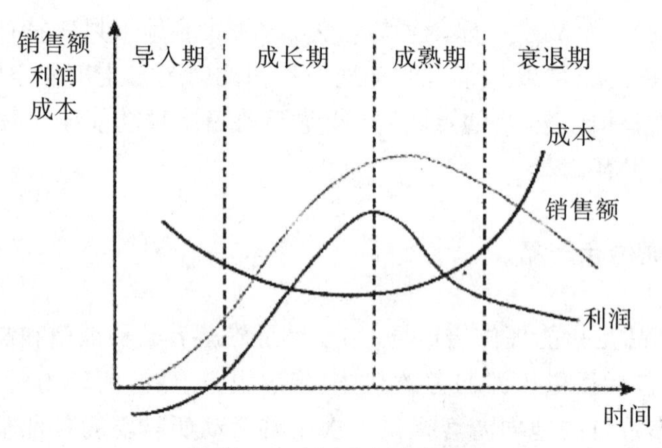


图 7-1　产品市场生命周期

2. 成长期

由于前期旅游宣传促销的效果出现，旅游者对旅游产品逐渐熟悉，越来越多的人购买旅游产品，重复购买者也逐渐增多，使旅游产品在市场上开始有一定的知名度，旅游产品销售量迅速增加，销售额迅速增长，增长率往往在 10%以上。

营销策略：当旅游产品处于成长期，促销的主要目标是增进旅游者的兴趣与偏好，扩大旅游产品的销售量。这时，旅游广告仍需加强，但广告的重点在于宣传旅游产品的品牌和特色，同时强化旅游公共关系的作用，旅游营销推广活动则应相应地减少。改进旅游产品，进一步完善基础设施的配套建设，提高可进入性，同时加强促销，努力扩大市场占有率，增加旅游产品品种，开拓新市场。

3. 成熟期

在这个阶段，由于很多旅游产品进入市场，扩大了旅游者对旅游的选择范围，使旅游市场竞争十分激烈，加上一些新旅游项目对原有旅游产品的替代性，使旅游产品差异化成为市场竞争的核心。但是，销售额的增长幅度越来越小，一般在1%—10%。

营销策略：当旅游产品处于成熟期，这时竞争者增多，广告侧重点应在于突出本产品区别于竞争产品的优点。同时要增加促销投入，给旅游者以优惠，配合使用人员推销和营销公关，以稳定旅游产品的销售。同时应开发新市场，提升产品质量，提升旅游技能，旅游服务标准化，增加服务项目。用差异化战略来吸引旅游者，可从服务、价格或产品的功能等方面将自己与其他同类产品区别开，开辟多种销售渠道：开发新产品，适应游客日益变化的旅游需求。

4. 衰退期

衰退期是指旅游产品进入了更新换代的阶段。由于新的旅游业态已进入市场并逐步地替代老业态，除少数名牌旅游产品外大多数旅游业态销售量逐渐减少。这时，旅游企业若不迅速采取有效措施使旅游产品再成长，以延长旅游产品的生命周期，则旅游产品将随着市场的激烈竞争以及销售额和利润额的持续下降而面临转型、转产或倒闭。

营销策略：当旅游产品进入衰退期，市场上出现了旅游新产品，这时旅游企业应以旅游营业推广为主，保持提示性的旅游广告，吸引偏爱的旅游者继续购买旅游产品，以便回收更多的资金；降价也是遏止或减缓衰退的最有效办法，可将原投入的资源集中于一些最有利的细分市场和销售渠道中。缩短经营战线，适当改进也可以达到更新市场形象、刺激消费的作用，着手新产品的投放，完成旅游产品的更新换代。

（二）旅游新产品策略

产品创新是现代企业发展的焦点。旅游产品设计创新是一个以旅游目的地可持续发展为导向，全方位提高产品质量、拓宽产品功能的系统工程。它至少包含以下两层含义：

其一，从单个旅游产品项目来看，创新表现为充分利用旅游资源和促使旅游资源的有效配置，达到旅游产品质量的提高和功能的增强。

其二，从产品生命周期过程考察，它贯穿于旅游产品的规划设计、制造与维护、营销、消费等全部过程，是旅游产品质量创新、功能创新、管理创新的一种组合创新过程。

旅游产品具有一般旅游产品的共性，但旅游产品也具有其特殊性，因此，旅游新产品开发要遵循市场需求原则、注重特色原则、择优开发原则、可持续发展原则。比如：

**大理旅游——择优开发**

依托优美的自然风光、独特的民俗风情和保存完好的古镇村落景观，大理白族自治州通过彰显特色，择优开发打造一批特色旅游，催生起一股“旅游”热。首先是大理洱海东岸的千年古渔村双廊，随着旅游业的发展，渔舟在波光粼粼的洱海上荡漾，延伸至湖面的半岛上白族民居式的客栈林立，使这个原本名不见经传的小渔村已经成为知名的旅游度假目的地，2013 年接待游客量达 135 万人次。在大理，双廊这样的特色旅游还有很多。以特色产业为支撑的鹤庆新华村银器制作、剑川狮河村木雕制作；以民族风俗文化见长的云龙诺邓白族古镇、南涧宝华镇彝族“跳菜”之乡；以茶马古道文化为依托的剑川沙溪寺登村、弥渡密址古镇；以“农家乐”体验项目为主体的洱源梨园村、宾川鸡足山镇寺前村等旅游特色已成为人们度假休闲的好去处。

旅游新产品的开发，是旅游业长期生存的必要条件，也是旅游企业保持活力和竞争优势的重要途径。旅游企业通常可以采用以下几种策略开发新产品。

1. 旅游全新产品导入策略

新产品通常需要大量的广告预算来唤起消费者的注意并促成最终购买。旅游企业在旅游新产品投入期的策略思想重点应突出一个“新”字。在制定营销策略时，一方面，要认识到新产品的优势、特色，敢于在促销方面投入；另一方面，对竞争带来的风险、压力要有足够的估计，果断迅速地采取措施，促使它较迅速地进入成长期。把握市场变化、适应旅游消费者的需要，抢占市场先机。同时，应加大广告宣传力度，运用各种促销手段，宣传产品特性，实行全方位推销策略，使产品尽快提高市场占有率。

2. 旅游产品更新策略

（1）旅游资源重组策略

旅游资源是旅游产品开发的依托。旅游企业开发新产品，必须更新资源观念，重新认识现有的旅游资源。

一是以市场为导向组合资源，要能够激发旅游者的旅游动机，满足或创造旅游需求。

二是以文化为纽带组合资源。可分别以自然要素为对象的生态文化、以宗教与民俗为主题的传统文化、以高新科技和新文化为代表的现代文化等多种类型的文化特色来组织开发新产品。

三是以经济效益为导向组合资源。在充分利用和挖掘其旅游资源优势的基础上，推动旅游资源的优化组合。

**旅游示范县提升旅游产品形象——河北涉县**

河北涉县是全国休闲农业与旅游示范县，具有悠久的农耕文化和丰富的特色景观。为庆祝新中国成立60周年，涉县对全县红色旅游资源进行重新整合，主打红色文化牌。该县整合八路军一二九师司令部旧址、左权抗日殉国公墓、晋冀豫边区政府等红色旅游景点，推出“游红色圣地，留红色记忆”“品农家饭菜，赏革命剧目”“轻松游览一二九师，深刻感受革命圣地”等系列红色套餐，以及“当一天八路军”体验式活动，并新增加了推石碾、纺线等特色活动，让前来接受教育的青少年穿八路军衣、吃八路军饭、唱八路军歌，推出“红米饭”“南瓜汤”等特色美食。让游客追忆红色岁月的同时一饱口福。

（2）旅游产品升级策略

由于旅游需求的拉动与市场的不断完善，旅游市场竞争不断加剧，必须通过产品升级策略不断地营造新的产品来延长旅游产品的生命周期，以满足不断变化的市场需求。

其一，提升旅游产品形象。旅游产品形象影响着人们对其心理的感知程度。提升旅游形象是指在原有旅游产品形象的基础上提炼新形象，从而使旅游者从一个全新的角度来认识原旅游产品，并产生强烈的兴趣。

其二，提高旅游产品品质。提高旅游产品品质的一个重要途径是持续地对旅游产品规划设计与管理进行完善与改进，对原有旅游资源进行深度开发，不断丰富原有旅游产品的内容。包括实体产品开发（农副产品、纪念品等)和服务产品开发(餐饮、民宿、教育、游乐等),与模式创新类似,需要本地化思维和跨界思维,如纵向的包括根据本地消费市场习惯及农产品资源情况,开发若干小而美(品质优良、包装独特、产品背后故事吸引人)的产品线,主攻景区在地消费。

其三,提高旅游产品的科技含量。引入和应用高新技术,设计大创意、大手笔的旅游产品。比如将城市儿童职业教育体验项目概念引入休闲农园,开发成版的职业教育体验项目产品。将美国童子军训练营及网络游戏中的练级系统和荣誉系统引入夏令营生存体验营项目产品中,促进消费者与项目的高度黏合。

**云南昭通大山包翼装飞行首次表演**

云南昭通市大山包景区,位于云贵高原北部,海拔约3100米,风光秀美,山势险峻。作为国家级自然保护区,是国家一级保护动物“黑颈鹤”的主要越冬栖息地。被国际翼装飞行组织认证为“世界最高公路直达跳点翼装飞行基地”。于是在前期开发的基础上,昭通大胆引入和应用高新技术,设计大创意、大手笔的旅游产品。2015年11月2日,第四届AOPA国际飞行大会暨2015首届昭通国际翼装飞行爱心世界杯赛,在昭通大山包景区进行首次试飞,标志着赛事正式启动。飞行画面引爆探险旅游爱好者的激情。全世界仅有600多人玩翼装飞行。翼装飞行打响大山包景区的名气,国际翼装飞行赛事有望落户云南。

## 三、旅游绿色价格

在市场上,旅游产品也同其他商品一样要通过交换来体现其自身的价值。旅游产品价格,就是旅游者为满足自身旅游活动的物质和精神需要而购买的旅游产品的价值形式。从旅游者和旅游企业这两个不同的角度,可将旅游产品分为整体旅游产品和单项旅游产品。游客在旅游过程中可根据自己的需要购买整体旅游产品或单项旅游产品而形成几种基本的旅游价格表现形式,具体体现为:

(1)旅游包价,即指价格包括食、住、行、娱为一体的系列服务,又叫“一揽子旅游”或被俗称为“一条龙服务”。

(2)旅游单价,指旅游者零散购买一个整体旅游产品中的各个单项要素所支付的价格。

(3)旅游差价,是指同种旅游产品由于在时间、地点或其他方面的不同而导致的不同价格。

(4)旅游优惠价,是指在旅游产品基本价格基础上给予消费者一定的折扣和优惠价格。

一般来说,旅游企业产品的定价策略主要有新产品价格策略、心理定价策略、促销定价策略、改进价格策略和需求价格策略等。

## (一)新产品价格策略

旅游产品都有自己的市场寿命周期。旅游企业应该根据旅游产品寿命周期各阶段的不同特点和变化趋势,从市场的需要出发,有针对性地对价格进行调整。

### 1. 撇脂定价策略

撇脂价格策略是指旅游新产品上市初期,价格定得很高,随着时间的推移而逐渐降低售价。其目的是想在短时间内收回产品的研发成本并获取高额利润。这种策略属于高价格策略,由于这种策略宛如从牛奶上层中撇取奶油(脂),因而所制定的价格称为撇脂价格。

撇脂价格策略不仅能在短期内获取大量利润,而且可以在竞争加剧时采取降价手段,既可限制竞争者的加入,又符合旅游消费者对待价格从高到低的客观心理反应。一般当市场需求较高时,适合采用这种定价策略。制定较高的价格,不会刺激更多竞争者进入市场,有助于形成新产品优质的形象;虽然有可能销售量不大且投入资本较高,但企业仍能获得高额利润。当然,高价也可能给旅游者带来企业“太黑”的印象,而损害到旅游企业的形象。

这种定价策略作为一种短期的价格策略,适用于具有独特的技术、不易仿制、资源垄断性强、被替代性小、不容易迅速扩大等特点的旅游新产品,利用消费者求新、求奇、求特的心理,迎合市场上高消费或时尚性的要求。例如,黄山风景区是中国 4 处、世界 23 处“自然和文化”双遗产之一,2002 年 5 月开始把门票大幅度提高,而游客量却不降反升,究其原因,主要是资源垄断性强,被替代的可能性小。

### 2. 渗透价格策略

渗透价格策略正好与撇脂定价策略相反,它是利用在旅游新产品投入市场时,消费者有求实惠的心理,将新产品以较低的价格推出来吸引消费者，以期很快打开市场，扩大销量，待销路打开后，再逐步提高价格。这种策略就像将水倒入泥土当中，水很快就会从缝隙里渗透进去，因而称这种策略为渗透价格策略。

3. 满意价格策略

满意价格策略是一种折中价格策略，它汲取上述两种定价策略的长处，采取比撇脂价格低但比渗透价格高的适中价格，其方法是先搞期望价格调查和预测，根据消费者对新产品所期望的支付价格来确定。这种定价策略既能保证旅游企业获取一定的初期利润，又考虑了消费者的购买能力和购买心理，能够增强旅游消费者的购买信心，使消费者比较满意这种价格标准。因此被称为满意价格策略，有时又称为“温和价格”或“君子价格”。

（二）心理定价策略

旅游消费者尤其是对价格较为敏感的消费者，对旅游产品或服务的认可、购买，往往是通过价格因素来判断的，因而就可在定价中利用旅游消费者对价格的心理反应，刺激消费者购买旅游产品或服务。

1. 尾数定价策略

这种定价策略也称为非整数定价策略，即给旅游产品定一个带有零头数结尾的非整数价格，由于旅游消费者一般认为整数定价是概括性定价，这种定价是有水分的，是不准确的，而非整数定价则会使消费者认为是经过精确计算的最低价格，其价格是对消费者认真负责的、是合理的，因此，即便是产品定价稍高了些也觉得不太贵。因为世界各地的消费者有不同的风俗和消费习惯，所以不同的数字在不同国家和地区代表着不同的含义。

2. 整数定价或方便定价策略

这种定价策略是指旅游企业在定价时，采用合零凑数的方法。制定整数价格。这是因为在现代旅游活动中，由于旅游产品或服务十分丰富，消费者往往靠价格高低来辨别产品的质量，对于一些旅游产品，实际很多消费者都不太内行，采用整数价格反而会提高产品的身价，使消费者产生“一分钱一分货”的感觉，从而促进旅游产品的销售。如旅游活动中的一些民间历史工艺品、字画以及高档山庄、度假村的客房价格等往往采用这种定价策略。如租金500元一天的豪华套房不宜改标为495元。另外,对于一些旅游小商品或散装商品可以包装成1元、2元一小袋,便于购买或一次性使用,就没有必要定为0.8元或1.8元使得找零钱非常麻烦,这就是方便定价。

（三）促销定价策略

促销定价策略是指在制定价格时要考虑企业促销活动的需要,使价格的制定能够为促销活动服务。常见的旅游业促销定价策略有价格领袖策略和专门事件定价策略。

1. 价格领袖策略

当旅游企业为新推出的产品进行促销时,实行大幅度降价策略,在很短的时间内将价格降至成本以下以吸引旅游者。其目的在于鼓励旅游者大量购买产品,从而广泛扩大新产品的知名度。但这种策略也容易使旅游者对产品的质量或档次产生怀疑,并对其形成一个低档产品的印象。

2. 专门事件定价策略

这是指旅游企业专门组织活动通过价格优惠进行促销,或利用节假日时机进行价格促销。采用这一策略,必须保证企业有足够的服务设施和服务人员。

**云南巍山小吃节促销旅游产品**

近几年,巍山每年都会举办一次特色小吃节,让更多的人了解巍山小吃和巍山的历史。小吃节期间,巍山小吃街热闹非凡,一场百余种大理小吃聚集的特色小吃盛宴在古城摆开。商贾聚集,形成了兼容并包的饮食氛围。通过该项专门事件,打造巍山小吃一条街,树立了"吃在巍山"的品牌,同时,以优惠价格包装推出"永建东莲花村—巍山古城—巍宝山"巍山旅游半日游、一日游、二日游精品线路,提升了知名度,使巍山东莲花村、西莲花古村古镇与剑川沙溪古镇一样,成为大理旅游的新亮点。

我国的旅游在知名度、资金实力方面相对于风景名胜区都处于弱势,目前我国开发的旅游多是处于城市近郊或者景区(点)附近,其客源以城市周末、节假日休闲度假游客为主,家庭出游的比例大,主要出游形式为散客旅游,需求弹性大,对价格敏感性较强,所以在价格方面一般以低价为主,采取慢速渗透策略。

(四)需求价格策略

需求价格策略就是以市场需求状况为依据,来决定旅游产品价格的一种定价策略。市场需求旺盛、供不应求,价格可略为定高,以增强产品价格的盈利能力。相反,需求疲软、销售不畅,价格可略为定低,以增强产品价格的竞争能力。具体低到什么程度,要以满足旅游企业最低盈利需求为前提,以不高于竞争对手同类产品价格为依据,以扩大市场销售的目标。

(五)产品绿色价格

在迅速发展并趋向成熟的绿色市场中,在大部分情况下,绿色产品的价格弹性较一般产品小。此外,商品的价格是直接影响企业形象和竞争力的“双刃剑”:一方面绿色产品的价格应高于一般水平,以符合其高品质的形象,增强产品的竞争力;另一方面消费者的普遍心理仍是希望产品的价格便宜一些,所以有时较高的绿色价格会使产品销路受阻,失去顾客。

在这方面,有一些成功的经验可资借鉴。例如,在美国密歇根州的泰里斯市,200个居民及商业用户要为每千瓦小时的电多付额外的钱(平均每月7.58美元),使用建在附近的用风来发电的设备产生的电能。而美国克罗拉多州有5000个公共服务公司的客户多付费用以多余的钱支持他们地区的可更新电力项目。当然,在开始时这个“绿色价格”项目也遇到了很多困难。

首先,消费者一般并不愿为绿色电力多付额外的钱。因为,该项目对环境的益处是短期内难以看到、感觉到或经历到的,而且就电力而言,这种新的电力本身就是看不见的。另外,由于这种利用可更新能源产生的电力仍用原来的电网系统进行传输,它最终仍是与其他形式的能源发的电在电网上交织在一起输入消费者的家中或办公室中,所以消费者认为他们并未真正收到他们为之付了额外费用的“绿色”电力。

其次,许多消费者对输到他们手中的电力到底是由什么形式的能源转化而来的这一点缺乏认识,更不用说与他们使用的电力相关的环境问题。

再次,可信性也是一个问题。消费者往往会对付额外的钱买“绿色电力”提出质疑,因为他们觉得目前的电费已够高了,他们希望知道利用可更新能源发电到底要花多少钱?为了弄清怎样才能有效地营销绿色电力,美国环保署大气污染防护部,请了专门的绿色营销调研机构进行市场调研,对潜在绿色电力消费者进行焦点观察追踪。

调查结果显示以下四个策略有助于该“绿色价格”项目的成功。

1. 使绿色电能带来的利益直接可见

只有最“绿色”的消费者会对有成为利他者的机会而满意。一旦付了建立可更新能源发电项目的初始费用后,大部分消费者希望能享受直接的长期的经济利益回报。这些长期的利益回报包括:长期稳定的电费单价,信用方面的好处,以能源的高效利用及环保抵消可更新能源的成本。

2. 小心地寻找目标顾客群

愿购买绿色电能的消费者相信他们对绿色电力的购买会使自己与众不同。毫无疑问,为绿色电力付额外的费用代表了某种形式的“奉献”。这种消费者往往是环保群体的成员。其次是这样一些消费者,他们往往是为了响应立法的号召或迫于周围人的压力而接受价格较高的绿色电力。对这类人,应让他们知道同社区的其他人都在支持新的风力发电。

3. 教育

绿色电力的消费者往往希望理解项目的具体内容,包括经济方面的,而且他们亦希望技术方面的改进,所以,应与他们进行信息交流以及开展相应的公关活动。例如,泰里斯市“能与光”公司,为了回答消费者诸如“这种可更新形式的电能在别处已试行了吗?”之类的问题,组织消费者参观了风能发电设备。强化改善环境带来的好处,如帮助消费者把绿色电力与一个更干净世界的联系视觉化。最后,由于人们通常认为可更新能源发电依赖于天气,有必要告知他们,假如风不再吹(或没有太阳,或诸如此类的问题),备用的电能就会补充上来。

## 四、旅游绿色宣传

旅游促销是指旅游企业通过各种传播媒介向目标旅游者传递有关企业和旅游产品的信息、帮助旅游者认识旅游产品所能带来的利益，引起旅游者的注意和兴趣，刺激旅游者的需求，影响旅游者的购买行为，从而达到促进旅游产品销售的目的。简言之，旅游企业促使旅游者对旅游产品产生消费愿望的行动，就是旅游促销。通过旅游促销可以提供旅游信息，沟通供需关系；刺激旅游需求，引导消费；突出产品特点，强化竞争优势；树立良好形象，加强市场地位；冲销淡旺季差异，稳定销售。旅游促销组合策略是企业为了满足市场营销战略目标的需要，综合运用各种可能的促销策略和手段，组成一个系统化的整体，使企业获得最佳的营销效益，实现营销战略目标，谋求旅游企业长期稳定的发展。由于促销目标、主体、产品形式等的不同，促销组合在方式的选择和编配上也存在差异，人员促销、销售促进、公共关系及人员推销等各种促销方式要齐头并进，综合考虑促销对象、推式策略与拉式策略及旅游产品生命周期阶段。

推式策略，即旅游企业利用人员推销或中间商把产品推入分销渠道，最终推向市场。这种推销策略要求人员针对不同顾客、不同产品采用相应的推销方法。常用的推式策略有示范推销法、走访销售法、网点销售法、服务推销法等；拉式策略也称吸引策略，一般是通过使用密集型的广告宣传、销售促进等活动，引起大众旅游者的购买欲望，激发购买动机，促进产品需求。

### （一）旅游广告策略

#### 1.旅游广告的概念

旅游广告主要是指由旅游企业出资，通过各种媒介进行有关旅游产品、服务和信息的有偿的、有组织的、综合的、劝服性的、非人员的信息传播活动。旅游广告不同于一般大众传播和宣传活动，有着传播面广、有强烈的表现力与吸引力、有偿性，通过传播媒体间接传播，具有声音、色彩、影像等艺术和技术手段优势等特点。随着新媒介的不断增加，依媒介划分的广告种类越来越多，有报纸广告、杂志广告、电视广告、电影广告、网络广告、包装广告、广播广告、招贴广告、POP 广告、交通广告、直邮广告、车体广告、门票广告、餐盒广告等。

旅游广告是旅游企业投资发布的、推动旅游产品销售的一种重要手段，要求广告制作人掌握广告宣传的特点与方法，并紧密结合旅游产品的特点和特性，通过有形的视觉效果或劝服性的宣传途径，以迎合旅游者的消费行为与消费心理为目的，有效地推介旅游产品。运用得当，可以很好地树立旅游企业与产品形象，提高知名度；传播旅游信息，促进市场开拓；宣传旅游企业产品特点，激励需求；传播社会文化，丰富文化生活。

**美国“波浪谷”提升知名度**

位于亚利桑那州的美国波浪谷石岩景观被列为美国自然保护区，美国政府规定每天只能发放 20 个“进入许可证”，通过网上申请和现场申请各十张，全球不分国家、种族、信仰、贫富，机会均等。该办法实施后，申请参观者人满为患，很多人因为申请不到参观资格而备感遗憾，却使“波浪谷”的知名度空前提高，成为美国生态旅游的招牌性景点，而且使稀缺资源得到了切实保护。实行严格限制外来旅游人数，以前每年只允许 3000 人入境旅游，目前放开至 6000 人，而且必须由当地旅行社组团接待，每天的最低消费为 200 美元，被誉为“秘境”。

2. 旅游广告媒体决策

旅游广告必须通过一定的媒体才能传达给旅游者。旅游广告媒体就是选择传播广告信息的媒体类型。旅游企业要突出强调媒体报道的作用，重视广告的营销价值。旅游广告可选择的媒体很多，作为旅游产品，我们可以通过户外广告如候车亭广告、楼顶广告、车体广告等有助于潜移默化地推广和宣传旅游产品的手段，让旅游产品“上媒体”。

3. 旅游广告的创意营销

首先，创意是灵魂之所在。旅游广告策划中的创意，必须是整个广告活动的中心，是旅游广告活动的灵魂，是旅游的卖点。旅游广告创意要取得成功，可以从新颖出奇、逆向思维、乡土文化是永恒的源泉、寻找新的渠道、农耕文化再造、唯有真善方为美、感情是通向心灵的捷径、选择名人等方面入手。

其次，口号是点睛之笔。要在主要客源市场树立起较高的知名度，需要有力的促销活动。将旅游的特点、风格浓缩成一个形象化的标志，将促销主题提炼成一句口号，以此统领对外促销的各种活动，使产品广告简短易记、节奏鲜明、便于上口、合乎韵律、顺应时尚，一经使用，能较快地在旅游市场上树立一个整体、生动的形象。旅游广告中的口号经常与旅游企业名称、标志放在一起使用，形成企业的重要标志。

**千岛湖旅游广告的创意营销**

2008年，千岛湖做了一个广告叫“到千岛湖，用农夫山泉洗澡”。交广传媒旅游策划机构当时做了好几个标语，比方说“中国最美丽的湖泊”“环境旅游县”等好几个概念，唯有这个概念马上就有反馈。好多从北京回去的人都看到了这个广告。随着千岛湖品牌的不断提升，如今千岛湖已经成为长三角地区国人首选的旅游胜地。目前千岛湖是人人住景观房，天天吃野生鱼，每天每夜都用农夫山泉洗澡，达到很好的广告效果。像千岛湖这样的景观有一定的独特性，但是不具备排他性：这种景点是需要大力宣传，广泛营销。新的广告模式有针对性地为游客提供个性化的资讯，创意而个性地表达品牌魅力，便于他们选择喜爱的旅游线路和旅行方式，用更少的广告费用赢得更多的客户。

旅游广告语、宣传语，如：

(1)“安”逸之旅，“吉”美。

(2)竹 · 动我心，乡 · 约安吉。

(3)相约魅力安吉，心泊绿色竹海。

(4)心泊安吉竹海，梦栖美丽。

(5)美丽游，诗画安吉行。

(6)且听山水交响乐，细品竹海无言诗。

(7)十里竹海生诗意，万种风情醉安吉。

(8)百里生态画卷，千年人文英山。

(9)原汁原味原生态，多姿多彩新英山。

(10)大别画卷，神秀英山。

(11)千年大别神韵，一品人文茶乡。

(12)富甲一方美，盛揽天下境。

(13)相约富盛，共享天然氧吧。

(14)越中古胜地，活力新富盛。

(15)古越山水游富盛，富盛山水话江南。

(16)客家摇篮，魅力花乡。

(17)寻梦千里赣江，情醉客家摇篮。

(18)六陵松风观山水，青瓷御茶论古今。

(19)梦里老家，江西婺源。

(20)平分江南美，利及天下人。

(21)平利，女娲开“史”的地方。

(22)游女娲圣地，赏平利。

(23)昔日江南大寨，今天农家齐乐。

(24)心的港湾，梦的村庄。

(25)灵动山水画卷，休闲生态家园。

(26)生态画廊，休闲乐园。

### (二)旅游营业推广

营业推广又称为销售促进，是指旅游企业在某一特定时期与空间，通过刺激和鼓励交易双方，并促使旅游者尽快购买或大量购买旅游产品及服务而采取的一系列促销措施和手段。旅游营业推广具有非常规性、灵活多样性、强刺激性、短程高效性的特征，强调的是在特定的时间、空间范围内，采用一系列的促销工具，对供需双方的刺激与激励，其直接的效果是使旅游者产生立即购买或大量购买的行为。

旅游通过营业推广可以迅速、有效地加速新的旅游产品进入旅游市场的进程；可以有效地抵御和击败竞争者的营业推广促销活动；有助于诱导旅游者重复购买；有利于增加旅游产品的消费、提高销售额，并带动本企业关联产品的销售，如一些客栈对旅游者的标准间的促销活动常常也能带动套房、餐饮及其他娱乐活动的销售。当然，营业推广只可能在短时期刺激购买，一旦营业推广结束，可能会面临“销售冷淡期”。因此，不能过分依赖营业推广招揽生意。

#### 1. 旅游营业推广的方法

针对消费者目标来说，其目的是使已有购买意愿的消费者尽快做出购买决定，包括鼓励现有消费者大量购买旅游企业的产品、吸引更多的潜在消费者购买，或争夺竞争对手产品的市场等。常采用的推广方式有：邀请消费者和旅游中间商到旅游目的地进行免费旅游活动，举办或参加国际旅游展览会或博览会，赠送优惠券、各类小纪念品、小礼品等。

**福建武夷山“一元”门票拉动淡季旅游**

2014 年 9 月，本是武夷山旅游淡季，而在“清新福建行一元门票游武夷”营业推广活动的带动下，游客如织。开始第一周，很平淡，与往常一样，不想第二周游客一下大增。在旅游淡季的9月，四星级以下的宾馆全部被订满。无论是以武夷山的大安源、武夷源为代表的山水游；以朱子故里五夫镇、万里茶路起点下梅古民居为代表的古镇游；还是以自游小镇、紫阳古城为代表的悠闲度假游，旅游人数均节节攀升。据统计9月1日至30日，武夷山全市共接待旅游人数为121.38万人次，其中主景区接待游客为50.11万人次，与上年同期相比增长124.73%。武夷山云河漂流公司副总经理匡倩说：“受惠于一元旅游，游客数至少是平时的2倍，虽景区门票只有一元，但同时也带动了我们竹排的量，基本天天都满排。”

针对中间商目标来说，其目的是调动旅游中间商的积极性，鼓励中间商大量购进并出售旅游企业的产品。常采用的推广方式有：编制小册子、开展销售竞赛、给予津贴或补贴、让价折扣、举办和参加国际旅游展览会或博览会等。

针对本企业的推销人员目标来说，其目的是鼓励推销人员多成交、开拓更多的潜在市场，如组织销售竞赛。这种做法主要适用于中间商及本旅游企业的推销人员。一般由旅游企业发起，通过有奖问答或设立销售额奖等形式，激发他们经销本企业产品的兴趣和积极性。对于获奖者，旅游企业将给予一定的物质和精神奖励，如免费旅游、提高折扣和佣金等。由于这种方法能有效地激发销售人员的积极性，因而被大多数旅游企业定期或不定期地采用。

2. 旅游营业推广的实施过程

旅游企业可以通过旅游营业推广的有效实施，达到增强吸引力，把顾客直接引向产品，快速激发需求，临时改变消费者购买习惯的效果。

（1）旅游营业推广方案的策划

①确立旅游营业推广目标。确定旅游营业推广目标就是要回答“向谁推广”和“推广什么”两个问题。因此，旅游营业推广的具体目标一定要根据目标市场类型的变化而变化，针对不同类型的目标市场，拟定不同的旅游营业推广特定目标。例如，针对旅游消费者而言，目标可以确定为鼓励老顾客经常和重复购买旅游产品，劝诱新的消费者试用等；针对旅游中间商而言，目标可以确定为促使中间商持续地经营本企业的旅游产品和服务，提高购买水平和增加短期销售额等；针对旅游推销人

员而言，目标可以确定为鼓励推销人员大力推销旅游新产品和服务，刺激非季节性销售和寻找更多的潜在旅游者等。

②选择旅游营业推广方法。旅游营业推广方法是多种多样的，每种方法都有其各自的特点和适用范围。在实际中，要针对不同的旅游营业推广目标选择不同的方法。

③制订旅游营业推广方案。确立了旅游营业推广目标，并选择了适当的营业推广方法，接下来就是着手制订具体的旅游营业推广方案。一般制定一个完整的营业推广促销方案要考虑以下几个方面的内容：确定刺激的规模、选择营业推广对象、决定营业推广媒介、营业推广预算分配。

（2）旅游营业推广方案的实施

旅游营业推广方案的实施必须根据计划按部就班地进行，并及时解决出现的问题，并做出相应的调整。

（3）旅游营业推广效果评估

旅游营业推广活动完成后，对其效果进行评估是检验推广促销是否达到预期目标，以及促销花费是否合算的唯一途径。评估效果既包括短期效果，也包括长期效果。但在很多情况下，长期效果的衡量只能采用定性或定量预测的方法来判断估计，而且结果也比较粗略。因此，效果评价多数侧重于短期效果的评估。尽管推广效果评估方法很多，但最普遍采用的一种方法是把推广之前、推广期间和推广之后的销售情况进行比较，因为短期销售量的变化幅度是衡量旅游营业推广效果的最好依据。

（4）网络促销

网络促销的特点完全符合绿色营销促销的原则，是一种效用高的促销形式。目前网络促销主要有以下几种形式：

①建立主页。

②在电子公告栏（BBS）上发布信息。

③加入网上商场。

网络促销的步骤对我国一些企业来说还比较陌生。在缺乏经验和专门人才的情况下，企业可按以下步骤在网络上做促销：

①选定合适的网络服务商。企业的网络服务商（ISP）应当具备如下条件：拥有与国际互联网联接的高速率的国际线路；可以提供多种国际互联网联接方式，如电子邮件、拨号账号、租用专线联接等；拥有具备

大容量中继线的服务器,可保证大量用户同时进入国际互联网；能够提供网络技术培训。

②制订网络促销计划。网络促销的计划应包括以下几方面的内容：网络促销的目的是为了树立企业的绿色形象,还是仅仅为了促销某类产品；网络促销的目标客户群；网络促销的具体表现形式；网络促销的传播方向是单向的还是双向反馈的；促销效果评价方法和指标；逐步投入人力、物力开展网络促销。

③检验网络促销的效果。企业应按促销计划,定期检验网络促销的效果。一般来说,成功的网络促销有以下一些特征：2 至 3 个月内企业收到的电子邮件数量成倍增加；企业在网络上做的客户调查回馈比率高；6 个月至 2 年内,网络促销带来的收入超过促销投入。

## 第三节　旅游经济绿色发展的创新路径

旅游以具有性的自然生态资源为基础,只有切实保育好这些资源,如新鲜的空气、洁净的水体、绿意盎然的花草、干净卫生的绿色蔬菜等,才能使游客在欣赏优美的田园风光、体验民俗生活的过程中,满足游客体验自然、爱护自然、融入自然的情感需求,才能实现旅游的可持续发展。

### 一、树立群众的生态环保意识

当前,经过不断的教育与宣传,低碳旅游的理念已经普遍在人民群众的思想中生根发芽,这就赋予了其坚实的群众基础,由此可以推断,低碳地域旅游的市场前景还是非常可观的。随着国家对生态保护和环境保护的重视程度不断加大,环保已经成为近段时期和未来很长一段时间内都要关注的方面,这些进一步促使人们的环保意识越来越强。

### 二、旅游运营模式倡导绿色发展

旅游的运营模式,在很大程度上影响着整个旅游产业链的发展。目前,旅游产业仅仅依靠民间的群众基础,是不可能得到进一步发展的,正确的做法是在将全面的绿色运营模式建立起来的同时，也要积极发展旅游的相关产业。除此之外，还要通过有效沟通，将旅游与旅游产业两者共同运作起来，最终从全方位的角度，来有效推动产业链上各个企业的互助合作机制，使它们之间能够联合起来，实现共同发展。通过大力发展其中的一个产业，来将整个产业链的优化升级带动起来，并对其加以促进。

## 三、传播绿色发展理念

在科学技术和经济社会高速发展的大环境下，旅游经济发展中所产生的人与自然、人与社会、人与人之间的关系以及旅游经济的发展目标，都需要重新审视和思考。旅游业是一种综合性很高的服务业，在其发展过程中所遇到的生态环境破坏问题，由于总体上没有工业那么严重，所以一直没能引起人们的充分重视。但服务业的规模增长使其在国民经济中的比重不断提高，导致绿色环境问题日益突出。因此，按照绿色发展的理念，对传统服务业进行转型升级势在必行。

旅游产业的绿色发展是旅游产业和环境友好发展的融合。由于市场对旅游产业和环境融合形成的绿色旅游产品会有一个较长时间的认识和接受过程，因此政府应以自身优势，宣传发布旅游绿色产品信息，将产业绿色发展观念传递给市场，提高公众对绿色旅游产品的认知；同时引导企业以创新的思路、创意的手段将绿色产品向公众推广。激励企业进行经营创新和技术革新，并给予政策扶持，促进绿色旅游产品的消费体验和价值提升，政府还要引导市场消费方向，消除市场推广障碍，加速旅游经济绿色发展观念的扩展。强化保护意识，把文物和生态保护理念纳入绿色经济发展的整体规划之中。

## 四、完善绿色发展环境

旅游产业绿色转型升级的重点是为企业创造好的发展环境，让产业主体主导市场。

（1）改革创新体制，构建有利于旅游产业绿色发展的体制。

（2）激活机制，以资本、机制、建设和创新能力整合产业资源，重组市场主体，优化要素配置，激发创新活力。

（3）政策激励，尤其是在政策层面上支持激励传统旅游企业的转型升级，并和新型旅游业态融合发展，重构充满绿色的新的市场主体，使企业具有创新力和竞争力。只有这样，才能提供有效供给，促进提高生产效率，形成旅游产业改革的不竭动力。

# 第八章　旅游经济绿色发展的保障

人与自然、人与人、人与社会、人与自身四大生态和谐关系在旅游经济的绿色发展过程中可以得到充分实现，旅游经济绿色发展是一种基于生态内生化的旅游经济发展的创新。本章主要研究旅游经济绿色发展的保障。

## 第一节　实现产业的生态化发展

### 一、生态旅游

#### （一）生态旅游的兴起

1952年12月4日，英国伦敦发生了一次世界上最为严重的“烟雾”事件：连续的浓雾将近一周不散，工厂和住户排出的烟尘和气体大量在低空聚积，整个城市为浓雾所笼罩，陷入一片灰暗之中。其间，有4700多人因呼吸道疾病而死亡；雾散以后又有8000多人死于非命。这就是震惊世界的“雾都劫难”。

而洛杉矶位于美国西南海岸，西面临海，三面环山，是个阳光明媚、气候温暖、风景宜人的地方。早期金矿、石油和运河的开发，加之得天独厚的地理位置，使它很快成为一个商业、旅游业都很发达的港口城市，著名的电影业中心好莱坞和美国第一个“迪士尼乐园”都建在了这里。

城市的繁荣又使洛杉矶人口剧增。白天，纵横交错的城市高速公路上拥挤着数百万辆汽车，整个城市仿佛是一个庞大的蚁穴。然而好景不长，从20世纪40年代初开始，人们就发现这座城市一改以往的温柔，变得“疯狂”起来。每年从夏季至早秋，只要是晴朗的日子，城市上空就会出现一种弥漫天空的浅蓝色烟雾，使整座城市上空变得浑浊不清。

针对人类面临的这种危机，一些有识之士开始认识并关注环境问题。1962年，美国的女海洋生物学家R.卡逊在《寂静的春天》一书中，描写了由于人类不顾自然，乱用农药，污染了土壤、水和空气等，导致了一个没有鸟鸣的春天。该书的出版引发了学术界的震动，引起了世人对人与自然关系的重视。随着人们对环境问题的日益重视，从20世纪60年代开始，世界范围的“绿色运动”逐渐兴起，并在全世界形成了各种“绿色组织”，汇成了一股“绿色思潮”。旅游业也在这样的氛围中兴起了以自然为旅游对象的“绿色旅游”，即生态旅游。

（二）生态旅游的概念

早在1983年，国际自然与自然资源保护联合会（IUCN）特别顾问、墨西哥专家谢贝洛斯·拉斯喀瑞（Ceballas Lascurain）首次提出“生态旅游”（ecotourism）一词。当时谢贝洛斯·拉斯喀瑞就生态旅游给出了两个重要的概念：其一是生态旅游的对象是自然景物；其二是生态旅游的对象不应受到损害。1988年，他又将其定义为“生态旅游作为常规旅游的一种形式，游客在游览和欣赏古今文化遗产的同时，置身于相对古朴原始的自然区域，尽情享受旖旎的风光和野生的动植物”。由此可见：（1）生态旅游是一种常规旅游；（2）生态旅游的对象是旖旎的自然风光和野生的动植物。

从谢贝洛斯·拉斯喀瑞对生态旅游定义以后，生态旅游的定义也在不断地发展与深化。在1992年的第一届旅游与环境世界大会上，生态旅游被定义为“生态旅游是促进保护的旅行”，即生态旅游的目的不仅在于欣赏自然美景，还在于促进对环境的保护。1993年，国际生态旅游协会进一步深化了生态旅游的定义，认为“生态旅游是具有保护和维系当地人民生活双重责任的旅游活动”，即生态旅游是负责任的旅游，不仅要对自然环境负责，还要对当地的人民生活负责。

到了1993年9月，在北京召开的第一届东亚地区国家公园和自然保护区会议上，生态旅游被定义为：“倡导爱护环境的旅游，或者提供相应的设施及环境教育，以便旅游者在不损害生态系统或地域文化的情况下访问、了解、鉴赏、享受自然和文化地域。”该定义的创新之处在于对人类的“环境教育”，认为在人类面临生存危机的当今，拯救人类的只有人类自己。要全面提高人类的环保意识，生态旅游就是很好的方式，有助于人们树立正确的生态观，以便更好地促进环境的保护。

之后，国内外学者及相关机构给出了众多的有关生态旅游的定义，如世界银行和生态旅游学会给生态旅游的定义是："有目的地前往自然地区去了解环境的文化和自然历史，它不会破坏自然，而且它会使当地社区从保护自然资源中得到经济收益"；日本自然保护协会对生态旅游的定义是："提供爱护环境的设施和环境教育，是旅游参加者得以理解、鉴赏自然地域，从而为地域自然及文化的保护，为地域经济做出贡献。"

### （三）生态旅游的标准

#### 1. 丰富性

要确保旅游区资源的合理结构、规模和种类等，确保生态旅游内容和方式的丰富多彩。

#### 2. 独特性

（1）自然景观独特。生态旅游区内独特的自然景观应具有很高或较高的美学价值、科研价值、文化价值，特定的旅游资源具有典型性、代表性和稀缺性，在旅游市场上有较大的影响。此外，与之密切相关的人文景观价值也要求较高。

（2）旅游价值独特。生态资源游憩价值较高，示范区内的人为干扰较少，大部分为自然区域。

#### 3. 生态性

（1）属常规旅游的一种方式。生态旅游不是一种经营管理方法、管理理念或原则，而是由于具体的旅游目的、方式等不同而有别于其他旅游的一种方式。它是常规旅游活动的一种，具有常规旅游活动的共同特征。

（2）以原生、和谐的生态系统为旅游对象。生态旅游的定义无一例外地涉及了自然环境。它们往往都提及了生态旅游应以"自然环境为基础"，即生态旅游的吸引物主要是自然环境或是以自然环境因素为基础的景观。例如，下图为江南田园。

然而，尽管生态旅游活动的焦点主要集中在自然环境，但也包涵了与自然环境相联系的文化因素。在历史悠久的世界东方，尤其是在中国这样的文明古国，大自然被染上了浓浓的文化味，自然和文化已经无法分开。要想区分某一环境中的“文化因素”与“自然因素”是相当困难的。当然,在自然环境中赋予文化因素,有助于向旅游者提供更全面、更真实的体验,有利于更好地理解自然和文化唇齿相依的人类生存环境,从而给生态旅游者以更好的环境保护与可持续发展教育,使旅游者充分认识到把自身和旅游环境看作是一个整体的旅游生态系统,即“人”是这个系统的有机组成部分,而非独立于风景之外。

(3)旅游对象应该受到保护。自从1992年联合国世界环境与发展大会的召开,在世界范围内提出并推广了可持续发展的概念和原则之后,生态旅游才作为旅游业实现可持续发展的主要形式在世界范围内被广泛地研究和实践,生态旅游保护性的内涵不断地扩展和深化。生态旅游要保护的是自然的、和谐的生态系统;生态旅游要保护的是优秀的地方文化,尤其是天人合一的传统文化,即“满足人类当前需要的发展的同时不应剥夺后代满足他们自身需要的能力”。

(4)负有“维系当地人民的生活”的责任。不少地方积极鼓励当地人参与旅游业,并直接从中获得利益。如浙江的西塘古镇、江苏的周庄等;还有一些地方把一定的旅游收入投入到一些公共基础设施的建设,从而使地方受益。生态旅游一直鼓励地方居民多参与生态旅游活动,这不仅有“旅游扶贫”的重要意义,可促进当地经济、社会的发展,还有助于增强居民的环境保护意识,促进对和谐生态系统的保护。

### (四)生态旅游资源

#### 1. 生态旅游资源的概念

生态旅游资源的概念是随着生态旅游活动的开展而出现的,它不仅是以生态美吸引生态旅游者回归到大自然并开展生态旅游活动的客体,还是一个国家或地区发展生态旅游业的物质基础。由于生态旅游发展历史短暂,故学者们对生态旅游及生态旅游资源概念的认识还不尽相同。

可以将生态旅游资源定义为:生态旅游资源是以生态美吸引游客前往进行生态旅游活动,在保护的前提下,能够产生可持续发展的生态旅游综合效益的客体。其主要包括四项内容:

(1)吸引功能。凡是生态旅游资源都有吸引生态旅游者前往的能力,其吸引力主要在于生态美。

图 8-1　云南罗平螺丝田油菜花

（2）效益功能。生态旅游资源作为一种资源，必定能而且也需要产生一定的经济、社会、生态效益。

（3）客体功能。生态旅游资源作为旅游业的客体，本身就是专门供游客欣赏的。

（4）保护需要。生态旅游资源均是原生或是保护得比较好的生态系统，但其天生脆弱，容易被破坏，极其需要保护。

2. 生态旅游资源的类型

（1）按属性划分

自然生态旅游资源。其可分为地质地貌类生态旅游资源（主要包括岩石、矿物、古生物化石、山岳景观、岩溶景观、海岸地貌等），如我国的五岳、四大佛教名山、云南的路南石林等；水体类生态旅游资源（包括河流、湖泊、温泉、瀑布、海滨等），如浙江淳安的千岛湖、杭州的西湖等；气象气候类生态旅游资源（主要包括宜人的气候、天象奇观等），如吉林的雾凇，四川峨眉山的佛光，日出和日落、海市蜃楼等；生物生态类旅游资源（主要包括森林、草原、古树名木与奇花异卉、珍稀动物及其栖息地等），如我国内蒙古自治区的呼伦贝尔大草原、各级各类自然保护区等。

人文生态旅游资源。其主要包括历史文化遗产、民族风情、特种纪念馆和纪念地、园林生态旅游资源、农业生态旅游资源、森林公园、植物园、动物园(含野生动物园)、自然保护区、风景名胜区、野营地、牧场、渔港以及富有浓郁地方特色的民族风情等。

(2)按对象划分

山岳型生态景区。如我国的五岳、佛教名山、道教名山等。

湖泊型生态景区。如我国吉林的长白山天池、广东肇庆的星湖、青海的青海湖等。

森林型生态景区。如我国吉林的长白山、湖北的神农架、云南的西双版纳等。

草原型生态景区。如我国内蒙古自治区的呼伦贝尔草原、鄂尔多斯草原等。

海洋型生态景区。如我国广西北海及海南文昌的红树林海岸等。

观岛型生态景区。如我国江西的鄱阳湖越冬候鸟自然保护区、青海的青海湖鸟岛等。

冰雪型生态景区。如我国云南丽江的玉龙雪山、吉林的长白山等。

探险型生态景区。如我国湖北神农架的漂流、西藏自治区珠穆朗玛峰和雅鲁藏布江大峡谷的徒步、新疆维吾尔自治区罗布泊的科考等。

### 3. 农业生态旅游资源

农业生产是人类赖以生存与发展的基础,因此,农业生态旅游与人类活动有着直接的关系。农业生态旅游资源在很大程度上是农业生产的生产资料、生产过程、生产方式或者是生产成果及其与它们相关的生活文化等,是实现农业生态旅游的物质基础。

(1)农业生态旅游资源的基本特征

内容的多样化。这是由农业生产过程的复杂性和生产资料的多样性以及生产成果的季节性差异决定的。农业生态旅游资源的内容十分丰富,它包括自然资源、生态资源、生产资料和生产活动、农业文化和生活方式等,还包括山、水、田、林、人等的自然存在和由人类创造的生产方式、生活方式、文化形式和农产品等。它是生态旅游资源中最为丰富的领域。

区域的差异性(地方性)。由于气候、土壤等条件的差异,不同地区农业生态旅游资源的内容和形式都不尽相同,甚至差异很大。但是,无论农业生态旅游资源差异有多大,它们都具有一些共性,即农业生态旅游的基本要素，如优质的生态环境、地方化朴素的服务、自然和谐的风貌、特色的生产和生活方式、特色的产品等。

历史性和继承性。它是人类长期生产和生活，以及与大自然抗争的结果，是人类社会长期发展的结果。它最直接反映了人类社会的发展史。正是由于这种历史的继承性与农业生态资源的特性同时受到生态环境条件和历史环境条件的约束，导致了农业生态旅游资源强烈的地方性和多样性。此外，农业生态旅游资源随着人类社会生产力的发展而改变，具有明显的时代特征。

（2）农业生态旅游资源的类别

自然地理环境要素类。其主要包括大气、水、土壤等。这是发展农业的主要因素，是农业生态旅游资源的基础。它直接决定了一个地区农业生态旅游资源的丰富程度。

景观类。这是农业生态旅游资源中的主体，包括自然景观和人工景观两个部分。自然景观主要有天然林地、草地、地形地貌、水文等，它直接决定了农业生态旅游资源的布局和形式；人工景观主要包括农田、旱地、苗圃等。

生产过程类。这是农业生态旅游资源中最具特色的组成。它包括农业生产中的各种类型和过程，如农作物种植、收获、加工过程；禽畜饲养过程；农副产品以及与农业生产相关工具的加工制造过程等。它是农业生产的主体。

生活类。其主要包括乡村日常生活设施和生活习俗，如村落和建筑、居住区的环境、生活习俗、饮食习惯、服饰、婚嫁、饮食等。

文化类。其指一切与地方文化相关的事物，包括风土人情、民俗、民间故事、地方戏曲、歌舞、宗教、历史遗迹等。

基础设施类。其包括道路状况、住宿条件、卫生条件、医疗条件、公共安全、公共交通、水电供应、村民对旅游者的态度等。

### （五）我国生态旅游的发展

我国幅员辽阔，开展生态旅游活动的历史悠久。据考证，我国的生态旅游始于上古时代，盛于唐、宋。可见，我国的生态旅游有着悠久的历史。据《尚书》记载，舜有每五年一出巡的惯例，二月东出泰山，五月南巡衡山，八月西出华山，十一月北巡恒山。这种早期的山水旅游活动就包含了朴素的生态旅游思想。到了现代,虽然我国生态旅游比世界发达国家起步晚,但我国丰富的生态旅游资源,为我国发展生态旅游提供了良好的物质基础和巨大的发展潜力,发展前景广阔。

我国生态旅游的主要对象是自然保护区、森林公园、风景名胜区等。自 1956 年我国第一个自然保护区——广东鼎湖山自然保护区建立以来,我国自然保护区事业呈现迅速发展的良好势头,特别是改革开放后的 40 多年来,随着自然环境的变化和人们环保意识的增强,我国自然保护区的面积迅速扩大。

我国目前有超过 80%的自然保护区已开发了旅游,发展旅游可以很快给地方带来经济效益,但同时也给自然保护区带来巨大的环境压力,稍有不慎,便会出现环境污染、生态灾难、景观破坏或文化冲击等。据我国人与生物圈国家委员会对部分自然保护区的深入调查,发现在已经开展旅游的自然保护区中,有 40%存在垃圾公害,12%有水污染;自然保护区旅游对游客数量进行控制的不到 20%;目前已有 22%的自然保护区因开发旅游而遭到破坏,11%已出现资源退化现象;只有 16%定期进行环境监测,有的自然保护区根本就没有监测设备;甚至有 23%的自然保护区违反《中华人民共和国自然保护区条例》的规定,在自然保护区的核心区内从事旅游活动,甚至建度假村、疗养院等,使动植物赖以生存的地域减少,它们的生活空间和养料系统也发生了变化,导致动植物死亡和生态环境的破坏,不得不引起人们高度警觉。

长期以来,我国在自然保护中实行的基本是“抢救式保护”的策略,注重自然保护区数量和面积的扩展,但管理体制及管理质量并没有同步跟进,尤其在管理机构、人员配置、基本建设、经费落实等方面还存在着较大的缺陷,使得我国自然保护区的发展仍面临着很大的挑战。

## 二、旅游产业和旅游企业的生态化发展

### (一)旅游产业

旅游产业是千变万化的,因此它被分成许多部分。一方面,某些特征使它有重工业的一些规模:基本建设和设备的投资方面昂贵的成本,往往有高度集中的资本主义经营特征(这是一种高度资本系数的产业,因为它需要交通运输工艺、通讯工艺和很现代化因而很昂贵的建筑工

艺），投资的缓慢分期偿还，当然中小型企业除外。另一方面，这是一个使用大量劳动力而生产物资和服务的产业；特别在发展中国家，这些产业是由一个重要的中小企业网构成的，这些企业在旅游业的协调发展中起到战略作用，家庭式生产单位在这些企业中占主要地位。

然而，正如在世界旅游大会（1980 年 9 月 27 日—10 月 10 日在菲律宾马尼拉召开）期间关于“一种较好的旅游供应管理”报告人——克拉尔·居恩所指出的，甚至在旅游业领域内，“近 30 年以一种空前的工业集中为特点，导致跨国工业的发展，这些工业的营业额可以与小国的国民生产值相比。人们认为世界商业的高百分率现今来自这些跨国企业间进行的交易。这种商业活动是大量的，以至于在市场经济的国家以及在集中规划的国家都可感到它们的影响”。因此，该报告的作者补充道：由于强调旅游业的社会诸方面以及能进行旅游的办法，尤其是旅游业已扩展到地区和国内市场的一些新环节，应该向中小规模的经济单位提供在旅游活动中发挥作用的可能性，并且将必然给予这些可能性。

在市场经济的国家或在计划经济情况下以一种重要的地方自治形式，由地方资本控制和提供资金的单位曾经常期待向它们提供在旅游部门露面的可能性，但是投资的高成本已阻止了这些可能性，这种投资是与高支出水平的国际旅游市场相关的。发展中国家的政府从来没有不准许大型企业经营它们自己的活动范围，可能注意到，应该评价鼓励他们自己的侨民建立中小规模经济单位的办法，以便帮助正在扩大的旅游部门，并且为了从人们可以预见的在 20 世纪 80 年代和 90 年代的几十年中日益巨大的旅游流量再分配中得到好处。这些政府在作这样一个估计时确信，给予非国有企业的鼓励办法并不比国有企业拥有的更有利。

这样一种估计不仅应考虑到为实施这些鼓励办法所使用的理论基础，而且还应考虑到实施依据，因为众所周知，跨国企业采取的政策是为了最大限度地从给予的鼓励办法中获利。在经济术语中，企业是生产因素或输入因素汇集的场所，这些因素一般确定为人力资源或劳动，自然资源和资本资源。所有企业的目的是最大限度地保持生产因素获取值与产品或服务销售（产出）值之间的差距。企业也提供全部服务或物资作为产出，这产出是由全部所考虑的投入通过生产过程产出的效用组成的（系统理论）。

不论经济或政治制度，企业的法律地位，它的环境，生产因素的占有方式或报酬方式如何，这个定义都是可行的。甚至在一个社会旅游企业里，领导主要关心的是获取与它负责的机构投入相比的最大产出。它必须接受价格真实的原则；如果有利润，将重新投资于企业。相反，在一些私营企业中，红利分给了一些自然人或法人。企业经济分析是一种能够更好认识全部问题的途径。此外，经济分析还为作战略、操作或行政决策提供必需的手段。

从组织理论的观点看，企业被视为一种人控生产自主团体，拥有一份财富，这份财富的变化取决于物资和服务的销售，企业的活动以及在企业会计报表中的正差额。企业是自主的，应为它自己确定目标。它的财富是由物质成分如物资和债权，以及无形的或心理的成分如知名度、商标形象，技术或行政管理本领，人员的稳定等构成的。如果企业由交易着手，那么它是为了出售而购入的。因此它的目标是追求最大的利润或最小的损失。它为此目的确定最有利的生产规模，最廉价的生产因素组合。

### （二）旅游企业

旅游企业提供一种可以概括为信息／预订，交通运输，住宿和餐饮，游览娱乐活动诸方面的服务。因此，旅游企业有广阔的顾客范围。它可以接待工商业者、会议参加者、运动员、培训研究班的工作人员等。它尤其应当满足越来越多的人民群众休闲和度假的旅游需要。

根据卢瓦·皮迪的看法，旅游企业类型有一些它本身的和很特殊的特征：

它属于服务部门。

它促成生产者和消费者立即接触。

它要求一些迅速的转产，以适应顾客的爱好和需要。

它受到经济、政治和社会形势以及自然环境的直接影响。

这些分析部分地说明了旅游企业的多样性。建立旅游企业一个完备的和准确的术语名称是困难的，因为很难确定旅游活动从何处开始，在何处结束。然而，重要的是确立观点，研究旅游企业的经济和列出主要类型的旅游企业。

#### 1. 旅馆企业

相似的和补充的旅馆企业，可以将用于旅游者住宿、餐饮和接待的不同企业进行分类：青年客店接待一些参加重大青年活动的年轻人；通常这些客店的设备是简朴的、不豪华。它们由非商业性的、官方承认的、国际联盟的组织创建的和监督的，目的是在青年中发展旅游业。

野营和旅游挂车停放场所：经常是个体经营的企业，有时由市政当局或地方或地区行政单位特准小企业主经营。这是一些围绕接待楼、卫生部门和公共集会中心的可移动的帐篷或旅行挂车集中地。作为同义词有露天旅馆业、逗留营、自然风景营、宿营营地、旅游营等。

青年中心或接待和逗留中心，包括国际接待中心和夏令营。它们共同的特点是一种提供给青年度假者的社会住宿形式，但它们思想方法是与青年客店不同的。集体度假中心，这个术语是指所有社会旅游住宿形式：露营地、家庭膳宿地、度假膳宿公寓、治疗休养地、家庭的度假住宅或养老院等。

简便旅馆业：商业性领域在此开张，但这些简便的住宿方式可以由一些私人组织或当局创建：市镇膳宿处，接待站，乡村住所，滑雪、钓鱼膳宿处，作短暂逗留的住处，农村住宿所，乡村客栈，家庭式膳宿公寓，宾馆，兼包早餐和住宿，小旅店，度假农场等。

旅馆：根据国际旅游词典解释，旅馆是“旅行者在他们旅行期间用付资可以居住、进餐和娱乐的一种设施。旅馆按其豪华或舒适程度分成不同的等级”。

人们还可以写出这张同义词单子：“旅馆、观景楼、沙漠旅行队客店、(北非)城堡、俱乐部、豪华旅馆、出差住宿旅店、滑雪旅馆、省会旅馆、配备家具的出租楼房、摩天大楼、样板旅店、备有家具的出租房、中档旅馆、游牧旅店、由若干独立小屋组成的旅馆、供膳食的寄宿处、常设旅店、著名旅馆、别墅、饭店、乡村旅店、季节性旅店、幽静旅馆、温泉旅馆、直立式旅馆、度假村、汽车游客旅馆、高层旅馆、欧洲旅馆、漂浮旅馆、水上旅馆、汽艇游客旅馆、骑马旅馆。”此外还有套间式旅馆。

简便餐饮业和仿古的餐饮业：这是用作饮和食的设施。根据规模、服务和职工人数，这类餐饮业形式是多种多样的。酒吧、酒吧餐厅、自助餐馆、食堂、私人联谊会或俱乐部、豪华饭店、典型餐馆或地区性餐馆等也都列入这范畴。

度假村：“自主旅游中心，由个人或家庭居住用的山区木屋、有凉台的平房组成，集中在供就餐、娱乐和体育运动的公共大厅周围。居住的承包价还包括膳食和娱乐费用。”人们也将它们称为小屋村、休闲村、帐篷村、楼阁村、俱乐部旅馆。关于旅馆业和类似的设施(如野营、度假营和度假村等的补充住宿除外),1979 年,世界上拥有 1700 多万张床位;25 个一流的国际和国内旅馆业联营集团,拥有 210 万张床位。

2. 集体运输企业

集体运输企业,如游览汽车经营者、铁路公司、航空公司、海运组织者、车辆出租者。最早的游览车经营者始于本世纪初。很快,游览汽车显示出为团队承包旅行,廉价的旅游远足和旅行的一种出色的交能运输工具。世界上至少有 6000 至 7000 个为旅行者提供游览的大客车运输企业,还不包括地方的小型公共运输企业。例如,在美国,Greyhond Lines(格雷乌恩特铁路公司)和 Continental Railways(大陆铁路公司)两个公司几乎垄断了所有大运输线。在法国,旅游游览汽车经营者协会,阿日特朗,集中了属于国家公路运输者联合会的 400 多个成员(这些企业的一半拥有 11—50 辆车)。

铁路公司,一般来说,各国至少有一个拥有铁路网的企业。所提供的服务是多种多样的。还存在一些拥有卧铺铺位的车厢和全部卧铺位车厢的跨国公司、国际卧车和旅游公司。几乎所有的铁路公司都得到它们各自国家政府的补贴,甚至美国的全国铁路客运公司也如此。

汽车出租企业:这是一项尽管有世界经济危机仍然发展的活动。三个公司控制着世界市场。它们是赫兹(Hertz)、阿维(Avis)和欧洲游览大客车公司(Europcar)。

汽车轮渡和海上旅行公司:世界上 50 来个企业共有 114 艘旅行船,有 70000 个床位容量。1984 年,约有 120 艘船,略多于 75000 个床位。至于汽车轮渡的编制数,已升到差不多 300 个单位,它们主要位于欧洲。市场被许多企业分割了。

航空公司:全世界有 2000 多个企业从事航空运输,但不足 300 个企业向公众提供一些定期运输,就是说一些预先确定路线、时间和价目的并经各国政府批准和监督的服务。在美国,约有 1500 个公司,在法国,有四个大公司(法国航空公司、联合航空运输公司、国内航空公司和为地区运输的都兰航空公司)。1980 年,按乘客人数排列的世界前十位航空公司是:联合航空公司、东方航空公司、三角洲航空公司、美国航空公司、横贯大陆及西部航空公司、全日本航空公司、不列颠航空公司、伊比利亚航空公司、阿勒格尼航空公司以及汉莎航空公司。

3. 旅行经纪人和组织者

为了确定旅行的分配和制作，必须区分零售和批发的代理机构和组织者。根据世界旅游组织的定义，零售代理机构向公众提供关于可能的旅行、居住和相关服务，包括服务酬金和条件的信息。旅行组织者或制作商或批发商在旅游需求提出前，以组织交通运输，预订不同方式的住宿和提出所有其他服务为旅行和旅居作准备。1980 年，这两种类型的代理机构在世界上有 60000 个，还存在一些多少有一点短暂性的旅行协会，它们的目的是从启程旅行前的群体为起点发展亲属关系的旅游，很难统计清楚在世界上所有这些协会。

4. 提供信息和组织休闲活动的企业

约 20 年以来，人们觉察到出现了推动发展休闲活动的社会或私人企业。首先，这是一些多种多样的协会，青年和民众教育运动，体育俱乐部或老年人俱乐部，管理旅游景点、文化馆、剧院等的协会。这些协会大部分是与一些自愿的旅游推进者一起开展工作的，但这项活动很快职业化了。某些协会管理巨大的预算并且雇佣几百名职员。这些协会，至少某些协会可以直接或间接地被视为旅游企业。

在这些范畴内还应包括商业性或非商业性的设施或组织，如休闲活动俱乐部、设赌场的娱乐厅和赌场、博物馆、迪斯科舞厅和舞厅、露天基地、休闲基地、打猎和钓鱼俱乐部、射击俱乐部、度假农场、体育运动大牧场、保龄球场、台球馆。新创的是在瓦尔特·迪斯尼开办的大型休闲园成功以后，在北美和欧洲出现了为旅游者开的休闲活动企业。1955 年创建了迪斯尼游乐场。1980 年在美国有 30 多个同类内容的游乐园，它们每年吸引近 9000 万旅游者。这些游乐园的前 15 位是迪斯尼世界、迪斯尼乐园、乔治亚山石、诺特的干果仁农场、环球影视旅游、大奇遇、圣迭戈动物园、马略特的大美洲、黑暗大陆、佛罗里达的海洋世界、金岛、乔治亚上的六面旗、得克萨斯上的六面旗、加利福尼亚的海洋世界、奥普里兰德游乐园。

在这类列举中还可包括在旅游业、旅游广告社、旅游咨询和工程企业中专门的大众传播媒介和报刊杂志，并且还有专门从事旅游投资的机构（如在法国休闲娱乐设备合作协会或中小企业设备信贷银行）。

## 第二节　发挥旅游经济的绿色扶贫功能

### 一、旅游经济的绿色扶贫功能

旅游扶贫就是在旅游资源条件较好的贫困地区通过旅游业的发展带动地区经济发展,进而脱贫致富的一种区域经济发展模式。这些贫困地区往往区位条件差,基础设施薄弱,劳动力素质较低,吸引外资能力有限,而旅游资源却异常丰富。但是贫困的治理并不是一项随意的短期行为,否则就会使一些贫困地区在暂时脱离贫困之后又出现“返贫”现象,在这些地区旅游资源的富集性与生态环境的脆弱性是并存的,虽然旅游具有扶贫和促进当地社会经济发展的拉动效应,但是旅游经济是典型的资源依托型产业,对生态环境具有极强的依附性和依存性,良好的自然生态系统是其发展前提。

#### (一)旅游扶贫是“旅游 + 扶贫”跨界融合的突破点

旅游业作为国民经济战略性支柱产业,“旅游 +”带动了旅游业与其他产业的跨界融合与提档升级。在国家扶贫事业蓬勃发展的态势下,旅游扶贫会凭借其强大的产业集聚与业态创新功能,成为贫困地区脱贫致富的重要形式,乡村旅游成为贫困地区发展的新亮点。旅游扶贫是资源节约型、环境生态友好型扶贫开发方式,具有目标准、成本低、见效快、受益面广、返贫率低、受益期长等主要特点,有利于促进人与自然和谐和生态文明建设。

#### (二)获得性感知是决定旅游产业扶贫成功与否的关键点

旅游业是劳动密集型的民生事业,“旅游利民、旅游富民”的发展宗旨在实现共建共享中发挥重要的“红利效应”。贫困居民可以共享旅游经济带来的生态经济福利,通过加强建设公共服务体系美化了乡村。旅游产业在社会进步与人民生活水平提高的带动下不断进行着转型与升级,贫困地区的居民在开展扶贫活动中越来越多获得生态化、可持续性、经济性的扶贫成效,贫困地区居民对于旅游产业扶贫的获得性感知也在不断提高。贫困地区的居民作为旅游扶贫参与的主体,其获得感知的价值将会直接影响旅游产业扶贫中的扶贫参与者数量与质量,扶贫感知对扶贫政策的落实有着非常重要的意义,可谓决定扶贫政策成功与否的关键点。

因此,通过旅游扶贫,也必须协调旅游开发与生态环境建设,促进两个产业的互动,解决好经济发展和生态保护之间的矛盾。然而在面临上述矛盾时,无论是当地政府还是社区居民,对于通过发展旅游经济来摆脱贫困的愿望都十分迫切。因此,对于外来资本的投资几乎都是抱着欢迎的态度,至于其环境影响和评价则考虑得十分有限。而资本带有逐利的天性,在面临经济利益与生态利益冲突的时候,他们往往会自觉地选择牺牲生态利益来获取和维护经济利益,导致在很多旅游地消灭贫穷和保护生态环境的矛盾突出。旅游扶贫开发必须把生态保护放在首位,在开发中强化保护,做到严格保护,合理开发,强化管理,不能以牺牲旅游资源和生态环境为代价来换取一时的“繁荣”。

## 二、旅游扶贫推进贫困片区绿色发展

### (一)牢固树立绿色发展理念

旅游扶贫带给当地居民的不能只是短期收入增加,而应该是着眼于增加贫困地区经济和社会的持续发展能力,牢固树立“绿水青山就是金山银山”的绿色发展理念,坚持保护第一、合理开发,生态效益、经济效益、社会效益兼顾,扎实有效地抓紧抓好旅游扶贫建设和生态环境保护工作,力争早日形成绿色、低碳、可持续性、有效的绿色旅游产业扶贫模式即旅游生态扶贫新模式。

### (二)建立绿色旅游产业扶贫的长效机制

全国各贫困片区的扶贫已进入攻坚阶段,扶贫工作既强调立即的脱贫,更强调长期的致富。对于各级政府部门而言,旅游扶贫绝不是短期行为,需要建立旅游扶贫的长效机制,才能充分发挥旅游业“产业链条式”扶贫的优势,从而加快集中连片贫困地区人民群众的生态经济脱贫进程,最终实现共同致富奔小康的目标。贫困地区应以“传统耕读文化+生态文明”为乡村旅游扶贫的基本模式,大力发展立足于农村、农业、农民的生态有机农业、乡村旅游业、手工业和乡村养老服务业。

旅游扶贫不是一次性、短暂性扶贫，是可持续性的造血式扶贫，不仅要帮助贫困群众解决一时的脱贫问题，而且要使绿色旅游扶贫项目成为常态的产业模式，进一步促进贫困群众生产、生态、生活条件和人居环境的改善。

## 第三节 构建旅游经济绿色发展的政策保障体系

旅游经济绿色发展具有社会性，社会支撑体系是推进经济发展的重要依托。旅游经济绿色发展的一切步骤和措施都需要以持续发展战略和科学发展观为指导的一系列政策、法律、制度、监督、技术的支持，并达到社会共识和制度整合，才能真正顺利地实施和发展。

### 一、政策法规体系

#### （一）法律体系

旅游经济绿色发展最根本的措施是必须加快制定有关经济的法律体系，通过法规对经济加以规范，做到有法可依、依法振兴旅游业。“有法可依”是推动旅游经济绿色发展的前提，旅游经济绿色发展立法对旅游经济绿色发展的影响是首要的、决定性的。作为旅游经济绿色发展法制建设首要环节和前提的立法，它不仅为旅游经济绿色发展提供法律依据，而且决定并影响旅游经济绿色发展的法律地位。

#### （二）产、学、官、民的合作体制

在这一合作体制中，产，指的是旅游企业，致力于经营活动的“3R”化；学，即大学和科研机构，致力于旅游“3R”产业的基础研究、技术研究和人才培养；官，即政府，通过制定和实施政策，为“3R”产业的发展创造有利的环境，并对其进行监督、评估和认证等；民，即地区居民，参与地区的环保活动和绿色消费活动。产、学、官、民的合作体制是保证“3R”产业发展和资源环境改善的必要条件。

## 二、旅游城镇基础设施支撑系统

完善旅游城镇基础设施，涉及垃圾收集、中转、清运和处理、污水处理工程、中水回用等建设。实现旅游区饮用水安全率提高，生活污水全面达标排放，部分水资源得到利用，固体废弃物实现“无害化、减量化、资源化”。

## 三、生态保障系统

根据生态保障的构建原则以及主要生态系统的服务功能要求，从旅游景观保护与建设的角度出发，针对山、水、林、湿地、旅游城镇生态环境五个方面，从生态恢复、湖河边生态整治、山地植被恢复、生态城镇建设等方面进行建设及保护。

# 第九章　旅游经济绿色发展中的绿色消费

旅游消费是旅游经济发展的主要力量，其产生的经济效应对于激活国内消费市场、拉动内需起着巨大的作用。2016年2月国家发展改革委、中宣部、科技部等十部门联合制定并发布了《关于促进绿色消费的指导意见》（发改环资〔2016〕353号），意见提出“鼓励旅游饭店、景区等推出绿色旅游消费奖励措施。本章主要研究旅游经济绿色发展中的绿色消费。

## 第一节　绿色消费的理论基础

### 一、绿色消费——新的经济和生活

人类社会经济的发展，带动了人类消费方式的不断改变。不断满足人类消费的需求，又刺激了社会经济的发展。生产—消费—生产，资本主义正是鼓励不断消费模式，用以维持这个经济制度。20世纪后半叶，人们认识到，每一项消费行为本身都会耗用资源，包括制造产品的原料、制造产品消耗的能源，以及产品丢弃后的处理过程。

当前，为了实现发展经济和保护环境的双重目标，提出一种新的思想，这就是遵循生态学的规律实现经济发展和生活消费。发达国家兴起绿色消费、绿色产业浪潮，提倡新的社会生活方式，由此出现了一种新的经济发展趋势。

1988年9月，英国两位作家John Elkington和Julia Hailes出版了《绿色消费者指南》（*Green Consumer Guide*），四个星期内该书就成为英国最畅销书。该书采用评级的方法，对不同的公司和产品提出有关的绿色标准，如以能源效率来评审冰柜，以耗水量的多少来评审洗碗机，以含铅量作为汽油的环保标准,提供了一系列的相关标准给购物者作购物参考,使读者了解产品与环境的关系。

（一）绿色消费引导绿色市场出现

在环境意识的推动下,人们为了过简朴和健康的生活,“绿色产品”越来越得到消费者的青睐,绿色消费逐渐成为一种新的时尚。过去,人们认为,消费者为环保考虑始终都不比对产品质量和价格考虑得多。然而,1989 年在英国进行的一项市场调查结果显示,部分消费者愿意付出比同类产品贵 25% 或 25% 以上的钱来购买有机食品及各类绿色产品。英国一份研究 1988 年至 1989 年间的消费变化的报告指出,消费者由于产品具有环保特点而购买的百分比由 19% 升到 42%。

正由于此,出现了绿色食品、生态时装、绿色冰箱和空调器、绿色汽车、生态房屋、生态礼品、生态列车、生态饭店、生态旅游等,这些“绿色”“生态”称谓的兴起,表示当代人生活态度和生活方式正在发生变化。对环境的关心使消费者产生“绿色消费”的需求。这种消费需求引导一个新的市场方向,使绿色产品渗透市场和占领市场,并逐步形成一种新的市场——“绿色市场”。绿色市场的竞争,反过来又引导绿色产品的生产。

现代绿色技术的采用,为绿色产品和绿色市场的形成和不断扩大提供物质技术基础,满足了消费者对绿色产品不断高涨的要求。绿色产品较高的利润和市场竞争力,吸引许多企业转向这方面的竞争,推动绿色产业的发展。从绿色消费需要开始,经过生态化的生产和绿色产品贸易,形成以“绿色消费”为主要特征的新的经济增长点。

（二）绿色消费推动企业的经济转变

环境保护不是作为一种包袱被企业接受,而是作为企业发展的目标主动实现,这正在形成新的经济发展趋势。这不仅是来自企业自身的经济动力,即通过减少废料提高资源利用率,削减经营开支,避免环境污染导致的高额开支,更重要的是来自“绿色市场”的压力。

在“绿色消费”的浪潮中,绿色产品颇受消费者青睐。为适应这种形势,使自己的产品具有更广大的用户,企业家把生产绿色产品作为企业发展方向。从产品设计、原材料选择、购买和使用、产品生产和产品包装，到产品使用后回收，在所有生产环节都要考虑对环境安全有利，使自己的产品贴上“绿色标志”。同时，从提高生产过程中物质和能量的利用率，减少废弃物排放，达到节约开支和提高企业的生产效率，从而增加产品在世界市场的竞争力。正是在激烈的市场竞争中，有些厂家提高产品的环保标准，成为推广销售量的优胜因素；有些公司以绿色环保来改变公司的形象，结果大受消费者欢迎。

环境保护问题从经济压力变为企业“经济转变”的契机。美国可口可乐公司、壳牌石油公司、道氏化学公司等，都把环境保护列为公司发展战略，由公司总裁直接过问环境保护问题，或者聘请专职的“环境经理”或“生态经理”，使生产朝“绿化”的方向发展。当前，绿色消费带来的这种“经济转变”已经开始，它将随着人类价值观的转变，新的技术形式和新的能源方式的创造和采用，使人类走向一个新的经济时代。

### （三）绿色消费标志着社会生活方式的更新

过去，人们以占有大量高档商品和奢侈品为荣耀，这种奢侈的生活远远超出了合理的需要。现在，人们的消费观念和消费方式起了很大变化，有越来越多的人，抛弃过度消费，抵制恶性消费，以返朴归真的心理追求“简朴、小型化”的生活。这种生活就是按生态保护的要求，以获得基本需要的满足为目标。在这个观念的指导下，人们不再以大量消耗资源、能源求得生活上的舒适，而是在求得舒适的基础上，大量节约资源和能源。如人们在购买电器时，不再追求豪华，而是注意节能指标；买电冰箱、空调要有绿色环保标志；尽量购买包装简单的商品，减少使用一次性用品，节约纸张；为了减少汽车尾气的排放，尽量乘坐公交车；支持垃圾分类和废物回收利用；等等。从关心环保、爱护我们唯一的地球开始，人们形成以“绿色消费”为主要特征的新生活方式，这将是21世纪的主要潮流。

## 二、生态意识：人类生存自救的觉醒

### （一）走出生态观念上的盲区

科学家分析认为，现代自然科学的整个概念框架是以时空分离性和经验物理感觉的来源性为其核心前提的。由此而导致了人们整体生态意识的退化。这是因为，时空的分离性和认识来源的物理感觉经验性使我们失去了一种人类与外界自然的一体性体验，使人们产生了与自然界的分离感，外界自然对我们具有一种外在性。于是我们在观察、认识和理解外界自然时，不是将其视为与我们人类融合在一起的一个大系统的一部分，而是视为与我们相隔的两部分。由此，我们便自然而然地把外界自然作为我们的对立物从而成了我们控制和利用的对象。

人类的活动便全力以赴地集中在如何为了人类的目的而去干预影响自然，根本不去反思这种干预的限度及其合理性。例如，为了人类的交通便利而发明了汽车以后，便毫无节制地每天排放大量的废气，将大气层作为一个具有无限容量的受纳体。为了能源的需要而用最先进的手段去拼命开采石油，而丝毫不考虑这种开采的限度及其本身所伴随的生态恶果。

人类与外界自然隔裂开来的观念，很自然地衍生出人类企图征服自然的欲望。而现代自然科学的发展进程也正是在改造自然、征服自然的人类心理意识驱动下展开的。因而，当人们以破坏了自然界的生态结构为代价而取得了某些成功以后，便兴奋地欢呼人类具有的这种破坏力量，于是情况变得日益恶化。直到人类充分地感受到自己对外界自然的作用所遭受到的报应之后，才开始意识到这一问题。现阶段，生态形势发生了质的变化，环境所承受的生态压力已接近极限，严峻的生态形势要求我们必须改变人与自然界的关系了。

### （二）人与自然和谐发展的新观念

生态意识产生于20世纪后半叶。它作为一种新的独立的意识被定义为：根据社会和自然的具体可能性，最优化地解决人、社会和自然关系的观点、理论和感情的总和。它是反映人与自然和谐发展的一种新的价值观念。生态意识的产生是人们对人与自然环境关系认识的一次伟大觉醒。

生态意识包括：人们对以往人类活动违背生态规律带来严重不良后果的反思，对地球生态系统整体性的认识，对人类可持续发展的关注，以及对后代生存和保护地球的责任感。生态意识是人们对人与自然关系科学认识的产物，是人类意识进化的新表现。

（1）生态意识是全球意识，或“全球村”意识。世界各国人民共同生活在同一个地球上，保护地球是全人类的公共利益。同时，地球上的所有生命形式是人类的伙伴和朋友，它们的生存也要受到尊重。这就是人与自然界的统一。

（2）生态意识具有整体性的特点。生态意识关注的是人和社会、人与自然的关系，它所反映的是对象的综合性和整体性，所强调的不是单个自然现象的联系，而是各种自然现象，以及“人—社会—自然”作为复合生态系统，它们的相互联系和相互作用。但是，它同样关注自然系统的多样性、生物多样性、人类文化多样性，因而它是多样性的统一。

（3）生态意识具有发展、变化的视角。在反映人与自然的关系时，关注人类活动长期性的生态意义，不仅注意人类引起自然变化和人与自然关系变化的最近结果，而且注意这种变化的长远结果；它不仅关注对人有利的变化，而且关注并防止不利的变化。它更着重未来，要求兼顾当代、后代以及其他生命形式的共同利益。

（4）生态意识具有限制性功能。传统意识主要以人统治自然为指导思想，以人类中心主义为价值尺度，形成人统治自然的理论体系。生态意识突破这种理论框架，强调人与自然和谐发展，强调利用和改造自然有一个限度，人类活动超过这个限度可能导致生态环境破坏。良好的生态环境是经济发展的基础，它一旦被破坏，任何经济制度都不可能维持稳定性。因而，生态意识要求把人类活动限制在生态容许的限度内，即限制在地球承载能力的限度内，反对无节制向自然进攻的倾向。这便是人类文化的调节功能。

生态意识即不仅要“限制”人类污染环境和浪费资源的行为，而且要在更深层次表现创造新生活的特征。从净化废弃物以限制污染，向减少废弃物实现无废料生产的方向发展。通过发展战略的调整，经济增长方式的转变，走向无污染的新的经济时代。

## 三、绿色消费：生态观的价值取向

### （一）走出消费的误区

消费文化是工业化的产物。工业化的发展，生产出丰富的产品。这些产品必须通过市场消费掉，生产才能维持和发展。在工业社会，把刺激或增加消费作为一种经济发展政策，用各种途径鼓励消费，特别是通过商业广告兜售消费主义，使巨大的商品市场发育起来。

那么，过度消费给我们带来了什么？

世界更加不公平。据统计，一个发达国家居民消费的资源约等于发展中国家一个居民的3—8倍。一个美国人消费的粮食是一个非洲居民的8倍，煤炭是500倍，石油是1000倍！人们看到，世界首富美国，以占世界6%的人口，消费掉全世界1/3的资源，一个美国人一生消耗的物资是印度人的60倍，一个美国人使用的汽油量超过一个卢旺达公民的1000倍，美国2亿多人口对地球能量的利用相当于发展中国家200亿人口的利用量。在拥有全球人口1/4的工业化国家，消费着地球上40%—86%的各种自然资源。

这些东西的迅猛消费都与不同比例的环境损害联系在一起。在工业化国家，燃料燃烧释放出了大约3/4的导致酸雨的硫化物和氮氧化物。世界上绝大多数的有害化学废气都是由工业化国家的工厂生产的。他们的军用设备已经制造了世界核弹头的99%以上；他们的原子工厂已经产生世界放射性废料的96%以上，并且他们的空调机、烟雾辐射和工厂释放了几乎90%的破坏保护地球臭氧层中的氟氯烃。但是，现在的问题是，不仅所有发达国家都实行这种过量消费的生活方式，而且发展中国家的少数人，也在崇尚这种高消费。

在中国，消费主义已经抬头并在一些人中盛行。不仅中国的资源没有能力支持这种消费，整个地球资源也没有能力支持这种消费。学者们认为，如果世界上所有国家的生产和消费都仿效美国，这对全球的生态影响将是毁灭性的。美国学者艾伦·杜宁写了一本名为《多少算够》的书，对这种现象提出了尖锐的质问："如果环境的破坏根源在于人们拥有太少或者太多的时候，留给我们的疑问就是：多少算够呢？地球能支持什么水平的消费呢？拥有多少的时候才能停止增长而达到人类的满足呢？世界人民在不使这个星球的自然健康状况受损的情况下，是否可能过一种舒适的生活呢？"对于生活在消费社会中的每一个人，提出这些问题都是必要的。

美国人已作出了回答：自从本世纪中叶以来，我们已经连续地选择了更多的金钱，然而，我们正陷于困境：更多的工作、更多的消费，及至对地球更多的损害。现在是走出消费误区的时候了。

### （二）消费越多并不等于越幸福

这种奢侈和挥霍浪费的生活方式，不仅超过自然界的支付能力，造成生态破坏，而且就人本身来说也形成极大压力。对于生活在工业化国家的人，正在变得更加清楚的是，超过一定界限之后，更多的消费并不等于更多的充实。美国出版的《过度工作的美国人》（哈佛大学经济学家朱利特·索尔著）一书，触动了许多美国人的心弦。据美国学者分析，世界人口在1950年消费的物品以及服务就和所有前代的人消费的一样多。自从1940年，美国人自己已经使用的地球矿产资源的份额就同他们之前所有人加起来的一样多，然而这个划时代的巨大消费却也没能使美国消费者阶层更快乐些。例如，由芝加哥大学的国民意见研究中心所做的常规调查表明，尽管在国民生产总值和人均消费支出两方面都接近翻番，并没有更多的美国人说他们现在比1957年“更高兴些”。

加州大学弗雷斯诺分校的心理学家罗伯特·莱文测定了6个国家的人们在街道上的平均步行速度和邮局职员的平均说话速度，结果表明生活节奏随着国家工业化和商业化程度的增大而加快。

心理学的研究表明，消费与个人幸福之间的关系是微乎其微的。生活在20世纪90年代的人们比他们的祖父们平均富裕4.5倍，但是他们并没有比祖父们幸福4.5倍。更糟糕的是，闲情逸致、社会关系，似乎在奔向富有的过程中已经枯竭。难怪在消费者社会中的许多人感觉到我们充足的世界莫名其妙地空虚。人们一直在徒劳地企图用物质的东西来满足不可缺少的社会、心理和精神的需要。

消费者社会的诱惑是强有力的，甚至是不可抗拒的，但它也是肤浅的。因为，在消费者社会，需要被别人承认和尊重往往通过消费表现出来。消费就像一个踏轮，每个人都用谁在前面和谁在后面来判断他们自己的位置。人们从消费中得到的幸福是建立在自己是否比他们的邻居或比他们的过去消费得更多的基础上。高消费的社会，消费需求是无限扩张的，消费再多也不会得到满足。这是被人们忽略的逻辑结论。

高消费社会不能兑现它的通过物质舒适而达到满足的诺言，因为人类的欲望是不能被满足的。高消费社会，似乎是通过提高人们的收入而使人们陷于穷困，陷于为摆脱贫困的永远的奔波之中。更多并不意味着更好，最终，维持使人类持续生存的环境将要求我们改变价值观。

（三）过简朴生活，以适度消费代替过度消费

人们为了满足消费，就要煞费苦心地珍惜时间，加快生活节奏以便挣更多的钱，把人的精力和创造都耗尽在高消费上了。现在，典型地按这种方式生活的美国，每个阶层的人士对消费生活的态度都在发生重大变化。有越来越多的人以返朴归真的心理，抛弃过度消费，追求简朴、适度消费的高质量生活。所谓“简朴”是与豪华或奢侈、挥霍相比较的，所谓“适度”是以获得基本需要的满足为标准，“足够就可以了，不必最大、最多、最好”。它摈弃了“增加和消费更多的财富就是幸福”的价值观。

不追求消费更多的物资和财富，而是追求知识和智慧。这是提倡符合生态保护和自然保护原则的一种可持续发展的生活方式。在这种价值观下，人们提出过一种以提高质量为中心的适度消费生活。生活质量是什么？是指“人的生活舒适、便利的程度，精神上所得到的享受和乐趣”。提高生活质量，不是以追求豪华高档为目标，而主要表现在消费需求多样化，即商品和服务的种类、质量和数量多样化，特别是消费知识和智慧价值含量高的商品，以适应消费者利于发挥自己个性的主观要求和爱好，使人们有更多的选择自由。

提高生活质量，就要有较多闲暇时间和条件，使人的个性得到全面自由的发展，个人智慧和创造性获得充分的发挥，拥有融洽和谐的家庭生活、人际关系和社会关系，以及心理、信仰、审美和道德等精神生活方面，也都能获得高度的充实和满足。

绿色消费作为一种新的消费文化，是比过度消费的生活更丰富、更高级的生活结构，是一种新的生活方式。它符合人类建设可持续发展社会的要求，是随着科学技术进步和社会生产力发展达到一个新水平而产生的。而且，它不仅更加符合自然的本性，符合保护生态的要求，同时也更加符合人的本性，符合人的需要，有助于人的个性全面自由发展。因而，这是一种有更高生活质量的新生活。

# 第二节　我国旅游经济发展中绿色消费的现状与存在的问题

## 一、我国旅游经济发展中绿色消费的现状

我们必须正视当下中国“自然、人、社会”复合生态系统的客观现实,深刻认识与正确把握当今中国从工业文明黑色发展道路向生态文明绿色发展道路的全面转轨,从工业文明黑色发展模式向生态文明绿色发展模式的全面转型的必要性、迫切性、重要性与艰巨性。

事实上,近年来,我国学术界有人为了所谓填补研究空白,标新立异,制造一些伪绿色发展论,不仅把西方主要发达国家说成是“深绿色发展国家”,掩盖当今资本主义国家工业文明发展全面恶化危机即黑色危机的客观现实,而且把处于雾霾污染较严重的京津冀、长三角、珠三角的一些城市界定为“高绿色城镇化”,是不符合客观事实的假命题,这否定不了当下中国及城市自然生态危机仍然存在的事实,也动摇不了我国以壮士断腕的决心和信心,打好大气、水体、土壤污染的攻坚战和持久战。

## 二、我国旅游经济发展中绿色消费存在的问题

### (一)盲目开发和利用旅游资源

我国的旅游资源本身就分布不均,一些地方政府为了促进经济的发展,在对旅游资源的开发过程中往往在毫无计划和规划的情况下盲目地开展,这样并没有经过科学的论证,而是想当然地开发,对旅游资源的粗放型开发实质上是对于资源的一种重复性浪费的开发。这种在没有前提准备下的开发缺乏总体规划,往往使得对于自己所开发的资源定位不明确,所以在建设的过程中也造成景区资源利用的失衡。甚至有些地方为了无限制地追求本地经济利益,根本不考虑当地自然环境的承受能力而采取不切实际的开发。这样的开发方式是对自然环境的一种掠夺,甚至往往在开发中会造成严重的浪费,使得本地珍贵的旅游资源不断地

走向恶化。

（二）严重污染环境

随着社会的不断发展，旅游不仅成为了人们消遣娱乐的一种方式，而且是作为普通的社会行为而存在。旅游资源分为人文旅游资源和自然旅游资源，相比于人文旅游资源而言，自然旅游资源对于环境的依赖程度更高。但是，无论是旅游资源的开发者还是旅游者往往在思想上把旅游资源当作取之不尽、用之不竭的财产。思想观念的弯曲导致在行为上无形中对旅游资源造成污染和损害，这就形成了资源利用和旅游业发展的矛盾：由于缺乏环保意识的资源开发意识，因而在开发过程中往往无节制地过度开发。与此同时，也会造成生态环境不断地恶化，这为后续的旅游开发以及利用带来了巨大的不良影响。在旅游资源被投入使用之后，由于旅游者缺乏一定的环境保护意识，为了图方便就随手乱扔乱丢各种垃圾，在一些人文旅游资源区域，有的旅游者为了钱财而盗窃文物，给旅游环境带来了巨大的损害。

（三）旅游资源文化的泛化

旅游资源具有开发价值往往是因为有文化内涵，特别是在人文资源的开发上。如果一旦人文旅游资源失去了原本开发过程中的那种特殊性，也就失去了旅游资源所具有的文化意义。当文化可以被复制，也就失去了光晕。因为只有当文化渗透在旅游资源中，才会从内到外去吸引游客。例如，对于一些少数民族用自己特有的民俗风情作为旅游开发的方向，如云南傣族的“泼水节”，广西的山歌等等。作为旅游资源开发者，他们采用剧场化的方式来展现当地的文化，这当然有利于经济的增长，但是随着利益的驱使，出现了经济大于文化内涵的现象，旅游者对于异质文化资源的向往和期待都因为经济化的模式而失去了本身的意义。这在无形中改变了当地传统的生活习惯和生活方式。

## 第三节　我国的绿色消费旅游行为与影响因素

### 一、旅游消费行为

#### （一）旅游消费行为的文化指向

旅游消费文化即旅游消费行为文化，它既包括旅游者在消费过程中的各种文化表现，也包括文化对旅游者消费行为的影响。

1. 旅游消费行为

人们在一生中要消费许许多多的产品和服务。有的消费是基于生理需要，有的消费则是基于发展、享受等社会性的需要。从旅游消费的构成来看，旅游消费是综合性很强的消费，既包括满足旅游者旅游过程中生理需要的消费，也包含满足旅游者发展和享受需求的消费。从旅游消费结构层次来看，消费者追求的主要是精神和文化上的发展和享受。根据国际旅游业发展的经验，随着人们生活水平和社会进步程度的提高，在旅游消费结构中，对生存资料的消费比重会逐渐下降，对发展资料和享受资料的消费比重会逐步上升。现在，学术界普遍认为，旅游消费是高层次的社会性消费，它是在一定社会经济条件下发生和发展的，受社会风气影响和制约的一种社会经济文化活动。

2. 旅游消费过程中的文化差异

由于旅游活动本质上是一种高层次的精神文化活动，在旅游消费过程中，文化的制约和影响表现得非常明显。人们注意到，在旅游倾向上，白色人种比有色人种积极，城市居民比乡村居民积极，户主学历高的比学历低的积极。在旅游流向演变方面，一些国家或地区表现出明显的乡村化倾向，另一些国家或地区则呈显著的城市化倾向，而这样的差异又不是能用经济规律来解释的。来自不同国家或地区的旅游者，旅游消费的具体行为方式相差很大。比如，旅游团中的日本游客与美国游客，或者说日本旅游团队与美国旅游团队，在旅游活动中的行为有显著差别。日本旅游者聚在一起，会根据某些基准，如年龄、社会地位等，意识到相互间的排列名次，然后以此相应地约束自己的行动方式，一般不喜欢采取和团友相背离的行为。

当他们要自己决定行动时，首先考虑别人是怎么行动的，或者那样做后别人会怎样看自己。日本游客会“规规矩矩”地听导游的讲解和安排。日本游览团外出走起来像个古希腊方阵，而不是旅游时通常出现的杂乱、时常有人掉队的松散队伍。日本游客在发表意见和阐明意志时，往往能先体察对方的心情和态度，使用审慎、婉转的语言。美国游客则大不一样，他们一般都具有强烈的“以个人为中心”的行为特征，喜欢直截了当地向导游或旅行社表达自己的意志和意见，并且坚持自己的主张。那种导游举着一面小旗子领着大家的做法，在美国游客看来，导游像个牧羊人，而游客像群羊，美国客人是无法适应和不愿接受的。

信仰基督教的游客不愿住号码为 13 的楼层或房间，若以 12B 或 14A 代之，问题就解决了；来自佛教国家的游客喜欢参观寺院，购买佛鼓、佛像等佛教用品，而来自基督教社会的游客却很少这样做。

中国人在旅游消费方面有共同的特点，但不同地区、不同民族、不同年龄、不同社会阶层的旅游者的旅游消费行为又各具特色。优秀的饭店或旅行社管理人员都会告诫部下如何有针对性地接待北京、上海或者广东客人，如何组织适应于不同职业游客的服务产品等。事实上，在任何一个国家或地区都存在着类似情况。例如，美国旅游心理学家梅奥等人注意到英裔美国人和墨西哥裔美国人在旅游消费行为方面截然不同，并告诫旅游服务公司“必须对民族及其他一些亚文化差异保持敏感，因为这些差异会影响人们对闲暇和旅游的偏好。在一个以满足某些群体的特殊需要为赚取利润最为可行手段的旅游市场中，这一些尤为重要”①。

类似于上面所述的现象，在旅游活动中是随处可见的。导致这些现象的原因，固然不能完全排除经济因素，但文化的作用是显而易见的，并且是巨大的。文化作为一套信仰、价值观念、态度、习惯、风俗、传统以及行为方式，必定影响旅游者的生活志向——他所扮演的角色、他与别人的关系、他感知事物的方式、他感到需要的物品和服务以及其他的作为消费者的具体行为。②

相关群体对旅游消费行为的影响以及社会旅游流行现象的形成都

---

① 刘晓航．旅游文化学[M]．天津：南开大学出版社．2009：78.

② 同上．

是同社会文化背景相联系的，或者说以文化作为发生器和推进器。近年来在我国出现的“三国”旅游热、三峡旅游热、民俗旅游热等现象，都可以从文化上找到根本原因。

3. 文化决定旅游消费行为

旅游活动本身是一种文化生活。旅游者的文化背景决定了他们的价值取向、对旅游的重视程度及其对不同旅游活动和产品的消费偏好。因此，文化是旅游消费的决定因素，它从根本上制约着旅游者的活动和行为。

文化对旅游者消费行为影响往往是潜移默化的，有时甚至连旅游者本人都没有意识到。例如，体育活动是西方国家的一种重要的文化价值取向，它对度假旅游活动内容产生着广泛影响。高尔夫、网球、滑雪和潜水等体育活动是大多数欧洲和美洲旅游者娱乐旅游的首要动机，而不是旅游的附加产品。但是在中国，人们在旅游活动中通常不会首先考虑体育活动，而是更重视增广见闻。在出游时间上，中国人通常不会在年三十至大年初三期间离家度假，但是，在大年初二却很可能开始探亲之旅，在重阳节则会选择一些短途的登高游憩活动。再如，旅游几乎已经成为西方发达国家公民生活中不可缺少的重要部分，但在中国，旅游尚未演变成国人的消费习惯。[①]

（二）旅游消费行为与传统文化

文化因素对旅游消费行为起着决定性的作用，传统文化构建了文化因素内涵的基础，要分析旅游消费行为的文化表现，应从传统文化开始。

1. 中西传统文化的差异

对于中西传统文化的差异，在论述的角度和最终的看法上是多种多样的。梁漱溟先生说：“西方文化是以意欲向前要求为根本精神的。中国文化是以意欲自为调和持中为其根本精神。”

跨文化差异的基础是什么？或者说应该从哪些方面入手分析两种文化的差异呢？美国学者克鲁柯亨等提出五个基本问题，每个问题都有三个可能的答案：如何看待人的本性（恶、善、恶或善）；人和自然的关系

① 吴清津．旅游消费者行为学[M]．北京：旅游教育出版社，2006：110.

是什么(屈从、协调或主宰自然);时间取向的本质是什么(过去、现在、将来);人生活的基本目的是什么(生存、自我实现、自致);人同周围人的基本关系的实质是什么(等级制的、家庭取向的、个人主义的)。在此,我们就以这五个方面为主,综合各种观点,对中西传统文化的基本差异作简要分析。

对人的本性的看法:性善与性恶。人性究竟是善是恶,那是哲学家思考的不老命题,这里不作评析。在中国的思想体系中,虽然有韩非主张的性恶论,但主流是主张人性的本质是至善的。《三字经》的“人之初,性本善。性相近,习相远”,既强调了人性本善,又重视后天的影响。坚持性善论,强调仁、义、礼、智,中国文化基本上是善本位、自我超越型文化,具体地说就是把价值之源置于个体内在之心上,认为道德修养的功夫和途径是“自反”“自省”“尽心知性”,自我修养的目的不是要“独善其身”,而是要达到“齐家、治国、平天下”,以求取得个人在社会人际秩序中的和谐。①

在西方的思想体系中,由于受基督教的影响,性恶论占主导地位。在基督教的圣经里,人类始祖亚当和夏娃住在伊甸园中,受蛇的引诱违背了上帝耶和华的旨意,偷吃禁果,犯有“原罪”,被驱逐出乐园。这一“原罪”成为人世苦难的根源。至今相当多的西方人仍认为人性是恶的,也是可以教化至善的。西方文化由性恶论出发,突出人品质修养的社会化,重外在的社会教育和规范功能,重对“真”而非“善”的追求。中西之间在人性这一基本问题上的认识差异导致了中西文化在自然取向、时间取向、生活目的取向、人与人关系取向等诸方面的差异。②

人和自然的关系:协调与支配。中西方文化在人与自然关系的认识上有着明显的不同。三面高原一面海的相对闭塞的地域特点,使得古代中国文化基本上与外隔绝、独自创发。中国是一个农业社会,中国文化以农耕经济为基础,农业文化就成为中国传统文化的根底。农业生产与自然界有着最为密切的关系。在生产劳动过程中,人必须同自然协调相处,以宽容态度对待自然,否则就会受到自然的报复,因此形成中国传统文化中重视“天道”、讲究天人和谐的精神,即强调人的行为要符合自然发展趋势,遵循自然发展规律,人道要与天道相适应。这种精神

① 马波.现代旅游文化学[M].青岛:青岛出版社,1998:35.

② 同上.

有其积极的方面，如对于今天治理环境污染、维护生态平衡是有显著意义的。但必须指出：从辩证的观点看，在较低的生产力水平制约之下，中国传统文化中所谓的天人一体思想无疑也带有屈从自然的价值取向。由此引申出重农轻商、安土重迁等思想，把人们牢牢地束缚在土地上，日出而作，日落而息，春种夏管，秋收冬藏。这种定型化的生产、生活方式使人们习惯于乐天知命、安分守己的处世之道，满足于渔歌唱晚、牧童横笛的田园生活，思想感情表现为喜一不喜多、喜同不喜异、喜静不喜动、喜稳不喜变。千百年如此，进而形成中国人闭关锁国、中庸平和的民族性格。①

相对而言，西方民族可称为海洋民族。西方文化的活水源头是古希腊文化。古希腊境内多山、多海岛，拥有许多良好的天然港湾。不可能孕育出自给自足的田园梦想（据研究，古希腊的粮食消费必须靠从海外采购接济），却为文化的开放与扩张提供了无与伦比的优良条件。大规模的有组织的海上移民和海上贸易活动就成为希腊民族赖以生存和发展的必要手段。海上航行的瞬息万变，突发情况的频繁出现，生产生活的艰苦困难，使得人们不得不具备一种强烈的独立意识、怀疑意识和挑战意识。②

人与人的关系：伦理本位与个人本位。人们常常举生活中的两个例子来说明中西文化的这种差异：在姓名排列顺序上，西方人先是本名，然后才是父名，最后才是本家庭的姓；中国人则是先姓后名。在地点表达上，西方人习惯于先从自己家的门牌号开始，然后才说街、区、县、市、省，最后才说国家；中国人的习惯恰恰相反。这说明西方文化具有强烈的个人主义色彩和明显的个性精神。

时间取向：现世、尚古与着眼于将来。在性善论、天人合一思想和伦理本位的支配下，中国传统文化的实用理性和现世精神非常发达，追求“经世致用”的认识功利主义，安身立命、安分守己的“身体化”倾向特别明显，相反则缺乏足够的外求意向和超越意向。与空间上的封闭锁国观念相对应，中国传统文化在时间取向上着眼于现世而非将来。中国传统文化又有“尚古”特征。综观历史，不难看出中国传统文化“厚古薄今”的趋向，这种趋向是有限时间观念的极端表现。“三亩好田一头牛，

① 方志远．旅游文化概论［M］．广州：华南理工大学出版社，2005：127.
② 同上．

老婆孩子热炕头”就成为传统型中国百姓的生活理想。中国人的性格，按林语堂先生在《吾土吾民》中所说，表现出老成温厚、遇事忍耐、消极避世、超脱老猾、和平主义、知足常乐、幽默滑稽、因循守旧诸特征。[①]

在开放的贸易经济基础上，受支配自然的价值观影响，西方文化不仅在空间观念上有趋向无限的倾向，在时间观念上也有趋向无限的倾向。尼采认为，现阶段的“人”并不是最理想的状态，“人”是必须被超越的东西。因此，他提出了“超人类”的构想。正如许多人所指出的那样，尼采虽然是无神论者，但在他身上仍然有西方文化的深层结构在发挥作用——那就是把人在世俗中的存在当作一种被“原罪”所局限的状态，认为人必须超越世俗，趋向无限。因此，西方人比较富有创新、冒险、怀疑、自我批判精神，具有抽象化、系统化、思辨化的科学思维特点。[②]

生活的基本目的：合“礼”乐生与自致取向。中西文化在以上四个方面的差异，必然会导致中西方人在社会生活目的上的差异。礼乐思想、儒道学说的交织互补，为中国人树立了一种生活的标准和目的，一方面是忍耐、勤劳、节俭、敦厚与和平主义，另一方面是尽量享受生活所赋予人们的一切乐趣。[③]在对幸福快乐含义的理解和追求的方法上，西方文化和中国文化有很大的区别，导致中国人和西方人人生基本目的的不同。受商品经济和基督教劳动精神的影响，西方文化体系功利意识一直非常浓重，从功利原则出发解释一切，鼓励人们追求物质财富，物质财富的多少被视为衡量幸福快乐程度的主要指标。林语堂先生说过：“中国与欧洲的不同，似乎在于西方人有更大的能力去获取和创造，享受事物的能力则较小。”可以说，西方文化在对人生基本目的看法上表现出自致取向，但这种自致取向并不意味着对享受生活权利的压抑，恰恰相反，促成了重视享乐的人生观，与中国人重视立德的人生观截然不同。

2. 中西传统文化背景下的旅游消费行为比较

正因为中西方传统文化存在着上述的种种不同之处，在中西方人的旅游消费行为中便处处体现出来。

（1）旅游动机的强弱差异。总体上，西方人的旅游动机要比中国人

① 方志远．旅游文化概论［M］．广州：华南理工大学出版社，2005：129.

② 同上．

③ 同上．

强。这当然也不能排除经济发展水平对旅游消费动机的影响,但这种差异的形成有着深远的文化原因。西方传统文化强调支配自然、强调着眼于未来、强调个人主义、强调自致的取向,塑造了西方民族较普遍和较明显的外向型性格特点。

在中国,自古以来有“读万卷书,行万里路”的说法,虽然文人士大夫们还把山水之游作为修身养性的对象和工具,但安土重迁、不尚远行的文化特征也具有抵制旅游和反对旅游的倾向,人们缺乏冒险精神,求稳怕变,甚至把旅游看作不务正业,所谓“在家千日好,出门一时难”“父母在,不远游,游必有方”“孝子不登高,不临危”等,这就是中国传统文化设计的带有内向的性格倾向。据心理学家研究,外向型人或民族较内向型人或民族更乐于动,更乐于出游。在内向型传统文化的影响下,中国人的消费观(实质上就是消费文化)主要表现在:量入为出,重视积累,节制现时消费。中国人主张生活上要精打细算,细水长流,做到年年有余。在消费行为学研究中,人们根据家庭各目标的关系和内容的基本倾向,把家庭分为“以家庭为中心的家庭”“以事业为中心的家庭”和“以消费为中心的家庭”三类。重视饮食,把饮食消费当作最重要的消费活动。一些文化学者指出:中国传统文化的身体化倾向甚为明显,受此影响,中国人一直强调“民以食为天”“吃是真功,穿是威风”的传统消费观深入人心。

受传统文化的影响,中国人的旅游动机在总体上相对西方人较弱,但由于旅游活动本身独具魅力,旅游消费实际上是不能被替代的。在改革开放之后的今天,中国的经济发展水平已今非昔比;过去的这些传统旅游消费观念已经发生了改变。随着收入水平的提高,物质生活的极大丰富,国家“黄金周”等休假制度的实施,旅游已成为人们生活中越来越广泛、越来越普遍的消费行为。

(2)旅游动机的类型差异。人们外出旅游的动机常常是多种多样的,这一方面是因为人们的需要是复杂多样的,另一方面也因为旅游本身就是一种复杂的综合性社会活动。所以旅游动机类型也多种多样,如紧张的生活和工作之余的放松、修养、娱乐的旅游动机,追求旅游对象和旅游活动的新奇性、知识性,一定程度探险性的探新求异动机,满足审美需要的审美动机,以发展人际关系、公共关系为目的的社会交往动机,满足精神需求的宗教信仰动机等。

(3)目的地选择上的差异。凡是“个性”突出的目的地或景观,诸如波浪滔天的大海、挺拔峻峭的高山、水流湍急的大河、险象环生的热带丛林、民族文化色彩奇特浓郁的地区等，西方人都颇感兴趣。另外，还需指出，受自致取向和新教伦理价值观的影响，不少西方旅游者不喜欢朝着某一个具体的目的地慢悠悠地前进，更不喜欢那种没有既定目的地或既定活动的考察和旅行。与此相反，他们往往对有具体目标的旅行抱有较为浓厚的兴趣。例如，多重目的地的旅游；迅速赶到某个目的地并在那里参加各种度假活动的旅游；那种尽量走遍各处并参观尽可能多的名胜古迹的走马观花式的旅游。[①]

中国人有强烈的乡土、宗族观念，回归意识比较明显；尤其是海外华人，即便远隔万里，也常思叶落归根，因此，黄帝陵、妈祖庙一类景点对华侨、港澳台同胞具有强大的吸引力。

（4）旅游消费支出结构上的差异。旅游消费支出结构既受个人和家庭收入水平的影响，也受消费观念的影响。由于传统文化背景的不同，中国人的消费观与西方人相比，一方面具有节制现时消费、重视物质产品消费和重视饮食消费的特点，当收入减少时，中国消费者很快就会打消对高额非必需品的购买意图，而不愿像美国等国家的消费者那样通过借贷来满足即时的旅游消费欲望。中国人的基本消费观在旅游消费领域主要表现为：

第一，因有节俭传统，在交通和住宿方式的选择上注重“经济实惠”。

第二，重有形物品的消费，轻劳务性消费。比如，不愿光顾提供有偿服务的旅游中介机构，不愿花钱聘用导游，但购物的倾向相当明显。

第三，重纯娱乐性消费，轻发展性消费。旅游中的活动有些是纯消遣、娱乐、享受性的，另一些则有利于提升文化知识和修养，有利于掌握某种技能，有利于开发智力，是属于发展性的。国内旅游者一般不太重视发展性消费，因而较少光顾博物馆、艺术馆一类场所。另外，由于许多中国人把旅游视为奢侈的消费行为，因而往往又会表现出炫耀性的消费特征，尤其以出境旅游消费为甚。

---

① 方志远．旅游文化概论[M]．广州：华南理工大学出版社，2005：132.

## 二、我国的绿色消费旅游行为

绿色消费作为一种可持续的消费方式，是指消费者意识到环境问题后，在实现购买目的时兼顾产品的绿色性能，即绿色消费在减少消费对环境和生态系统的负面影响方面具有重要作用，而绿色产品在其生命周期的多个阶段中对环境生态都是有益的，使用绿色产品意味着减少负面的环境和社会外部性。党的十九大报告提出要推进绿色发展、倡导简约适度和绿色低碳的生产生活方式，因此促进绿色消费不仅是推动生态文明建设、解决环境问题的重要举措之一，而且是扩大消费内涵、拓宽绿色产品市场的主要方式。

然而，绿色产品的溢价却意味着消费者必须为环境付出额外的费用。因此，研究消费者绿色消费倾向及其驱动因素成为核心动机，这不仅有助于构建完备的绿色消费机制渠道，而且能促进消费者形成与绿色生态消费相适应、顺应绿色经济发展理念的转变。

已有绿色消费及产品的文献主要集中在以下方面：

其一，环境问题及其消费者行为的研究（王琦等，2019）。高健等（2016）的研究表明消费者掌握的环境知识在消费者创新性、社会价值与绿色产品购买意向的关系中起负向中介作用，而自身接受创新事物的能力对绿色消费的影响具有正向作用。这可能是由于消费者总是权衡各种产品环境质量，使得支付意愿成为环境反应之前的一种行为意图。

其二，年龄、性别、收入、教育水平、消费者的个性、个人价值取向也是影响绿色消费的重要驱动力。

然而，消费者的个性与支付意愿之间具有复杂的关系，因绿色消费行为的发生基于消费者的态度，因此转变消费者的绿色消费态度将在很大程度上影响绿色消费行为倾向。本研究通过问卷调查方法，获取了我国一线城市消费者的绿色消费状况数据。结果表明，我国消费者已经在一定程度上意识到了绿色消费的重要性，然而绿色消费意愿受到年龄、地理位置、信息来源以及其他因素的影响，年轻消费者群体具有更明显的绿色消费倾向。

目前，近一半的消费者愿意为绿色产品支付不超过 5%的额外费用，这低于绿色产品相对于非绿色产品的溢价。同时由于我国绿色产品的实际溢价均超过了该水平，因此使绿色产品在市场上的优势地位不足。在此基础上,文章提出拓宽商品的营销渠道、创新以旧换新服务和提升绿色品牌等方式来推动消费者的绿色消费行为。

因为消费者的个性会影响人们对环境的态度,因此很难仅根据消费者的个性来预测支付意愿。大多数研究表明,绿色消费与教育水平、收入、消费者对环境的态度以及绿色产品的支付意愿呈正相关,但是由于消费与环境之间缺乏直接联系,使得消费者之间的搭便车行为降低了绿色消费意愿的预期。研究表明,个人的意愿和实际的消费行为之间存在巨大差距,这可能是由于绿色产品的感知质量与较高价格之间的差异所造成的。

尽管购买绿色产品是一种明显的利他行为和有利于环境的行为,但消费者的行为受自身利益和利他行为的驱使。当消费者认为绿色产品仅对环境有利而不对自己的使用有所帮助时,其支付意愿将会大大降低。

其三,一些研究还揭示了外部环境与绿色消费之间的关系,其中生产者和商业利益可以创造有利的环境来刺激消费。引入感知市场影响力是为了衡量消费者是否相信他们的行为会影响其他市场参与者的行为,包括其他消费者和公司的行为。

世界银行数据表明,当一个国家的人均 GDP 超过 3000 美元时,绿色消费量就会明显增加,这表明消费者意愿支付在很大程度上代表了一个国家的绿色消费水平。但是,这并不一定意味着绿色消费水平随经济而变化。

绿色产品的实际溢价水平受生产规模、技术和消费者认知度的限制。一旦实际溢价与消费者的支付意愿不同,可能会导致消费者的态度与他们的实际行为之间产生偏差。绿色消费及产品市场的建立和拓展,不仅受到技术和消费者负担能力的限制,而且还可能因客户认知的差异和市场管理失误受到负面影响。

### 三、我国绿色消费旅游行为的影响因素

我国消费者已经意识到绿色消费且大多数人愿意为绿色产品支付低于 5%的溢价。同时,将近一半的受访消费者认为绿色产品的价格过高,产品的实际绿色溢价高于消费者的支付意愿,从而降低了人们对绿色消费的接受度。因此,厂商不仅需要利用先进的产品技术来有效地降低溢价,还需要通过多样性销售方式等提升消费者的支付意愿。

绿色消费意向与年龄呈正相关,因此广告和多样化的销售方法将促进绿色产品的支付意愿。愿意支付低于5%的溢价人群在样本中占最大比例,他们关注该产品是否可以降低日常使用成本。随着支付意愿的不断提高,消费者将越来越意识到绿色产品的品牌,然而由于其质量差于非绿色产品是不愿为其支付“10%以上溢价”的主要原因,因此提高绿色产品质量和推广绿色品牌,是解决我国绿色消费的关键问题。

# 第十章　旅游经济绿色发展案例分析——以广西为例

广西旅游业发展具有很大潜力,并且以特色旅游为主。所谓的特色旅游,就是指以旅游者为对象,创造便利的条件并且提供具有地域特点的商品与服务以支持旅游活动的产业,可见特色旅游具有较强综合性。本章主要做旅游经济绿色发展案例分析——以广西为例。

## 第一节　广西旅游经济的绿色发展现状

广西具有丰富的旅游资源,同时其分布范围也十分广泛,迄今为止,广西已经开发出了超过 400 个旅游景点,其中桂林山水就是一个具有代表性的喀斯特地貌的自然山水风光。与其比较相似的旅游资源还包括河池、百色等地貌景观。北海银滩则是北部湾海滨自然风光的代表之一。作为国家级旅游度假景区,北海银滩有着京族少数民族风情以及美丽的江山半岛,其亚热带海滨风光带是非常迷人的。此外,代表少数民族风土人情的旅游产业在广西也有着十分快速的发展,广西世居的少数民族有 11 个之多,其中壮族居多,此外还有苗族、侗族、瑶族等,这些民族的文化与民俗格局特色,无疑为广西旅游产业贡献了巨大的力量。

为了促进旅游经济的发展,就要求打造自身特色旅游品牌,旅游者能够从中获取特色旅游商品及服务,需要综合六大要素,即游、购、吃、住、行、娱,这些带来综合效益的重要途径,必须要具备自身特色,在市场竞争中取得优势地位。作为广西的特色旅游资源,应结合市场需求的变化,不断优化配置,使特色旅游产品得到发展。由于广西的少数民族具有浓厚的地域风情,其旅游品牌及服务的民族特色十分突出,在世界范围内都具有很高的知名度,这对于广西在国内外旅游市场份额的占有量的保持而言有着十分重要的作用。作为旅游产业,旅游产品、商品及服务的特色就是其生命力。

作为人类审美活动的一种形式,旅游产品的开发如果不以自身特点为出发点,那么就不具备吸引力。根据广西旅游业的发展历史可知,广西旅游产业的源头就是特色旅游。一直以来,“桂林山水甲天下”的美誉吸引着国内外大量游客。自新中国成立起,人们就开始对其旅游资源加以开发利用。

在历史因素的影响下,20 世纪 70 年代初,中央将桂林确定为开放旅游城市。此外,广西其他特色旅游活动与产品的发展也十分迅速。例如邓小平足迹、北海银滩、南宁国际民歌艺术节等,对于广西旅游产业的发展起到了重要的推动作用。尤其是广西壮族自治区党委、人民政府出台了文件《关于加快旅游产业发展,建设旅游大省决定》以及《关于进一步加快广西旅游产业发展的实施方案》之后,广西旅游产业的领导体制与发展思路得到了进一步明确,相关优惠政策相继推出,广西旅游业发展呈现一个迅猛的态势。

2019 年,广西接待海外旅游者人次、旅游外汇收入同比增长皆超过 50%,接待国内游客与收入同比增长幅度也非常高,当年 GDP 中有 8.45% 为旅游业收入。实践表明,广西旅游业依托于自身特色品牌得到不断的发展。再加上西部大开发以及加入 WTO 等两个历史机遇的来临,广西旅游产业发展得到了进一步推动,其自身具备的优势得到充分发挥,具有广西特色的旅游产业的发展速度越来越快,现有的特色产品也得到不断优化,在广西,旅游产业已逐渐成为经济支柱。

根据广西的经济总量,可知旅游业收入占到广西生产总值的很大一部分。特色旅游业在广西的发展潜力非常大,同时有利于拉动第一、第二、第三产业。在国民经济与社会发展中,旅游业的关联带动作用越来越明显,凭借繁荣的旅游产业,相关产业与行业的发展得到了很大的突破。

通常来讲,乘数效应是所有投资具备的特点,然而旅游产业发展的效应则要比平均乘数效应要高。与其他产业相比,旅游业具有很强的综合性,涉及范围十分广泛,有文化、经济、外交等各方面内容,同时还与交通、金融、建筑、科技、教育等行业有着密切的联系,其具有的关联带动作用是非常巨大的。自 20 世纪 90 年代,广西旅游业的发展受益于特色旅游而取得了巨大突破,每年增长速度大约为 25%,相关数据指标在全国各省中也名列前茅。按照现在形势下广西旅游经济的发展,各项指标将会逐一实现,广西旅游资源与特色旅游经济特点也决定了特色旅游将成为经济支柱,对于广西特色经济的形成而言无疑起到了关键作用。

作为发展中国家,就本质而言,现代经济增长就是经济结构的不断转换,在西部大开发进程中,旅游业的开发对于产业结构的优化与调整产生了十分积极的影响。其不仅对区域内经济增长产生了正面作用,东部与区外的消费资金逐渐回流。不可否认,广西经济发展在资金方面存在一定问题,受限于财政收入,国家投入无法满足发展需求,再加上东部市场资金回流受阻,造成广西向东部提供多为低附加值产品或者原材料资源,而回购的产品却具有很高的附加值,而为了吸引流入东部与区外的资金,就可以通过旅游产业来促进综合消费。

## 第二节　广西生态旅游的开发与发展

### 一、广西自然保护区生态旅游开发

在全国生态环境保护大会上,习近平总书记对生态文明的极端重要性做了阐述,为新时代开展生态文明建设提供了理论指导。自然保护区是建设美丽中国、推进生态文明的重要载体,而生态旅游的开发可以满足人民日益增长的优美生态环境的需要。因此,如何在生态文明建设、旅游开发和促进当地发展之间寻找均衡点是我国自然保护区发展的关键所在。

针对这一问题,党的十八大报告提出“保护生态环境必须依靠制度”,明确要求建立反映市场供求和资源稀缺程度,体现生态价值和代际补偿的资源有偿使用制度和生态补偿制度。从现有的研究来看,目前国内外关于自然保护区生态补偿还没有一个公认的定义,生态补偿的概念源于生态经济学,生态学家对生态补偿的研究是以“自然生态系统”为对象的,国外对生态补偿机制的研究主要集中于利益相关者以及补偿标准、补偿条件与补偿方式的确定,对农林生态系统生态效益补偿所进行的研究和实践最多。

近年来,我国开始重视和提出建立生态环境有偿使用制度与补偿机制,国内学者对自然保护区生态补偿的研究始于20世纪70年代的四川青城山管理,主要集中在理论基础、补偿标准、政策法律、补偿原则以及生态补偿的意义等方面,而关于旅游生态补偿的研究并不多见。不过,随着旅游业的发展,对旅游生态补偿的研究逐渐兴起,旅游产业的发展为旅游地提供了市场化的生态补偿途径。

### (一)广西自然保护区生态旅游开发现状

从长期来看,自然保护区生态旅游开发是一项全局性、系统性工程。生态旅游作为一种回归自然、自我参与的旅游活动形式日益受到人们的青睐,具有强大的发展潜力。下面对广西自然保护区生态旅游开发进行具体分析。

#### 1. 自然保护区开展生态旅游的条件和优势

广西地处华南,北回归线横贯全区中部,具有丰富的自然环境资源,是我国较早建设自然保护区和自然保护区较多的省份之一。从开发数量与规模来看,广西生态环境优良并保持在全国前列,生态优势明显,广西于1961年在桂林建立了第一个自然保护区——花坪自然保护区,目前已建立各种类型自然保护区78处,其中国家级22处、省级46处、市县级10处,总面积达1.4万平方公里。在管理上,广西具有比较健全的管理机构和模式,开发类型和主体多元化。保护区类型多样,生物种质资源丰富,珍稀动植物种类较多。78个自然保护区分为四个类型:森林生态47个、野生动物18个、地质遗迹5个、海洋海岸3个、野生植物5个,分别由林业、国土、海洋、环保、农业等部门管理。与此同时,我国国民经济迅速发展,人们对生态环境的消费需求逐步凸显,自然保护区的发展正在经历从“速度规模型”向“质量效益型”的转变。生态环境是广西比较具竞争力、富有魅力的战略资源,吸引了众多旅行家和游客前来旅游体验,得天独厚的资源优势让广西在生态文明建设方面占领了先机。

#### 2. 自然保护区开展生态旅游的效益

广西的生态旅游是依托于自然保护区发展起来的。

一方面,高品位、高吸引力的自然人文生态环境可以满足人们回归自然、享受优美环境的需求,在满足游客回归大自然的精神需求的同时,可以增强人们自觉保护环境的意识,促进生态环境教育,从而更加有益于自然保护事业的发展。生态旅游为生态文明建设提供了有效途径,在自然保护区开展生态旅游,向人民群众开展环境教育,可以提高人民群众保护国土、美化环境的意识,为改善人民文化和物质生活提供广阔的活动场所。

另一方面,森林生态系统类型自然保护区在数量上和面积上占主导地位,规划开发了包括观鸟旅游、自驾车旅游、生态考察、登山探险、攀岩、养生专项旅游等产品,旅游形式也包括了游览、观光、科普、探险、垂钓、田园观光度假等多样化的类型,从而在无形中加大了环境教育和文化保护的力度,促进了生态环境的优化。

自然保护区保存完好的森林是生态系统的核心,是生态系统的第一生产者,同时也是能量流动与物质循环的重要环节,使得保护区内的动植物、微生物与自然环境形成一个和谐的、稳定的生态系统,对于保持水土、涵养水源、调节气候、净化大气和保护野生生物等方面具有很大的生态效益。

广西自然保护区远离城市、工矿开采地,受干扰较小,山区环境条件优越,但由于交通不便等因素,保护区及周边地区经济发展相对滞后,开展生态旅游带来的资金、设施设备和大量的客源,可以促进自然保护区及其居民的经济发展,并提供就业机会。

广西在自然保护区适度开展生态旅游是社会效益、生态效益和经济效益的三赢。环境保护与经济发展并非天然对立,生态区与非生态区具有平等的发展权,自然保护区具有较高的生态旅游价值和科学研究价值,作为自然资源蕴藏的宝库和科学研究的宝地,自然保护区的价值必然会被越来越多的人了解与认识。

3. 自然保护区开展生态旅游面临的困难和问题

中央对经济社会发展的总基调是稳中求进,根本要求是高质量发展。于广西而言,开展生态旅游既要满足促进经济发展,又要实现生态文明建设和满足人民优美生态环境的需要。不可否认的是,虽然广西自然生态禀赋良好,但是在发展过程中也产生了损害生态环境、给人民美好生活带来负效果的"黑色增长"。比如,早期在"抢救性保护"方针的指导下,规划建设的自然保护区发挥了重要作用,但同时也存在范围和功能区划分不科学、不合理的情况,粗放式的旅游开发破坏了保护区内的自然资源和景观,导致环境污染严重和生态系统失衡。加之不同类型的自然保护区管理主体不同,管理体制和方式受限,缺乏全方位的监管,没有健全的环境监测和控制污染的科技手段。如自然保护区生态旅游开发的利益相关者涉及多个方面:当地政府,林业、国土、环保、农业等部门,社区居民,景区经营者,旅游者,社会媒体,金融机构,环境保护组织,专家学者团体等。

对于生态旅游来说,其开发的受益者主要是政府及相关的行政管理部门、开发商、景区经营者和旅游者,然而这些地区将人口密集的村镇以及保护价值较低的耕地、经济林等纳入保护区范围,影响到当地居民的生产生活,当地居民的利益往往被忽略。再者,广西近年经济保持较快发展,要保持“山清水秀生态美”的环境就要强化危机感,环境容量问题已经成为自然保护区开发生态旅游的一块短板。

综上所述,广西自然保护区的生态旅游开发具有良好的生态优势和多元化的旅游产品体系,具有较好的社会、生态和经济效益。需要注意的是,要用绿色发展理念指导生态旅游的开发,建立起一套有效的管理机制和体制,共同奠定生态旅游可持续发展的基础。

### (二)广西自然保护区生态旅游开发的对策建议

在当前生态文明建设的关键期,为了切实推进新时代生态环境保护长效机制的建立,以生态补偿为视角,在对广西自然保护区生态旅游开发现状进行系统分析的基础上,提出兼顾约束与激励的具体机制,不懈致力于推动经济发展和优美生态环境保护协同共进,对自然保护区生态旅游开发提出如下对策和措施。

#### 1. 强化立法约束机制

大明山、十万大山、九万山、海洋山、猫儿山、大瑶山等自然保护区面积大,跨多个行政管理区,条块分割和多头管理严重,各部门之间受职能和利益的约束与驱动,难以形成统一部署和规划。

通过法律法规的硬性约束有利于明确权、责、利之间的关系。具体来说,宏观层面,国家和地方政府已经出台了《中华人民共和国森林法》《中华人民共和国环境保护法》《中华人民共和国旅游法》《中华人民共和国自然保护区条例》等,2010 年国务院将研究制定《生态补偿条例》列入立法计划,新修订的《环境保护法》第三十一条明确规定“国家建立健全生态保护补偿制度”；自治区层面，广西应加强生态补偿立法方面的工作，使补偿工作有法可依，并进一步制定专门的旅游生态补偿办法，为自然保护区开展生态旅游和生态补偿提供必要的政策依据和法律保障。

微观层面，各利益主体在开发过程中应学会用法律武器保护自己的合法利益。与此同时，管理部门应对自然保护区有关情况进行调研，认真学习和深入贯彻习近平生态文明思想和全国生态环境保护大会的精神，在生态旅游开发过程中坚持惠民、利民和为民的原则。旅游生态补偿具有其独特性，地域差异大，应充分进行市场调研，根据不同区域、不同类型的自然保护区、资源的级别，制定相应的补偿方法，实现“精准”补偿，要明确旅游生态补偿的主体（政府、旅游开发商、旅游企业和游客）、客体（当地居民和保护区工作者）及方式，提高管理效率。重视和加强对员工的生态旅游知识培训，充分了解并自觉关心保护区工作，通过旅游从业人员的引导和示范向游客普及生态补偿制度和环境保护意识。

2. 健全多元补偿机制

建立旅游生态补偿机制有利于转变旅游业的发展方式，实现人与自然、人与社会和谐共生，同时也为进一步推进生态文明建设注入强劲动力。广西在生态补偿方面进行了许多有益的探索和试点工作，并取得了一定的成效。有学者认为，生态补偿机制的根本作用是森林生态环境效益价值的实现和循环。还有学者根据对广西猫儿山自然保护区生态补偿标准与补偿方式的调查，研究得出当地居民更倾向于选择现金补偿，多种补偿方式的组合也成为当地农户的重要选择。这些学者根据各自所选案例进行研究，提出自然保护区生态补偿与旅游生态补偿的原则、方式、标准、措施等，这些都为广西自然保护区生态旅游补偿机制的建设提供了研究视角和方法。

旅游生态补偿制度在一定程度上可以缓解旅游开发与生态环境保护之间的矛盾，促进自然保护区的生态保护，实现旅游系统对生态系统的反哺，实现可持续发展。目前广西生态补偿力度薄弱，并且集中于森林、矿产资源开发区，旅游生态补偿尚处于起步阶段，补偿标准低，资金来源渠道和补偿方式单一，支付与管理方式不完善，通过建立生态补偿基金，“集零为整，集中力量办大事”，可以为自然保护区提供资金保障，以使林农真正受益和实现可持续发展。

首先,地方政府是旅游生态补偿的重要主体,因此在制度建设和推行的过程中可以发挥积极作用,根据“谁受益、谁补偿”原则,协调各方的利益关系,设立惩罚性收益机制,对造成生态破坏的企业征收排污费。

其次,除增加财政拨款外,要积极争取国家和自治区以及设区市生态建设基金的支持,积极鼓励社会资金参与生态建设,广泛寻求相关旅游企业、有志于环保事业的人士以及国外非政府组织的捐赠,拓宽基金来源渠道。

最后,可以发起保护“生命之源”的公益活动,组织游客志愿者进行生态旅游、环保旅游,广泛接受社会各界的资助。

3. 实施创新激励机制

自然保护区具有大量有待开发的名胜古迹与旅游资源。根据调研了解到,保护区周边失地社区居民经济收入主要源于青壮年外出打工,村中留守人员年龄偏大,文化程度低,对生态旅游者的利益要求不了解,参与生态旅游的能力有限,矛盾时有发生,不利于保护区的规范化管理。生态旅游作为环境保护和维护当地居民生活的负责任的旅游形式,对周边社区经济发展具有很大的推动作用。因此,一方面,要激发社区居民参与生态旅游的主动性与创造性,如将社区纳入管理区,安排社区居民参与旅游开发,采取一定的激励机制,吸引在外具有丰富的打工、经商或管理经历的青壮年回乡参与生态旅游的开发。结合当地少数民俗风情,积极引导和帮助社区群众合理利用自然资源,发展生态产业,促进社区经济发展。

积极扶持群众发展特色产业,整合林业、农业、水利等部门项目资金,立足资源,因地制宜,大力发展农业生态旅游产业。将保护区各种文化资源转化为产业优势,积极推动基层民族文化传承,打造诸如文化长廊、民族风情园、风情晚会等文化旅游项目,在村里利用已有的戏台等场所,打造实景演出,白天干活,晚上聚会演出,依托文化形成“一村一品”“一区一品”的特色。另一方面,要创新旅游生态环境评价体系,自然保护区环境效益的计量、核算等技术层面的问题决定着旅游生态环境补偿的计算依据和标准,以及如何科学合理分配补偿资金等一系列问题,关系到生态补偿的公平公正。因此,应加快建立科学合理的旅游生态环境评价体系,推动广西自然保护区生态环境评价由定性向定量转变,为广西自然保护区生态旅游的开发与可持续发展提供技术保障。将旅游生态补偿效益列入考核指标,作为旅游规划评审的重要内容,从而促进开发商、经营者及政府在自然保护区旅游开发过程中自觉保护环境,合理利用资源。

4. 完善评估监管机制

广西自然保护区的管理主要依靠各地政府和景区管理部门,部门众多,旅游生态补偿管理效率低下,可以通过建立评估监管来加强管理。

第一,由上级旅游行政部门牵头,协同林业、国土、海洋、环保、农业等部门负责相关的协调管理工作,立足于保护,协同政府、科研机构与自然保护区共同开发,以避免旅游生态补偿工作的实施者与管理者重叠,确保监管的科学性,提高工作效率,加强对旅游生态补偿资金分配使用的监督与考核。

第二,推行网格化管理,实现自然保护区全覆盖。网格化在自然保护区的管理上具有拓展应用的空间,可以用精细化的管理思想、网格化的管理手段、监管分离的管理体制,促进旅游生态补偿制度的实施。推行自动化管理,实现自然保护区全天候覆盖。

第三,加大环保部门的控制力度,针对自然保护区内生态类、生活类、生产类等项目的排放特征与污染程度,实行差异化管理,依托在线监控平台,通过自动监控、监测等手段联合应用,及时监测,及时处理。

第四,提倡善行旅游理念,自然保护区在生态旅游开发中要关注社区居民、景区员工和旅游者的需求。同时,无论是游客、景区开发者或者景区所在的社区居民,都要与自然环境、当地人文风情友善相处,在可持续发展的过程中创造多元价值,让自然保护区得到可持续发展,推动人与自然、社会三方的和谐共处。提高社会旅游生态补偿意识,逐步建立起旅游生态补偿统计信息发布制度,将工作成效纳入地方考核。

## 二、广西生态旅游开发与发展的案例分析

### (一)广西生态旅游深度开发中品质化战略的选择

自联合国教科文组织将 2002 年这一年定为“国际生态旅游年”以来,世界上很多机构都把生态旅游作为协调经济发展与环境保护的最佳

选择,标志着生态旅游进入了一个全面发展的阶段。目前,由于我国雾霾等环境问题极其突出,生态旅游成为新宠,广西壮族自治区紧跟旅游发展趋势,2013 年重点推出“广西休闲养生观光旅游”,试图打造桂林国际旅游胜地、北部湾国际旅游度假区和巴马长寿养生国际旅游区三大国际旅游目的地。

1. 品质旅游与品质化战略

品质旅游是指能带给游客真正体验的高质量地旅游,主要满足的是游客的心理需求,强调的是精神享受。它是诚信旅游,是建立在旅游服务者提供的真诚、热情、细致的服务的基础上的。

品质旅游有两个基本原则:一是行程丰富多彩,包含目的地最有特色的旅游项目,不存在故意的欺骗;二是要合理收费,保证从业人员的收入。品质旅游涵盖了旅游者、旅游产品和旅游服务,强调的是旅游产品、服务方面的高品位、高质量以及旅游者的理性消费。

当前,社会经济发展已从资源时代、产品时代、营销时代进入了品质时代,品质是生产力、文化力、竞争力。在各行各业都讲究品质的时代背景下,广西生态旅游的深度开发需采取品质化战略,走品质旅游路线,实现旅游产品特色化、旅游服务国际化、生态环境优质化的生态旅游发展新格局。

2. 广西生态旅游深度开发的 SWOT 分析

(1)优势分析

资源优势。广西有着得天独厚的自然生态旅游资源和丰富多彩的人文生态旅游资源。广西有侗族的大歌节、百家宴,瑶族的盘王节、晒衣节,壮族的歌圩等民族节庆,也有被吉尼斯评为“世界第一长发村”的黄洛瑶寨、龙脊梯田等少数民族风情与传统文化。

交通区位优势。首先,广西处在中国—东盟 10 国市场的中心位置,是中国与东盟进行旅游合作的重要桥梁和枢纽。其次,2012 年底,广西基本实现高速公路便捷连接各市行政中心、连通周边省和出海出边通道网络化的目标;沿海三港整合形成的广西北部湾港,与 80 多个国家开通国际班轮航线。最后,桂林至北京、武汉、长沙等地的高铁列车开通运行,南宁、柳州、桂林、钦州、北海、防城港的城际高铁也已开通。

产品优势。广西壮族自治区的生态旅游经过近几年的发展,已形成了观光产品、休闲度假产品和体验产品等多元化旅游产品体系。其中观光产品体系包括了山水观光、城市观光、古村落观光、科普考察等产品，休闲度假产品体系有滨海休闲、温泉休闲、乡村休闲、商务休闲、运动休闲产品，体验产品体系则以民俗风情体验为主。

（2）劣势分析

保护力量薄弱，生态旅游开发呈现粗放型发展。广西生态旅游开发存在着粗放开发的问题：其一是该区石灰岩山区的生态旅游环境、喀斯特洞穴旅游等生态旅游资源都很脆弱，生态环境在开发中若遭遇到不可逆的破坏且很难恢复；其二，民众对丰富的历史文化资源的保护意识欠缺，对历史文物古迹的有效保护不足，时常造成破坏性的开发；其三，在少数民族文化资源开发中，民俗文化的同质化和庸俗化的问题日渐显现。比如“药浴”本是红瑶的健身习俗，但被引用到有的旅游景区，则变成以药浴为名的色情服务项目。若不及时转变发展方式，采取有效的保护措施，最终结果只会与发展生态旅游的最初目的背道而驰。

产品结构不合理，生态资源深层次开发不够。根据广西旅游门户网十佳景区评选的100个候选景区资料显示，其中观光旅游产品占62%、休闲产品占28%、度假产品占10%，三大类旅游产品在数量上的比例约为6∶3∶1。在生态旅游开发中，偏重于开发观光型产品，许多有丰富文化内涵或独具地方和民族特色的产品，得不到深层次开发，综合开发利用的水平较低，未形成规模效应。比如目前乡村旅游目的地的旅游业务只能基本满足旅游者的“食、宿”需求，但关于增进乡村旅游体验的“游、购、娱”产品涉及较少，没有开发出适销对路的乡村旅游产品和服务，无法激发旅游者的消费需求。从而，生态旅游产业的带动性不强，相关产业发展程度较低。

产品的初级化导致旅游消费的初级化。当前，对应低层次的旅游供给，大多数游客在生态旅游中享受到的是较低价位的消费水准、较低层次的精神感受、较低档次的旅游服务。随着民众生活水平的提高，我们应当实现旅游服务国际化，通过高品质的旅游服务，引导游客提升旅游消费档次，从传统的旅游观念转变到深度体验型的旅游中来，以此获得更高的心理收获。

（3）机遇分析

国家越来越重视生态建设，十八届三中全会将“美丽中国”作为未来生态文明建设的宏伟目标。这正为进一步打造美丽广西旅游胜地提供了良好的机遇。并且作为西南边境地区，广西享受西部大开发等优惠政策。此外，随着中国与东盟合作范围的扩大，强调加强东盟各成员国在旅游领域的合作，这有利于广西与东盟各国的经济合作往来，促进在更高水平、更深层次上的国际经贸旅游合作。

（4）挑战分析

周边省份及其他周边国家竞争激烈。广西西北与云、贵两省相连，三者在生态旅游资源和旅游产品上存在一定的相似度。北部湾的滨海旅游开发又遇上正在建设国际旅游岛的海南这一强劲对手。同时，东盟国家大多都以旅游业作为其重要的出口产业，越南、泰国等都瞄准了中国的旅游客源市场。

生态旅游有名无实。生态旅游的参与者和发起者大多缺乏对生态旅游本质内涵的了解，有些甚至只是借生态旅游的噱头来推销大众旅游产品，不仅没有产生生态旅游的保护和教育意义，反而出现了过度开发的问题。

### 3. 品质化战略指导下的广西生态旅游深度开发对策

（1）品质化战略的指导思想

在现有生态旅游资源的基础上，重点挖掘其文化底蕴，以旅游产品的文化独特性、深度体验性为吸引力，以优质、诚信服务为保障，以品质为内核，对广西生态旅游进行高端定位与包装。

（2）广西生态旅游品质化战略

广西民族村寨旅游资源开发的高端定位战略选择。以高端定位民族村寨生态旅游开发，在民族产品开发、市场营销、价格等方面围绕高端定位来进行具体实施内容的确定。将目标市场定位在高端消费者，这既能有效管控游客数量，又能促进少数民族文化的保护与传承，使其实现经济、社会、生态环境三大效益最大化。

打造高端的民族村寨生态旅游产品，要以原生态体验项目为核心。而原生态体验项目要以提高文化附加值为重点，增强旅游者的学习教育体验。比如在民族村寨旅游景区中，可以提供专业的原生态体验导游讲解服务，为游客深入讲解民族历史文化与民风民俗，并以当地居民的实景生活的具体再现来增强其原生态体验的真实性、趣味性。这样的产品开发理念将会有效保护民族村寨地区的生态系统的完整性、自然环境的原始性、民族文化的独特性及社区民俗生活的传统性，并提升民族村寨旅游的整体品质，实现旅游产品特色化，达到品质化战略的要求。

广西乡村生态旅游资源开发品质化战略。乡村生态旅游资源的开发要走品质化路线,而在品质化开发中最重要的便是生态环境问题。首先,在交通上要注意路面情况、旅游公交车、旅游解说标识、游步道、特色交通等。其次,改善厕所等生活设施,集中收集和处理生活垃圾,尽量使用燃气、沼气、太阳能灯清洁能源。第三,食宿经营者要严格按照有关规定保证其产品的安全卫生,从而实现生态环境优质化。

在实现生态环境优质化的前提下,完善乡村生态旅游产品,挖掘当地特色,增加体验性项目。以摄影、垂钓、美食等为代表的娱乐休闲体验,比如在有少数民族聚居的乡村举办乡村音乐会,让游客欣赏传统民族音乐。以户外教学为代表的教育体验,如游客在农家“认领”一块田地或若干株植物或动物,在农民的指导下种植养殖,在认领期间,游客可不定期到乡下了解农作物或家禽的成长过程,体会劳动的内涵。

另外还可开展逃脱现实的体验项目,比如生存游戏模拟战、彩弹射击等,让游客逃离城市工作的压力,回归自然,放松身心。紧紧围绕品质化开发路线,以环境卫生为前提,体验型产品为核心,最终要配以优质的服务,通过细致的服务带动旅游消费档次的提升。

广西生态旅游资源综合开发的品质化战略。将森林、山地、湖泊、泉水、滨海等生态旅游资源进行整合,打造多功能的生态旅游产品。以北海市、钦州市和防城港市滨海旅游资源为主,打造北部湾国际滨海度假品牌,充分利用北部湾同时拥有“山、海、边”的优势,将滨海度假游与边境跨国游相结合;以桂林山水为资源核心,深入挖掘中国抗战文化、明代藩王文化(靖江王府)、史前人类文化、古代军事水利文化(兴安灵渠)、摩崖石刻(独秀峰、芦笛岩等)和山水诗词文化等文化旅游资源,通过整合各类精华旅游资源,创新与提升桂林山水观光旅游产品,充实桂林山水的文化底蕴,进一步加强桂林山水旅游的形象策划与推广,打造一个最佳旅游目的地、幸福感指数高的国际休闲旅游城市;将桂西地区的旅游资源和景区进行整合,打造成为中国第一条世界级的集休闲、观光、红色旅游为一体的养生旅游线路。重点打造巴马长寿养生国际旅游区,以巴马为重点,依托自然环境、长寿生态、民族风情等优势资源,将巴马周边的红水河流域打造成为以养生度假、生态休闲、文化体验为主体功能的国家生态旅游基地。

完善生态旅游基础设施,保障广西生态旅游品质化战略的实施。政府和相关旅游部门要抓好旅游发展规划编制、市场监管、人才培养、宣传促销和基础设施建设等方面的工作，将生态旅游规划落到实处。用科学规划保证生态资源的合理开发，加大资源的保护力度，充分挖掘当地特色风格，凸显出其独特的表达形式：从建筑风格、造型到餐饮、娱乐、交通设施，以及标识牌、垃圾桶等景观小品的配套都要与旅游产品品位相当。

完善旅游行业规范，保证广西生态旅游品质化的实现。借鉴国内外发展品质旅游的先进经验，由政府主导，联合高校学者、旅游企业专家、旅游消费者的力量共同构建品质旅游服务标准体系，明确各相关企业、相关人员为旅游消费者提供服务的细则，以及具体的评价标准、监督机制、奖惩措施等内容，从而保障广西生态旅游品质化的真正实现。

### （二）广西柳州市乡村生态旅游资源的现状与保护开发

乡村是重要的经济地域单元，乡村的山、水、林、田、园、民居、生活都可成为乡村旅游的基础。乡村生态旅游是以乡村自然生态环境、独特的农业生产形态、社会生活方式、民俗风情、传统的乡村文化、优美的田园风光和乡村聚落景观等为主要旅游吸引物，进行观光、游览、学习、体验、娱乐、餐饮、购物、学习、休闲度假等形式的旅游活动。

#### 1. 资源优势

##### （1）田园景色诱人、自然生态资源遍布、动植物繁多

田园景观反映的是乡村地方特色资源，田园公园是乡村景观地方特色景观的展示空间。柳州市田园旅游景观众多，全市 1569 个田园旅游景点，田园风光如画，足以打造绿色生态乐园。自然生态资源突出，融水县元宝山国家森林公园最为有名，目前已获国家级 4A 级景区，山体陡峭雄伟，主峰海拔 2101 m，具有雄、奇、险、幽、秀、野的特点，原始森林、珍稀动植物、裸岩、奇峰、飞瀑、溪涧以及佛光、日出、云海、彩虹等构成完整的原始自然风光。在这些自然生态环境中动植物繁多，仅元宝山就有高等植物 302 科，列为第一批中国珍稀濒危植物名录的有 42 种，占全国现有各类保护植物 354 种的 12.2%，占广西现有 114 种的 37.7%，种类之多仅次于云南省的西双版纳；国家一级保护植物冷杉、南方红豆杉、合柱金莲木、伯乐树，二级保护的有香果树、马尾树、华南五针松等 16 种，三级保护的有 22 种。国家一级重点保护动物有鼋、蟒蛇、熊猴和金钱豹 4 种，二级保护的有大鲵、小天鹅、林麝等 45 种。

（2）民族风情资源档次高、民间节庆文化根深怡人

柳州民族风情传统特点在于其全民性、文化性、社交性、季节性及艺术性。壮族的歌、瑶族的舞、苗族的节及侗族的楼桥均是独树一帜。壮族铜鼓、壮锦、“三月三歌节”及壮乡民风民情是壮族文化的代表。“侗族风情看三江”,“苗族风情看融水”,三江县、融水县少数民族风情浓厚,三江县的侗族大歌享誉国内外,民俗民风很具特色；融水县素有“百节之乡”的美誉,其中,民间体育活动 68 个占 9.8%、民间演艺 118 个占 17.1%、庙会及民间集会 103 个占 14.9%、特色服饰 90 个占 13%、民间节庆 152 个占 22%、民俗风情 130 个占 18.8%。

（3）古建众多、古村古建开发价值高

柳州作为历史文化名城,古建资源布点各地,市区如东门城楼、文庙、蟠龙山双塔、开元寺,融安县如旧城骑楼、古码头,柳城县如知青城古街、古廨石城,三江县如程阳风雨桥、八江鼓楼,鹿寨县如中渡古镇、寨沙古镇等。这些古村古建开发价值很高。鼓楼、风雨桥、侗族民居、侗族大歌等艺术闻名于世的三江县拥有中国最完好、数量最多、分布最集中的侗族建筑群,全县境内有侗族风雨桥 109 座,鼓楼 159 座,还有大量的民居建筑。

侗族风雨桥整座建筑不用一钉一铆和其他铁件,皆以质地耐力的杉木凿榫衔接,拔地而起,是侗族建筑中最具特色的民间建筑之一。侗族民居常依山傍水而建,竹楼木屋多建于半山腰,周围群山怀抱,在青山绿水中展示其栏杆样式。侗族鼓楼是侗族人们举行盛大庆典及重要会议的场所,其建筑独具风格,座座高耸于侗寨之中,巍然挺立,飞阁垂檐层层而上呈宝塔形,瓦檐上彩绘或雕塑着山水、花卉、龙凤、飞鸟和古装人物,云腾雾绕,五彩缤纷。

（4）地形类型复杂、水景资源丰富、形质俱佳、景观水平高

柳州境内有喀斯特地貌景观和九万山高山地貌,因此能形成柳江区、柳城县、鹿寨县及融水县部分区域喀斯特石峰峦区,还能形成如广福顶、香炉岭、元宝山等万峰竞翠的连绵山系。所有山体都环绕有清澈碧绿的水体,形质俱佳。柳州的江河、湖池及泉瀑等旅游资源景观水平高,其中以柳江、融江、贝江最为有名,“百里柳江、百里画廊”是柳州的旅游品牌。峡谷多是因河水不断下切而形成的谷坡陡峻,谷底多急流深潭的“U”或“V”的河段,以其雄、奇、险、壮的气势与景色吸引游人。融水县龙门大峡谷、龙贡大峡谷、龙宝大峡谷和龙女沟大峡谷景色都极

具观赏价值；融安县龙虎岭峡谷源于广福顶，峡谷长约 5km，自北向南线状跌落，峡谷高差大，林森竹浓，古树参天，奇石布峡，深涧流水，气势磅礴。

(5)宗教文化底蕴厚重

柳州市宗教建筑资源十分丰富，资源水平及景观质量高，是构成柳州风景文化旅游的重要核心资源类型。如城区沿江有西来寺、孔庙、盘龙庙、灵泉寺等，县域宗教建筑如融水老子山寿星寺、老君洞报恩寺，融安古云娘娘庙，鹿寨县高岩禅寺、雒容关帝庙，柳江区洛满观音禅寺，柳城县的开山寺等。其中柳城县的开山寺香火旺盛，属广西四大名寺之一；柳州文庙是柳州最大的佛寺要地，其建筑规模宏大、雄伟壮丽、金碧辉煌，每年春节期间都在这里举行盛大隆重的祭孔大典，弘扬孔子的儒家思想，激励人们追求真、善、美。

2. 资源劣势

(1)乡村生态旅游资源核心景点分散、开发度低

县级区域景点开发度不高，开发层次比较低。很多景点只有地点名称，没有景点说明，也没有旅游识别系统。农家乐景观质量也不高，多数还在家庭开发阶段，与周边环境不协调，不注重自然景观的保护与融入，整体看层次级别低。

(2)资源保护措施不足、资源破坏严重

一些原本资源水平不错的景点，由于保护不到位，措施不得力，没有人管理，任其破坏。融水县老君洞、刘公岩等景观破坏严重，有专家说"这是苗山的痛"。"水月洞天"为融水古八景之首，却成了柳州少数民族历史文化保护的败笔。丹州古城已有 400 多年历史，是柳州不可多得的历史文化古迹，但保护也不尽如人意：融江中采沙船天天作业，丹滩头下留下条条车轮痕迹，自然绿茵草坪被破坏，卵石场地自然性受毁，河边连体枫杨树无人看管。

(3)旅游线路开发不到位、景点形象宣传策划不足

柳州市以"风情柳州"为概念打造旅游品牌，很切合柳州实际。柳州的核心景点景区在市区，风情旅游点在县域，却没有开发足够的旅游线路，线路跟不上，效益上不去。所以没有全盘的考量，就不可能有全局旅游线路的开发。柳州的旅游景点形象宣传力度不够，很多好景点只能独赏其身，外界不知。

（4）民族风情资源整合不够、民族文化挖掘与展示不力

生态旅游是一种高品位的旅游活动，它以回归大自然、追求原汁原味的自然情调和文化节享受为目的。柳州北部三县，苗、侗、瑶风情浓郁，文化底蕴深。但从资源整合和文化挖掘看，各县还停留在原来的开发水平，没有大的提升。对已破坏的人文景观无法采取有力措施加以保护，民族文化集中展示措施不明，民族风情在城里体验不到，特色民族旅游线路整合不足，自驾游开发层次不高。

3. 乡村生态旅游资源保护开发对策

（1）正确处理旅游资源保护与开发的关系

当前，我国旅游资源开发方面存在的主要问题是盲目粗放式开发加重了资源供需失衡。资源开发从人文景观资源转向自然生态资源，资源的保护与开发就成为一对难解的矛盾。在旅游资源保护与开发的过程中，要把握"度"，过分开发，破坏环境，会造成不可持续发展，过分保护，资源就不可能产生效益。这个"度"，应该是有限开发、充分保护。

（2）整合景点，定位资源开发

旅游市场定位十分重要，柳州市资源定位以城市圈旅游开发为主体，县城旅游资源开发为辐射，共同构建柳州旅游核心区，形成资源品牌。客源市场以稳定地方市场，开发区内市场，扩展南方市场，步向全国市场。在市场造势上，着力推进特色风情资源开发，融入东盟，逐步影响海内外。

（3）提升群众参与意识，严格资源保护

生态资源与一般资源不同，它是不可再生、不可逆的。无论是山林还是水体都存在这个问题。为了使生态资源得到持续利用，生态旅游的对象应该受到良好的保护。为了更好地保护生态旅游资源，必须提升群众参与意识，只有当地群众的参与，才能把破坏资源的力量转变为保护资源的力量。

旅游业可持续发展的本质是保护环境资源和文化的完整性。由此，乡村旅游资源保护就是要保护乡村景观的完整性。柳州片区生态旅游资源的保护采用分级分区的措施进行，将宗教旅游资源划为核心保护区，作为保护的重点对象；将县域苗家水寨、民族建筑、水体部分的线状带划定为缓冲区，作为次重点保护对象；将农业观光部分以及奇峰怪石、群峰竞秀处划为过渡区，作为三级保护对象。分层分级管理，严格执

行资源保护。

（4）加大旅游产品宣传力度，设计特色旅游线路

旅游宣传是旅游开发中的一个重要因素，对旅游发展具有重要影响。旅游形象策划要立足于经营者的现实条件，按照形象定位的目标市场和传播要求来进行，媒体策略需要特殊品质的可视的标志性成果（建筑、环境、文化等）才能强化。柳州市近来通过文庙祭典、开元寺报道、百里柳江打造、水上活动竞技、三江景点建设等报道宣传，形成强势媒体广告效果，就是一种时代性策略。

旅游项目设计是旅游规划核心内容之一。柳州市县域景点分散，自发性旅游者比较多，点、线、面式的旅游框架并未得到很好的构建。为此，应设计特色旅游线路，将融安、融水建设成线状旅游区，将柳城建设成环式旅游区，将三江建设成点面结合的旅游景区，从而整合各县资源，建设四县综合生态旅游大区。同时要花大力气规划设计区域内自驾游线路，联结客源地与旅游地（旅游景区、旅游景点）的线状连续空间，充分体现线路特色。

（5）塑造村民内在文化素质，突出地方资源特色

少数民族人民是热情好客的，每个城市、每个乡村都有其历史文化的积淀，这也是一种有深度有内涵的旅游资源，为更好地开发生态旅游，应塑造村民内在的文化素质，展示当地民族独有的好客礼节，突出广西少数民族特色，如包括柳州苗族、侗族的民居要体现的民居风格，突出少数民族建筑色彩鲜明、古朴淳厚的风采；民族服饰要在保留原始样式的基础上有所改进；要挖掘和改进传统名菜，打造当地特有的饮食文化；传承当地民俗、民风及纯朴的生活习惯，给游客展示更全面的广西柳州风情。

（6）加强民族村寨与新农村建设相结合

为了搞活乡村生态旅游，应加大资金投入，加强民族村寨建设与社会主义新农村建设相结合，全面提升民族村寨的生态环境和经济实力。各县筛选出有一定条件的村寨作为重点建设村寨，从技术指导、资金投入、方案规划、项目实施给予支持。对于已建设好的民族村寨，要进一步加强后续建设的完善，保证其先进性和示范性。充分利用现有风景资源和良好的旅游开发条件，通过旅游规划和项目选择，设计景区的人文环境，使景区成为最适人居环境，全面展示民族村寨特色旅游文化。

（7）确立硬件建设一体化的意识

实施硬件建设的一体化，一要突出特色意识，将已变成臭水沟的城市河道改造成环境优美、休闲观光皆相宜的旅游景观——景观河；二要突出环境意识，提高全民素质教育，加大乡村设施建设，做到“绿树连荫”“处处是景观”，乡村向园林化方向发展，村民居住区向旅游景区演进；三是突出文化意识，倡导多种形式的村民文化活动，创建博物馆，修缮民族风情街区和文物古迹；四是突出可识别性，一个乡村，要在宏观的尺度上给人以一种独特的感觉。

柳州丰富的人文资源和地方特色浓郁的民族文化，是“风情柳州”独特的蕴含。为了更好地构建良好的生态人居环境，展示柳州山水地貌，挖掘民族文化内容，彰显地域文化色彩和自然景观特质，找准风情景物转化为经济要素的流程，为风情柳州旅游建设打下坚实基础，必须全面了解乡村生态旅游资源，合理保护与开发，才能健康发展当地旅游业，提升地方的经济水平。

### （三）广西梧州茶产地茶文化生态旅游开发与生态保护

生态旅游正逐渐成为现代旅游业的发展趋势，如何将茶产地的茶旅游资源与生态保护结合在一起，形成茶产地生态旅游的可持续发展，已经成为我国诸多茶叶产地旅游开发中必须认真思考的问题。

#### 1. 茶产地生态旅游开发的意义

茶产地结合茶旅游资源开发与生态保护的可持续性发展，对当地经济与生态的可持续性发展具有极为重要的意义。

首先，茶产地茶文化生态旅游开发能够带动当地经济发展，成为茶产地经济发展的龙头。茶文化生态旅游能将旅游、购物、餐饮、茶文化等内容结合在一起，形成以茶文化消费为核心的茶旅游业。茶产地生态旅游是激活茶产地茶叶相关行业发展的重要契机，是当地经济发展新的增长点。同时茶产地生态旅游能够增加茶农经济收入，为茶产地的剩余劳动力提供大量工作岗位，解决茶产地农村发展中的问题。而传统的茶产业、茶文化、茶消费也会随着茶旅游的发展获得新的生命力，并能将传统茶产品转化为茶旅游商品，在旅游消费流通领域实现茶业新的商品价值，有利于形成茶产地商品的系统性开发。

其次，茶产地茶生态旅游是实现旅游环境可持续性发展的重要途径。茶产地极度依赖自然生态环境,而可持续性的生态旅游为茶产地茶品的质量予以保障。在一定程度上,茶生态旅游协同了环境保护与经济效益之间的矛盾关系,让茶叶资源、茶产地环境在旅游活动中保持其应有的品质,让茶产地得以持续地利用和开发,同时茶产地生态旅游也能够促进其他旅游资源的保护和开发,实现旅游资源的共同发展。

最后,茶产地茶生态旅游是对茶产地宣传最好的名片。茶产地多为山区或者偏远地区,交通、宣传途径匮乏,而生态旅游的发展能为该地区树立较好的旅游形象和口碑。

2. 梧州茶产地茶旅游资源

(1)梧州自然环境优越,茶文化历史悠久

广西梧州处于北回归线,无论是在气候、气温、湿度、日照、海拔等各个方面非常适宜六堡茶在当地的种植,而这种客观自然环境也让六堡茶成为广西梧州最具特色的本土文化品牌,在海内外都具有极高的影响力和知名度。同时,梧州六堡茶自古以来就是中国名茶,其“中国红”色彩及槟榔香味自古以来受到文人雅士的欣赏,并在清朝成为御贡,至今梧州及梧州六堡茶是国内外学者公认的最具地方性、文化性、特殊性文化符号。

梧州独有的以六堡茶为核心的特色文化囊括了饮茶、美食、茶艺、茶具等内容,也逐渐引导着游客慕名而来。除此之外,梧州茶园面积约为2900km2,茶园风景优美,其中六堡茶原产地“六堡”“狮寨”两镇正在旧茶园经济的基础上,开发茶旅游资源,正逐渐地形成集采茶、制茶、品茶、购茶为一体的体验式旅游基地。

(2)梧州具有独特的生态资源和人文资源

梧州不仅具有丰富的茶资源及茶旅游资源,而且还具有特殊的自然生态旅游资源,如石表山风景区、沧海自然湿地、天龙顶山、白云山、蝴蝶谷、大爽河、仙人湖等景点,同时梧州还有包含岭南文化底蕴的人文旅游资源,如龙母庙、龙灯古镇、双塔等。

综上所述,广西梧州具备了以茶产地为基础,开发茶生态旅游的自然资源及文化资源,而且这些资源数量多、文化内涵深、体验性较强,具有极大的开发价值,梧州依托丰富的六堡茶产地及六堡茶文化资源,可以开发出参与性、特殊性的茶旅游内容,打造适合梧州特点的生态茶旅游品牌。

3. 梧州茶产地茶旅游开发及生态保护现状

（1）缺乏茶旅游资源开发与生态保护协同发展意识，缺少资源开发与生态保护的长期规划

思想认识是茶旅游资源开发与生态保护的先导，但梧州在长期发展中，尚未形成对茶产地、茶叶、茶文化、旅游生态保护的统一认识。梧州茶产地旅游资源开发和生态保护发展缺乏科学的规划，没有形成对可持续性茶生态旅游标准化、操作性的评价及监督措施。过分强调经济效益，忽视生态环境的保护。同时部分茶产地对茶旅游资源开发和生态保护没有相应机构进行管理，资源开发和环保的政策难以落实。

（2）梧州目前茶旅游开发及生态保护的一体化发展较为缓慢，缺乏资源的协作机制

梧州拥有丰富的茶资源、自然资源、文化资源，但是至今大都各自为战，缺乏统一合作机制，甚至在发展中存在厚此薄彼的行为，导致在旅游和茶产业中难以形成现代性的体验旅游、文化旅游、休闲旅游资源的开发。在旅游宣传、茶业宣传的同时，没能利用茶生态、茶产区特色，无法真正形成“大旅游”模式。没有形成开发与保护一体化发展的思路，没有从长远可持续性考虑，对文化资源、生态环境进行适当保护，造成茶产地、茶景区等地周污染严重，一定程度上影响了其生态旅游的发展。

（3）梧州茶产地茶旅游缺乏配套基础和管理人才

由于广西梧州茶产地茶旅游与生态保护的起步时间较晚，整个生态旅游业基础薄弱。部分产茶区的财力拮据，出现了茶旅游与生态保护的基础设施和机构发展的不平衡，配套设施落后或不完善，影响了游客对梧州茶产地体验的兴趣，不利于梧州茶旅游开发和生态环境的保护。部分茶产地对茶旅游开发及生态保护缺乏相关专业人才的管理。长期实行着茶农管茶园、政府管环境的生态发展模式，导致整个茶生态旅游缺乏茶生产、宣传、经营、环保的专业人才，即使在梧州当地也缺乏对茶资源开发、保护的专业教育，这导致了梧州茶产地茶旅游与生态保护的自发性及无序性的发展，难以形成正面的市场形象。

4. 梧州茶旅游开发与生态保护协同发展策略

（1）以政府引导，树立茶产地茶旅游资源与生态环境开发保护意识

政府对梧州茶产地茶旅游开发和生态保护的引导时，一方面要对梧

州茶产地、茶文化、茶旅游资源进行宏观的规划，论证其发展的方向和目标，进行茶产地旅游开发和生态保护的评价及分析体制。另一方面，在茶产地旅游资源开发和中的生态保护活动，予以政策倾斜、资金支持，并从微观上探索生态保护和资源开发的资金筹措方式，对梧州茶产地、六堡茶进行适当的宣传，吸引专业人才加入资源开发和生态保护的工作中。

（2）将茶产地旅游资源特点与环境监测管理结合在一起，形成绿色茶旅游

在茶产地进行茶旅游资源的开发中，必须将茶叶资源的环境敏感性考虑在内，树立起茶叶产地生态保护的主要思想，对茶产地出入人员，包括从业人员、游客等要进行茶叶生态保护宣传或教育，切实地把茶产地生态环境的保护视作当地茶生态旅游的形象和命脉。在茶产地茶旅游景区应该减少或禁止宾馆、饭店、洗浴、公路等设施，甚至对生态环境极度敏感区域限制游客日访问量，同时强化茶产地茶自然资源的丰富，减少人造设施或景观的过度增加，以防破坏茶产地自然环境的完整性。同时，为了达到梧州茶产地茶旅游及生态环境的良性循环，必须以科学积极的态度创建生态预警机构及检测体系，对已经开展的茶旅游开发必须按时、按量进行后续的环境生态评价，并根据大气、水土、噪声等污染物标准，对茶产地游客进行合理的、科学的控制，以防超过其最大承载量。

（3）坚持树立绿色旅游品牌，以品牌茶产地、品牌茶旅游资源树立旅游开发和生态保护的典型形象

在茶产地茶旅游资源开发过程中，梧州茶产地对梧州六堡茶的整体品牌设计，对具有代表性的六堡镇茶园的风光、风格、历史、交通等实际内容的宣传，如苍梧茶团队曾多次参加广州茶文化节、茶文化博览会，这不仅能够让茶旅游资源的开发更具有深层次的文化特征，从而吸引外来游客，而且也能让本地的茶产业、茶产地从业人员或市民提高对优秀文化旅游资源的重视，自觉维护当地的绿色形象，从而促进旅游与生态的协同发展。

除此之外，茶产地旅游开发不仅要在茶旅游资源上树立绿色品牌意识，更要做茶旅游配套设施，将绿色生态旅游理念全方位地融于茶旅游资源开发体系中，如在茶旅游资源中可使用绿色交通设施、绿色回收服务等代表性的措施，提高自身知名度。

随着经济发展和旅游业的变革，茶产地的茶旅游资源开发不能仅仅关注经济效益，而要在结合当地茶资源及生态环境实际情况对生态系统进行切实的保护。作为我国岭南地区著名的茶产地，梧州不能过度关注茶旅游资源的开发，而在自身发展现状基础上，采取多种措施保护茶产地资源，才能实现茶旅游资源开发与生态保护的协同发展，真正建立茶产地茶文化生态旅游模式，实现绿色可持续发展。

### （四）广西北海老城文化生态旅游开发

文化是旅游最具魅力的卖点，文化旅游也因其独具的民俗底蕴和特有的文化氛围而受到广大游客的普遍欢迎。广西北海，作为国家历史文化名城，应当深入挖掘老城文化生态旅游资源潜力，打造出与有“天下第一滩”之美誉的北海银滩齐名的文化生态旅游品牌。

#### 1. 北海老城文化生态旅游发展理念

广西北海老城是一处集海上丝路文化、疍家文化、南珠文化、港口商埠文化于一体的历史文化遗产。它的文化生态旅游发展的目标很明确，就是通过发展旅游，重拾北海的传统文化、海洋文化、外来文化，让当地居民重新认识本土文化的价值和意义，使很多传统习俗再度回到人们的生活之中，激发当地居民的自尊心和自信心，唤醒他们保护本土文化的意识；同时，还要把滨海城市历史文化生态系统确立为旅游对象，既要满足旅游者的精神需求，又要减少对旅游目的地文化发展进程影响，将生态旅游理念贯穿于整个旅游系统，并指导其建设成可持续发展的历史文化生态旅游。

北海老城历史文化生态旅游应以和谐发展观为指导思想，深入挖掘当地的传统文化，充分调动当地居民的积极性，建立完善的管理机构和管理体制，从系统和整体的观念出发，进行资源的优化整合和整体开发，打造具有较高知名度和美誉度的文化生态旅游景区，形成品牌效应。

文化生态旅游是一种超越于其他旅游形式的更高层次的体验旅游。它需要保护历史文物和文化遗产，又需要提高社区居民的素质，弘扬地方文化。因此，北海老城文化生态旅游必须坚持“严格保护、适度开发、传承文化、永续利用”的可持续发展理念。

历史文化生态旅游最大的卖点，就是保护完整的原生态文化载体及其活的文化。这就需要我们保护中西合璧的骑楼建筑和文物古迹,保护滨海城市的传统文化,保持滨海居民淳朴浓郁的民风民俗。唯有如此,才能实现老城文化生态旅游的价值和功能,保证旅游资源的可持续利用。

2. 北海老城文化生态旅游发展要素解析

世界旅游组织定义文化旅游为"人们想了解彼此的生活和思想时所发生的旅行"。具体来说,是指通过某些具体的载体或表达方式,提供机会让游客鉴赏、体验和感受旅游的地方文化的深厚内涵,从而丰富其旅游体验的活动。北海老城文化生态旅游发展,就是在一定区域范围直接参与旅游活动的各发展要素相互依托、相互制约而形成的一个开放的有机整体,这些要素相互影响、相互制约,形成一种合力,引领整个文化生态旅游系统的发展变化。

(1)文化:北海老城文化生态旅游发展的基础和依托

旅游业本身就是生产文化、经营文化、销售文化的产业;旅游者的旅游活动则是在消费文化、享受文化、购买文化。特色是旅游之魂,文化是特色之基,感受文化差异、体验文化以及探索文化,是旅游者永远的动机。关于文化,可从静态与动态两个层面来考察。

静态的文化通常理解为文化积淀,表现为一个目的地的地方文化、传统文化、民俗文化等。旅游开发的任务就是通过对历史文化资源的深入发掘和优化整合,打造出富有特色的文化旅游项目和产品。

动态的文化就是文化体现,如老城人常年开花的庭院、从容优雅的日常起居、淡泊名利的生活态度以及有着中西多元文化特点的社区民俗活动等,这些都是老城具有独特魅力的文化体现。

北海老城的"卖点",就在于它是一座"活着的原生态的老城"。北海老城遗留下来的是一个相对完整的岭南骑楼融合西洋建筑特色的历史城区,文化底蕴厚重,是中国岭南规模最大、保存最完好的骑楼街区之一。其中的珠海路有"百年西洋街""近现代建筑年鉴"之称。北海老城蕴含着北海作为一个古老的"海上丝绸之路"始发港之一和具有近百年半殖民地历史的港口城市的地方文化精髓,印刻着北海发展的足迹,凝固着中西通商的记忆,她珍贵的历史文化资源,使其成为北海老城发展文化生态旅游的基础和依托。

这些年来,北海老城周边环境发生了很大的变化,尤其是北面,原有的疍家文化载体已荡然无存。缺乏文化保护理念的城市发展，实际上正在迅速抹杀北海老城的文化特色，淡化了有北海特色的人文精神。对传统文化的“物化”工作，尤其是对活文化的保护不容忽视。文化是一种无形的东西，文化生态旅游的核心任务，就是将客源市场对北海老城的认识中尚未有具体形态表示物的部分以物质的形式表现出来。

文化是旅游发展的灵魂，北海老城文化生态旅游发展的基点就在于对老城文脉的解读与营造。因此，我们应该深入挖掘老城珍贵的历史文化资源，延续历史文脉，策划亮点，增强北海老城文化表现力度，激发其旅游价值，提升竞争力。

（2）社区：营造北海老城文化生态旅游体验的场景

旅游者追求的往往不是单纯的一景一物，而是去“真实”的文化场景中寻求一种精神上的体验，这正是许多深圳人不看深圳的“锦绣中华”而不远千里去北京西藏等地亲历的原因。从某种意义上来讲，北海老城的文化生态旅游就是一个社区产业，社区的自然和人文资源奠定了老城旅游发展的基础。作为旅游景区的社区，是一个有一定功能关系的生态系统，旅游产品、游客与社区居民、旅游业等构成了这个有一定功能关系的生态系统中的主要成分。它们的比例是否协调，关系到系统的健康和稳定。

文化圈的理论认为，一定的种族、民族或区域民众总是在一定的空间范围、场合创造文化，因此，历史文化资源的形成和发展均受特定区域空间地理环境、历史文明时间和社会心理的制约和影响。北海老城是集历史建筑、民族服饰、民族饮食、宗教、民族艺术、民间传说、文化遗迹等于一体的历史文化遗产，既体现了空间尺度，又突出了人文理念，呈现出鲜明的地域性特征。北海老城文化旅游的开发肩负着一项特殊的使命，就是既要带动社区发展，又要打造文化品牌，提升北海旅游的核心竞争力。

文化旅游是一种休闲服务产业，社区则正是游客体验休闲与快乐的场景。由于社区居民对景区开发的影响感受最深，同时社区居民本身也是构成游客文化体验的必要成分，因此，社区居民在旅游场景的构建与营造方面应该有积极的作为。例如，在景区管理者的规范引导下，社区居民可以投入具体的旅游经营活动中。旅游时段，社区居民参与各种各样的文化旅游活动；非旅游时段，社区居民则各安其所，悠闲生活。作为社区旅游吸引物总体中的一部分，当地居民既要过日常生活，又要作为社区展示的一部分。

社区是文化旅游的时空载体,旅游是社区发展的有效途径。如何解决好社区和景区之间的冲突与矛盾呢?

首先,要引导社区参与到旅游地规划、决策和管理中来,充分调动居民的积极性,为景区的发展献计献策。引导当地居民参与,能有效减少居民对旅游发展的反感情绪和冲突。

其次,强化社区文化旅游体验的视觉识别系统。游客对景区的认识和了解主要来自视觉。因此,管理者必须完善社区的旅游标识系统,在视觉上营造一种厚重和谐的历史文化氛围。

最后,要突出社区的历史文化特性和滨海休闲特性。旅游业的收益来自游客,游客关心的是自然和文化旅游资源及娱乐设施等旅游吸引物和旅游服务,因此,要规划恢复老城北面海滨疍家棚等疍族文化载体,强化和深化滨海文化旅游功能,把老城社区居民的生活要素等人文色彩注入自然景观的内涵之中,拓展文化旅游体验的广度和深度。

(3)旅游产品:北海老城文化生态产业发展的有效途径

旅游是北海老城文化生态资源产业化运作的最有效途径之一。北海老城承载着丰富厚重的精神和文化内涵,具有审美、休闲及教育等多种社会功能。借助旅游业的发展,促进老城与外界的联系,将老城原生态特色文化推向世界,将资源优势转化为产业优势,强化老城历史文化资源的旅游吸引功能,才能有效地保护和弘扬地方文化,发展区域经济。

为了使北海老城丰富的文化旅游资源让公众感知、了解,从而吸引他们,这就要求旅游开发与经营者针对目标市场进行准确的文化生态旅游形象定位,开发具有鲜明地域特色和文化内涵的文化生态旅游产品,并制定相应的营销策略,开展相应的营销活动。当然,这种旅游产品的主题只有与北海老城的文脉相通,才能强化和提升北海老城的历史文化特色,增强景区的核心竞争力。

文化生态旅游的本质是要通过保育和活化历史文化载体,建设生态和谐的文化旅游景区,以还原文化生态旅游场景,释放出独具魅力的地域人文精神。北海老城贯彻修旧如旧、保护和开发相结合等文物修缮原则,努力推进老城区的修复改造,启动旅游商业等文化业态,挖掘老城传统的饮食、娱乐、购物等民间文化活动,举办了一系列的文化活动,但老城的精神还是没有提炼体现出来。

首先，外观上的修复也不能代表文化内涵的修复；

其次，一些迎合当地休闲者的娱乐性设施与老城的文脉也不甚吻合，一些与文脉不搭调的节庆活动也出现了“星多月不明”的负面效应。

因此，只有深入发掘无形的精神旅游资源，拓宽旅游的内容，充分利用现代技术手段立体展示，为有形的物质载体创造出一种新的附加值，让海内外游客感受到原汁原味的北海老城，感受到老城昔日的风采及老城所代表的北海人的开放精神和魅力，才是北海老城文化生态旅游打造的核心内容。

（4）经济：北海老城文化生态旅游可持续发展的动力和保障

旅游业是以经济为基础，以文化为主导的产业，其存在和发展的核心动力源于经济利益的驱动。在旅游经济开发中，文化生态旅游的目的主要有两个：一是为满足旅游者对文化的审美要求以及实现社会与生态环境永续发展；二是要获得显著的经济效益和社会效益，实现经济社会的永续发展。

旅游业获取经济利益的目的，决定了北海老城文化生态旅游开发是可以为北海旅游发展和社区居民提高生活水平做出贡献的，如开发中的市政管线和道路的改造、建筑维修和改造、老城整治和改造、旅游设施建设、旅游商品开发和商业配置等，从而在客观上赋予了文化生态旅游担负着一定的“恢复”老城繁荣的任务。

文化生态旅游的重要性体现在两个方面：一是文化生态旅游的游客规模在逐渐增加，文化生态旅游所带来的收入占了旅游收入的一大部分。二是发展文化生态旅游成为许多城市和区域的发展战略。

传统文化必须与市场相结合才有出路。北海老城也只有通过对历史文化资源的开发，带动旅游业的发展，积累文化资本，打造旅游品牌，促进旅游经济发展，才能实现对老城文化生态资源的最有效保护。就像云南大理的崇圣寺三塔，通过兴办旅游经济实体，获得了较好的经济效益，实现了以旅游经济促文化资源保护的良性循环。

3. 北海老城文化生态旅游资源发展模式选择

历史文化生态资源必须经过开发才能成为旅游吸引物，因此，对北海现存的文化生态资源及其周边环境进行修复改造和旅游经济开发，已成无法回避的事实。由此引出的问题的关键，就是在开发的过程中，如何立足现有资源、基础和潜力，从历史文化生态旅游资源特色的角度选择既符合科学发展的规律又能促进北海文化生态旅游永续发展的模式。

对于文化生态资源的旅游开发模式,人们很容易走入两个极端:

一是单纯保护的模式,强调为保护而保护。这种模式没有找到文化生态资源保护与旅游经济增长和谐共存的方法,视两者为对立关系,是一种消极的发展模式。历史文化生态资源是文化载体、文化媒介,更是人类的历史记忆现场、情感空间和精神殿堂。保护文化生态资源是为了更好地开发利用历史文化,是为了让公众认识、认可、认知遗产,充分发挥其历史、社会、文化、精神等功能。如果搞绝对的封闭式保护,往往会扼杀了历史文化生态资源的自身价值,痛失发展良机。

二是掠夺式开发。由于追求旅游资源的经济利益最大化,不顾社会效益和生态效益,结果是文化失落、环境恶化、旅游者与社区居民关系紧张等,旅游经济失去了永续发展的基础与动力。这种盲目发展模式的教训是极为惨重的。例如,1991 年,北海定位为集观光、度假、商务会议综合型国际度假目的地,投资者的资金争相涌向利润前景看好的某些接待设施,如大批兴建别墅、度假村,而一些低利润的公用项目却缺乏投资,甚至连必要的旅游吸引物和康体休闲设施也没有建设或建设不到位,以致迟迟未能形成旅游接待体系。当时旅游开发的优惠政策被利用于房地产炒卖,以致经济泡沫愈演愈烈,最终泡沫破灭后的北海银滩满目疮痍。

要使文化生态遗产得以保护和传承,必须在利用和发展中寻找出路,通过使它产生明显的经济效益和社会效益,唤起人们对文化生态重要性的认识和觉悟,从而引导和激励人们去保护、传承和弘扬历史文化。我们强调保护,但是不反对开发。消极地保护不可能发挥其真正的功能,唯有在保护的前提下的积极的开发,才能真正实现对文化旅游资源的保护。

北海濒临北部湾,既有旖旎的滨海自然风光,又有富于地方特色的人文风情。北海老城、合浦汉墓、涠洲教堂等文化遗迹的存在,折射出北海传统的本土文化和对外文化交往的历史痕迹,是一种宝贵的自然文化遗产和独一无二的旅游资源。这种带有自然与人文双重特征的文化遗产,是在特定的历史条件综合作用下形成的,具有唯一性、独特性、不可再生性,一旦被破坏,是无法恢复的。1998 年,加拿大蒙特利尔市市长皮埃尔·布尔克到北海参观时,建议北海可向联合国教科文组织申请,将珠海路老街作为世界文化遗产来保护。招商引资有价,文化遗产无价，北海唯有为保护而开发，以开发促保护，形成人文景观与自然景观、生态效益与经济效益的充分结合，才能延续历史，继承文化，提高北海的文化品位。

综上所述，对于北海老城这个城市稀缺的历史文化生态资源，必须将保护意识始终贯穿于发展过程之中，在资源最优化利用的基础上，选择为保护而开发、以开发促保护的发展模式，在保护的前提下进行历史文化生态旅游资源的统筹开发。

### （五）广西桂林生态旅游资源开发

#### 1. 桂林丰富的生态旅游资源

生态旅游资源作为生态旅游活动的主要对象，是发展生态旅游业的前提和基础。生态旅游资源的规模、数量、品牌及特色在一定程度上决定着一个国家或地区生态旅游发展的规模和水平。桂林民族众多，地域辽阔，地理环境复杂多样，再加上历史悠久，孕育了丰富的旅游资源及人文生态旅游资源。

（1）桂林自然资源极其丰富

桂林地质条件复杂多样，山脉纵横，山川秀丽，物产丰富，有的为河流的发源地，形成了许多旖旎的自然风光，是全国自然生态旅游资源规模宏大、数量较多、种类齐全、品位较高的区域。目前，广西自然旅游资源数量占全国的数字统计："国家级自然保护区：广西 15 个，全国 307 个，民族地区占全国的 4.9%；国家级风景名胜区：广西 3 个，全国 187 个，民族地区占全国的 1.6%；国家级森林公园：广西 7 个，全国 660 个，民族地区占全国的 1.1%"。尤其是桂林山水、花坪国家级自然保护区、猫儿山国家级自然保护区，开发和利用其天然的生态旅游资源对桂林经济的发展有着非常重要的意义。

（2）桂林人文生态资源众多

桂林拥有多姿多彩的精神文化财富和传统的物质文化成果，还有众多的名胜古迹和历史文物，孕育了绚丽多彩的人文生态旅游资源。桂林的民俗民居、民族歌舞、民族服饰以及民族文化孕育了桂林的民族风情；还有桂林悠久的历史、璀璨的文化、文物古迹，像印象刘三姐、兴安灵渠等在海内外享有较高的声誉；桂林的美丽风光如阳朔的自然风光；多姿多彩的民族风情及珍贵的文物古迹相结合，形成桂林充满色彩和强烈吸引力的生态旅游景观。

2. 桂林地区开发生态旅游资源的有利形势分析

（1）当今国内外生态旅游蓬勃发展的趋势给桂林地区生态旅游资源开发提供了良好的机遇和社会大环境

生态旅游已成为当今世界发展的潮流，从 1995 年联合国教科文组织环境规划署和世界旅游组织通过了《可持续发展行动计划》，提出了旅游业可持续发展的目标及行动计划，使生态旅游的发展在世界范围内引起重视，形成社会大背景。这种热潮为桂林地区发展生态旅游提供了良好的机遇。如桂林的猫儿山、资源的八角寨、龙胜的龙脊梯田等因发展生态旅游脱贫致富。

（2）桂林地区开发生态旅游资源有利于促进生态旅游的国际、国内大环境的逐步形成

我国从第一个国家级森林公园张家界国家森林公园的建立→首届生态旅游学术研讨会的召开→以湖南张家界和四川九寨沟等为主要生态示范推出的“99 昆明世博会”和“99 生态环境游”活动，同时与世界旅游组织联合召开了“可持续发展及在中国生态旅游市场促销研讨会”，进一步使生态旅游发展达到高潮。为桂林地区生态旅游资源开发提供了良好的机会。

（2）时代的需求为桂林地区发展生态旅游提供了重要契机

随着当今城市的迅速发展，人口急剧增加，环境污染日趋严重，人们对回归自然的愿望也越来越强烈，越来越多的人开始热衷于生态旅游，为桂林地区生态旅游资源的开发提供了好的契机。

3. 桂林地区开发生态旅游资源的不利因素分析

（1）旅游资源的损害与浪费

桂林地区生态旅游资源的粗放开发和盲目的利用，造成许多不可再生的旅游资源的损害与浪费。如政府部门在开发生态旅游资源时，缺乏全面的科学论证、评估与规划，匆忙开发，特别是新旅游区的开发，在缺少必要论证和总体规划的条件下，如果盲目地进行探索式、粗放式开发，就会带来无法弥补的后果。且桂林生态旅游资源的开发和管理相对落后，开发资金不足，基础设施也比较落后。

（2）旅游需求的差异化对桂林地区生态旅游资源的开发提出了更高的要求

现代旅游者大多力求参与性、教育性和实质性的旅游，对旅游目的地的选择日益多元化，旅游者这种多样化的需求对生态旅游资源开发提出了更高的要求。但目前桂林生态旅游产品比较单一，形象也不突出。

4. 对开发桂林地区生态旅游资源的主要建议

（1）政府部门要发挥主导作用

政府部门对生态旅游资源进行科学的规划，并建立相关的评估体系。以“可持续发展”为指导进行统一部署，做好旅游开发与建设的项目审查、规划和协调工作，避免杂乱无章、缺乏统筹考虑的弊病。

对桂林地区生态旅游资源开发需要制定相关的法律法规，用以保护桂林地区生态旅游资源得到永续利用。比如，规定生态旅游的消费模式，征收生态区的生态环境费用，认真执行《环境保护法》《森林法》《风景名胜区管理暂行条例》等。

对桂林地区生态旅游资源开发还要做好环境检测保护工作，要建立科学的生态监测、环境影响评价体系，对资源开发采取预防性、监控性、综合性环保措施。

（2）协调生态旅游的利益相关人员的关系，采取不同措施对生态环境进行管理和监督

对生态旅游区的管理人员（包括景区环境管理的主管部门工作人员和生态旅游企业的高层管理人员），采取邀请生态学专家、旅游专家进行知识培训，来提高他们对生态旅游可持续发展的认识并进行相关监督。

对参与生态旅游活动的游客进行宣传教育，规定他们不得随意破坏旅游区内的一切生物资源和自然景观，并维护旅游区的环境卫生。

对民族地区生态旅游地的当地居民，运用生态旅游教育专栏、广播、电视、相关互动活动等形式进行生态环境保护、当地文化和习俗的保护观念的教育宣传。活动应通俗易懂，以便于当地居民接受。

（3）分阶段稳步推进生态旅游资源的开发，景点设计以原生态为本

在进行生态旅游资源开发时，不要操之过急，也不能随意放任，要分层次、阶段式推进，确保安全、稳步地发展。另外在景点设计上也应保持原始性和真实性，即保持大自然的原始韵味，保护当地的传统文化，旅游接待设施要与当地文化协调，促进人与自然的和谐发展。

### （六）广西西津库区湿地旅游资源开发与保护

湿地是人类持续生存和发展的重要支撑系统，是全球范围内转移的生存空间。在调节气候，涵养水源，净化环境等方面具有十分重要的作用，被称为“地球之肾”，与森林和海洋一起组成地球循环过程中的三大重要生态系统。随着对湿地生态系统生态服务功能及生态价值认识的不断增强，湿地生态系统已经上升为国家或区域层面的生态资产重要组成单元，并在不同层次得到重视。作为自然界最大的物种和基因库，湿地生物资源丰富，同时聚集着大量的珍稀、濒危动植物资源。所以，湿地是人类感受自然和体验、休闲的好去处，具有较高的旅游开发价值。发展湿地旅游业，有利于更好地保护湿地，并促进当地经济的发展。

西津水库为西津电站郁江上游（西津电站—峦城）河段，由 1964 年西津电站建成后蓄水而成，是广西最大的人工淡水湖，汛期水库面积达 150km2。西津库区以西津水库为主体，水域辽阔，湿地旅游资源丰富，具有较高的旅游开发价值。但西津库区作为电站库区，不同于一般的旅游风景区，其自然资源作为旅游载体的同时，还具有发电、航运、防洪、灌溉、保存湿地生物多样性和湿地生态系统等重要功能，必须对其加以保护。因此，西津库区湿地旅游资源开发必须以保护为前提，在保护的前提下，合理开发该库区湿地旅游资源，可以加快当地经济、社会和生态环境的协调发展。

#### 1. 旅游资源特征

旅游区是一个整体的概念，在研究湿地旅游资源时，必须考虑其与周边其他自然和人文旅游资源的组合状况，以充分挖掘其旅游价值。因此，可将库区的其他旅游资源作为湿地旅游资源的外延，把它们综合起来作为一个整体进行研究。研究区湿地旅游资源比较丰富，并与周边自然和人文景观组合成一个种类比较齐全的综合性的旅游景区。景区以水域风光、生物景观、茉莉花、西津电站、地质标准剖面及生物化石点和河旁贝丘遗址最具特色。

（1）水景壮观，自然生态优良

以西津湖为主体的水域辽阔，水景壮观，烟波浩渺，鹰击长空，鱼翔浅底，局部大小岛屿星罗棋布，河汊甚多。水质清澈透明，环境幽雅，自然生态优良，是开展观光旅游、水上娱乐和休闲度假的较佳区域。

（2）生物景观丰富

西津水库是广西仅有的、独特的和多功能的生态系统，生态环境复杂多样，生物资源十分丰富，并聚集着大量的珍稀、濒危动植物资源。西津水库多湖汊和浅水区，水草茂盛，江河鱼类发育；周边山峦起伏，高树参天，灌木蓬松，古藤攀延，野生动物十分丰富，其中鸟类景观最为突出。珍贵动物有属国家一级保护动物蟒蛇（蚺蛇）及二级保护动物的穿山甲、山瑞、蛤蚧等，是开展野生动植物科普教育活动的理想选择。

（3）地文景观典型

地质标准剖面及生物化石点：库区拥有世界著名的地质泥盆纪标准剖面。泥盆系上、中、下统，8 个岩性组，层序完整，露头良好，化石丰富，兼有深水、浅水生物群的特点，腕足类化石数量之丰富，保存之完整，在国内外享有盛誉。泥盆系牙形刺 26 个标准化带，在该剖面就有 18 个，它是华南地区泥盆系过渡型典型剖面之一，具有较高的科研、教学、科普、旅游价值；

岛屿与洞穴：本区岛屿众多，特别是南乡—飞龙一带及莲塘一带库面，大小岛星罗棋布，个别岛屿具有奇特洞穴，是观光、度假、寻幽探险的好去处。

（4）天象景观奇特

西津水库天象景观变幻莫测，云雾瞬息万变，雨景别有情调，日出和落日霞辉壮观奇妙。西津日出是其较具特色的景观之一：日出时分，于宽阔的西津湖上游水面顺流东眺，圆日跃出瞬间，天边、水面一片火红，宏伟的西津电站大坝犹如空中飞虹，连接于水天之间令人陶醉。

（5）古迹与建筑类景观独具魅力

西津水电站：是中国第一座低水头发电站。1958 年动工，1964 年建成投产。电站主要以发电为主，兼有航运、防洪、灌溉、旅游等综合功能，是大、中、小学学生参观考察的理想之地；

承露塔：明朝万历四十二年（1614 年）永淳县知县童时明建造的，清道光二十二年（842 年）重修。塔身呈八角锥形，塔基底宽 24 人合抱，塔高 7 层共 39m。塔基的夹墙内有螺旋式石阶梯可步行至上。塔顶的葫芦形塔尖 1974 年被雷击，崩塌了一小边，但整个塔身完好无损，古风犹存；

贝丘遗址：贝丘遗址是以富含古代人类食余抛弃的贝壳为特征的一种文化遗产，其具有丰富的文化内涵。广西是贝丘遗址的家乡，贝丘遗址是广西保存最好，也是内容最丰富的原始文化遗址，研究广西的原始文化绝离不开对贝丘遗址的研究。本区贝丘遗址主要见于西津和平朗河边，属河旁贝丘遗址，以淡水螺蛳蚌壳堆积为特征，具有一定的地域性。

（6）土特产品远近闻名

茉莉花：横县以盛产茉莉花著称，享有“中国茉莉花之都”的美誉。茉莉花茶，气味馥郁芬芳，滋味鲜爽甘美，具有降低血压、润燥、生津等作用。游客可通过观花、摘花、品花、食花、购花、浴花等一系列富有茉莉文化韵味的活动，感受花都魅力；

横县鱼生：横县鱼生享有“横县第一刀”的美誉，远近闻名。横县鱼生之所以别具一格是因为其在主料的选择，作料的搭配及刀工、摆设上有着与众不同的地方；

大头菜：盛产于南乡镇。因其特有的土质、气候和水质，产出的大头菜质脆、个大、肉嫩、味香，再加上奇特的制作工艺，使其久负盛名。

2. 旅游资源评价

（1）交通区位条件优越

横县交通区位良好，交通便利。县城距广西首府南宁市相距124km，距沿海经济开发城市北海200km。现有郁江航道、湘桂和黎钦铁路、桂海和南广高速公路、西（津）南（宁）公路和209国道通过境内。西津库区距横县城仅5km，北部六景距广西首府南宁市仅49km。

（2）景观丰富，种类比较齐全

库区旅游资源比较丰富，种类比较齐全。自然景系有水域风光、生物景观、地文景观、天象与气象景观等；人文景观系有古迹与建筑、消闲求知健身和购物等，是一个综合性的旅游景区，尤以水域风光、生物景观、茉莉花、西津电站、地质标准剖面及生物化石点最为突出，具有很好的旅游开发价值。

（3）旅游资源独特性强，市场潜力大

在“返璞归真、回归自然”已成为现代旅游主题的今天，越来越多的成熟旅游者抛弃传统的旅游方式，而追求转换心情、亲近自然的生态旅游。湿地被称为“地球之肾”，是一种独特的旅游资源。

湿地作为自然界最大的物种和基因库，生物资源丰富，自然景观优美，同时还聚集着大量的珍稀、濒危动植物资源。所以，湿地是人类感受自然和体验、休闲的好去处，具有较高的旅游开发价值，适合生态旅游的开发，如休闲度假、观赏娱乐、科学考察及科普教育等旅游活动，是当今世界旅游业发展的热点。

西津水库是广西最大的人工淡水湖，水域规模宏大，湿地旅游资源丰富。西津湿地生态旅游资源的独特性、知识性、趣味性、刺激性能较好地满足旅游者探新求异、回归自然的基本需求。

横县素以“中国茉莉花之都”著称，茉莉花产量居全国之首，茉莉花文化内涵丰富多彩，茉莉花歌曲、文学诗词知名度高，与库区优美山水风光相互融合，旅游资源组合度极高，为全国少有。同时，库区还拥有名扬全国的中国第一座低水头发电站西津水电站、世界著名的地质泥盆纪标准剖面和化石点、具人类古文化丰富内涵的河旁贝丘遗址等独特旅游资源。

(4)临近主要客源市场

库区位于南宁、柳州、来宾、北海、玉林、钦州、贵港等城市所组成的桂东南城市圈的中心地带，都是广西社会经济的发达地区。该地区居民出游率高，消费潜力大，库区旅游客源市场前景广阔。

(5)具有后发优势

目前，西津库区的旅游开发尚处于初始阶段，旅游业基础薄弱。但从辩证的观点来看，后开发景区也有它的优势，即后发优势。西津库区的旅游开发可以借鉴先开发地区成败得失，尽可能减少建设成本和发展代价。西津库区由于旅游开发尚处于初始阶段，旅游资源多未开发利用，基本处于自然状态，因而基本保存了良好的生态环境。这犹如一张白纸，可以描绘最新最美的图画。西津库区完全可以避免重蹈某些景区以牺牲生态环境为代价的覆辙，高度重视和利用好自然资本，走一条旅游开发与生态环境相协调的可持续发展道路。通过发挥后发优势，确定发展思路，选准切入点和突破口，实现旅游经济的跳跃式发展。

### 3. 旅游资源开发与保护设想

湿地是重要的自然生态系统和自然资源，保护湿地资源，维持湿地基本生态过程，是改善生态环境和保障经济社会持续发展的需要，也是当今世界自然保护的重点之一。在保护的基础上，发展湿地旅游业，有利于更好地保护湿地，并促进当地经济社会的发展。西津库区湿地旅游开发必须在充分保护好自然资源的前提下进行，遵照可持续发展理念，把握人与自然和谐,在保护的基础上,发展生态旅游。

（1）保护优先,合理开发

湿地的自然资源作为旅游载体的同时,还具有保存湿地生物多样性和湿地生态系统等重要功能。开发西津库区湿地旅游资源,不能以破坏生态环境为代价来追求旅游效益,必须在规定环境旅客容纳量和绝对保护好核心区的前提下,合理地开发,以促进区域生态环境、经济社会的协调发展。从可持续发展角度看,应把握好人与自然和谐,实现在保护中开发利用,在开发利用中促进保护的良性循环。

（2）发展生态旅游

生态旅游是指旅游者在追求生态体验的同时承担生态责任的一种旅游活动,是与环境保护结合最为紧密的一种旅游形式,已成为当今世界旅游发展的潮流,是21世纪旅游发展的新趋势。西津库区的主体是湿地,生态旅游资源十分丰富,在“返璞归真、回归自然”已成为现代旅游主题的今天,西津库区旅游开发应以生态旅游为主,并通过生态旅游提高与恢复湿地自然环境质量,以获得良好的经济、社会和生态效益。根据库区生态旅游资源的特点,应侧重开发生态观光、寻幽探险、休闲度假、水上娱乐、疗养健身、科学考察、商务会议、科普教育等旅游产品。

（3）重点发展,突出特色

西津库区的旅游开发尚处于初始阶段,宜选择资源最集中、影响最大、最具代表性的区域作为开发的重点,实现生态旅游开发的突破。从库区的旅游资源分布来看,西津湖旅游资源最为集中,最具代表性,且距离横县县城最近,交通较为方便,开发条件较为成熟,应为目前开发的重点,特别是要重点开发西津湖独石湾和西津电站两个景区。特色是生态旅游发展的生命力。西津库区旅游开发应突出水域风光、生物景观、茉莉花文化、西津电站、地质标准剖面及生物化石点和河旁贝丘遗址等特色资源,强化旅游产品特色。

（4）进行功能分区,与社区共建

为了切实做好西津库区湿地资源的保护工作,促进其旅游资源的永续利用,库区旅游的开发必须进行总体规划,从生态学的角度进行功能分区。不同的功能区,在开发上有不同的要求。根据林相、动植物分布及地质地貌等可将保护区分为核心区、缓冲区、外围区。

核心区不能用于旅游,仅供科学研究;缓冲区只允许教学和参观,不允许开展游乐及其他活动;外围区在自然保护的前提下可开展旅游活动，但必须整治垃圾和废物等。同时，生态旅游活动中一个十分重要的因素是当地社区的密切参与，生态旅游要同当地社区发展结合起来。如果离开当地社区发展来孤立地发展生态旅游，其持续发展所需的支撑就十分有限。

生态旅游要持续发展，其项目就必须同村社的利益需求联系，吸引社区参与旅游规划、景区开发建设，旅游规划内容应包含社区旅游，如农家乐、民间文化、乡土风情等。

景区建设让社区群众参与，可以带动当地农民改变传统的生产经营方式，发展特色农业、生态农业，开发无污染优质绿色食品，调整农业产业结构，同时发展第三产业，增加农民收入，最终带动当地群众脱贫致富，从而使当地居民自觉保护库区生态环境，杜绝乱砍、偷猎、滥垦等现象。

（5）实施生态恢复和保护工程

为提高与恢复湿地自然环境质量，实现西津库区湿地生态旅游的可持续发展，可采取一些湿地生态恢复和保护措施，如定期“休鱼”、转变农业结构等，从而改善生态环境，修复生物链，实现生态良性循环。从某种程度而言，旅游是依附环境而发展的。对库区湿地实施生态恢复和保护措施，有利于保持和改善湿地景观，创造良好的旅游大环境，实现湿地旅游业的可持续发展。

电站库区湿地旅游资源丰富独特，具有较高的旅游开发价值。但作为电站库区，不同于一般的旅游风景区，其自然资源作为旅游载体的同时，还具有发电、航运、防洪、灌溉、保护湿地生物多样性和湿地生态系统等重要功能，必须对其加以保护。库区湿地旅游资源开发必须遵照可持续发展理念，以保护为前提，以发展为目标，重点把握人与自然和谐。

西津库区湿地生态旅游资源突出，旅游区位条件优越，并具有后发优势，具较高的旅游开发潜力，宜于开发生态观光、寻幽探险、休闲度假、水上娱乐、疗养健身、科学考察、商务会议、科普教育等旅游产品，发展生态旅游。

## 第三节　广西旅游经济绿色发展的经验总结

### 一、旅游业是广西绿色经济发展模式的核心产业

广西的旅游资源十分丰富,具有较好的发展基础。725千米长的沿边公路及周边地区,风光秀美,旅游资源得天独厚,分布有大新县德天跨国大瀑布、靖西县通灵大峡谷、凭祥市友谊关、东兴市金滩海岸等中外闻名的旅游景点。依托现有的旅游资源,不断开拓新的旅游景点与线路,发展形式多样的旅游业态,把旅游业打造成为广西绿色经济发展模式的核心产业是完全可能的。

### 二、林业和生态农业是广西绿色经济发展模式的基础产业

林业既能直接给居民带来收入,又是保护环境、保护生态的需要,同时还是广西旅游业发展的需要。生态农业集农、林、牧、副、渔于一体,其产品被称为“绿色产品”,对旅游业构成极大支撑。

#### (一)对自然山水特色旅游品牌加以深度优化与开发

根据市场需求的不同,可以推出相应的产品与线路。广西自然山水特色旅游中,桂林山水最为经典。而柳州、河池以及百色一带都具有这种相似的旅游资源。为此,如何对这些资源进行深度开发,实现配置的优化,将主题联系到一起,并与当地民俗相结合,实现新的特色旅游品牌的优化组合成为了一个重要课题。例如,可以串联桂林、河池与柳州,将桂林山水民族风情旅游特色打造出来,并在这条路线中合理设置起点,在附近旅游点对相关产品进行组合配置,将不同的品牌推广出来。以桂林龙脊梯田观光与资源的八角寨为例,可以将二者结合到一起,实现观光探险路线的组合。又比如可以丰富漓江的游览形式,并结合桂林的饮食文化、娱乐以及购物活动,将游客消费综合到一起。如此才能够实现旅游经济的快速、高效发展。

### （二）不断优化与开发民族风情特色旅游品牌

广西少数民族众多，其民风民俗非常浓郁，其中壮族刘三姐歌仙的美誉更是名扬四海。广西目前不仅有“国际民歌节”，其他景点也以不同的主题举办歌节，实现了壮族山歌与观光旅游的结合。在游览享受自然风光的同时，游客还能够对壮族的民俗之美加以欣赏与品位。在民族风情特色旅游品牌得到优化与开发的情况之下，游客综合消费将会提升，旅游经济的发展也受益于此而取得显著突破。为此，必须对此予以高度重视。

### （三）打造边关特色旅游品牌

广西邻近越南，其边境线较长，两国人民在物资往来中，往往会经过一些重要通道，如东兴关、友谊关等。据此，可以依托于友谊关，对中法古战场、古炮台加以深度开发，如金鸡山、万人坟、浦寨关、大连城等。可以将游览主题定为爱国教育，对游客加以吸引。其中龙州县就是一个很好的例子，作为边境城市，市内有法国领事馆这一近代建筑，可以对其进行修复，并向游客提供参观，以此对中法历史与边关近代史有一个了解。可以深度开发龙舟小连城经典，修缮山宝元宫等经典，将道教法事地修复起来，如此可以吸引道教人士与旅游者进行参观。

此外，大新县也是一个边关旅游特色品牌打造的好地点，其在中越两国边境，境边有世界第二大跨国瀑布德天瀑布。为此，可以对瀑布周边旅游景点进行修复，如古桃城遗址、炮台遗址遗迹 53 号界碑等。如此可以将自然景观与边城人文景观联系到一起，提高旅游价值。此外，广西边境大会战工程的完善也是广西旅游经济发展中值得重视的一部分内容，可以将边贸购物游与边关游、民族风情游等结合到一起，促进综合消费。

### （四）加强海滨风光特色旅游品牌建设

广西北部湾的海洋气候十分优越，并且具有得天独厚的银滩，北海可以借此进行国家级度假区建设。其周边岛屿共同形成广西滨海风光黄金旅游带，具体有涠洲岛、防城港的江山半岛以及东兴的京族三岛。

这些资源紧密联系着当地风土人情，可以将饮食、娱乐、文化等方面结合到一起，不断更新主题，打造全新项目，以此来吸引游客。以涠洲岛、斜阳岛为例，应针对自身特色进行不断改进，充分发挥优势，将海上与海底项目进行优化组合，使相关主题的旅游形式得以推出，开展具有特色的旅游活动，如海洋生态游、观光游、海底游等。

为了促进广西旅游经济的发展，必须从政策上加以改进，必须明确广西旅游产业发展目标，充分结合广西实际情况，对旅游发展政策提出有效的完善方案。为了实现这一目标，应注重以下几个方面：

首先，要将产业结构的调整与优化和旅游产业发展结合到一起，使广西特色经济得到有效建设。应调整农业结构，对现有农业特色旅游产品进行优化，使农业旅游、生态旅游得到发展。在工业结构调整中，要对先进技术、设备以及优秀人才加以充分利用，对市场需求有一个充分了解，将与旅游商品挂钩的工业发展起来，充分利用资源。

其次，广西旅游经济发展在很大程度上受到资金的限制，因此必须通过多方途径来实现资金的筹集，使广西旅游经济发展得到资金支持。应结合国家相关优惠政策，采取多形式的资金筹集方法，抓住机遇，对相关旅游产业进行大力建设。

最后，还要对旅游基础设施建设予以高度重视，这是推动广西旅游经济发展的重要途径。其中交通尤为关键，必须加强交通建设，实现现代化交通网络的构建，对现有的交通设施加以完善，做好与周边省份的衔接工作，设置专门的旅游线路，以此来提高旅游服务质量，促进综合消费。

总而言之，新形势下广西旅游经济发展具有巨大的潜力，当然不可否认在发展过程中依然面临诸多挑战与困难。这就需要我们对此展开深入研究，不断提出改进措施，促使旅游产业得到完善，旅游资源得到充分利用，自身具备的优势也得到充分发挥，产品与服务质量得到提升，进而吸引更多的游客，促进旅游综合消费，为推动广西旅游经济的发展提供强有力的支持。

# 参考文献


**著作**

[1] 伍宇峰,等 . 旅游经济 [M]. 北京：北京出版社,1981.

[2] 陈纲 . 旅游经济 [M]. 杭州：浙江人民出版社,1987.

[3] 罗贝尔・朗加尔(Robert Lanquar). 旅游经济 [M]. 董明慧,谭秀兰,译 . 北京：商务印书馆,1998.

[4] 庄志民 . 旅游经济发展的文化空间 [M]. 上海：学林出版社,1999.

[5] 肖晓,黄世礼,等 . 中国西部旅游经济 [M]. 成都：四川辞书出版社,2000.

[6] 李亚非 . 旅游经济 [M]. 北京：中国林业出版社,2001.

[7] 徐飞雄,等 . 现代旅游经济 [M]. 长沙：湖南人民出版社,2003.

[8] 迟景才 . 中国旅游经济探索 [M]. 广州：广东旅游出版社,2004.

[9] 冯学钢 . 上海旅游经济研究 [M]. 上海：立信会计出版社,2004.

[10] 庄志民 . 旅游经济文化研究 [M]. 上海：立信会计出版社,2005.

[11] 贾银忠 . 西南民族地区旅游经济发展研究 [M]. 北京：民族出版社,2007.

[12] 罗明义 . 旅游经济发展与管理 [M]. 昆明：云南大学出版社,2008.

[13] 徐虹,康晓梅,李敏 . 旅游经济学 [M]. 北京：首都经济贸易大学出版社,2008.

[14] 黄羊山 . 新编旅游经济学 [M]. 天津：南开大学出版社,2010.

[15] 潘鸿,李恩 . 生态经济学 [M]. 长春：吉林大学出版社,2010.

[16] 里斯 . 旅游经济学 [M]. 大连：东北财经大学出版社,2011.

[17] 黄国良 . 旅游经济学基础 [M]. 北京：中国旅游出版社,2011.

[18] 唐静 . 生态旅游经济关系和谐发展论 [M]. 北京：中国环境科学

出版社，2011.

[19] 张辉 . 旅游经济学 [M]. 北京：中央广播电视大学出版社，2011.

[20] 朱孔山，高秀英 . 旅游经济学 [M]. 济南：山东人民出版社，2011.

[21] 祝碧青 . 旅游经济学 [M]. 天津：天津大学出版社，2011.

[22] 崔庠 . 旅游经济学原理 [M]. 长春：东北师范大学出版社，2012.

[23] 厉新建 . 旅游经济发展研究——转型中的新思考 [M]. 北京：旅游教育出版社，2012.

[24] 刘涵，刘田 . 旅游经济学 [M]. 北京：对外经济贸易大学出版社，2012.

[25] 刘名俭 . 旅游经济发展方式转变路径研究 [M]. 北京：中国环境科学出版社，2012.

[26] 张哲强 . 绿色经济与绿色发展 [M]. 北京：中国金融出版社，2012.

[27] 刘长英 . 旅游经济学 [M]. 北京：中国财富出版社，2013.

[28] 吕宛青，陈昕 . 旅游经济学 [M]. 天津：南开大学出版社，2013.

[29] 姚雪痕 . 低碳生活 [M]. 上海：上海科学技术文献出版社，2013.

[30] 丁侃，杨文 . 旅游经济学 [M]. 长春：吉林大学出版社，2014.

[31] 周振东 . 旅游经济学第 5 版 [M]. 大连：东北财经大学出版社，2014.

[32] 朱伟 . 旅游经济学 [M]. 武汉：华中科技大学出版社，2015.

[33] 厉新建，张辉 . 旅游经济学原理 [M]. 北京：旅游教育出版社，2016.

[34] 普国安，王静 . 旅游经济学 [M]. 北京：中国旅游出版社，2016.

[35] 田纪鹏 . 世界城市旅游经济结构演进评价与优化研究 [M]. 北京：中国旅游出版社，2016.

[36] 吴季松 . 生态文明建设 [M]. 北京：北京航空航天大学出版社，2016.

[37] 徐虹，秦达郅 . 旅游经济学 [M]. 天津：南开大学出版社，2016.

[38] 关永娟，屈济群 . 旅游经济学 [M]. 延吉：延边大学出版社，2017.

[39] 胡芬，郭清霞．旅游经济绿色发展论 [M]. 中国环境出版社，2017.

[40] 李华敏．“十二五”时期宁波市旅游经济发展研究 [M]. 杭州：浙江大学出版社，2017.

[41] 厉新建，等．短论新见说旅游：旅游经济发展多维探索 [M]. 北京：旅游教育出版社，2017.

[42] 罗明义．旅游经济学（第 2 版）[M]. 北京：北京师范大学出版社，2017.

[43] 温秀．旅游经济学 [M]. 西安：西安交通大学出版社，2017.

[44] 程瑞芳．旅游经济学 [M]. 重庆：重庆大学出版社，2018.

[45] 贾银忠．西南民族地区历史文化与旅游经济发展研究 [M]. 北京：民族出版社，2018.

[46] 吕宛青，李聪媛．旅游经济学 [M]. 沈阳：东北财经大学出版社，2018.

[47] 芮田生，邓思胜．旅游经济学 [M]. 北京：北京理工大学出版社，2018.

[48] 中国旅游研究院 .2017 年中国旅游经济运行分析与 2018 年发展预测 [M]. 北京：中国旅游出版社，2018.

[49] 戴斌．旅游 & 经济 [M]. 北京：旅游教育出版社，2020.

[50] 马海龙．旅游经济学 [M]. 银川：宁夏人民教育出版社，2020.

[51] 张鹏杨，田里．旅游经济增长的低效锁定与路径依赖研究 [M]. 北京：中国旅游出版社，2020.

**期刊**

[52] 陈怀文．大足生态旅游经济的形成与发展 [J]. 世界经济，1993（08）：92-93.

[53] 谭立勤，晏鄂川．西部大开发和生态旅游经济发展 [J]. 山地学报，2001，（007）：38-40.

[54] 张凤，武友德．经济不发达地区开发生态旅游的思考 [J]. 云南师范大学学报（哲学社会科学版），2003，035（Z1）：399-402.

[55] 廖荣华，魏美才．论湘西南生态旅游融入“大桂林”旅游经济圈的依据和对策 [J]. 社会科学家，2004（01）：69-71.

[56] 曹艳英，刘春燕，马润花．我国乡村旅游经济发展的问题与对

策 [J]. 学术交流,2004,( 004 ): 86-89.

[57] 顾筱和,黄郁成 . 试论乡村旅游的经济影响 [J]. 广西社会科学,2006 ( 02 ): 58-61.

[58] 江林茜,张霞 . 乡村旅游经济发展模式初探——以成都农家乐为例 [J]. 求实,2006 ( S1 ): 244-245.

[59] 张轶璐 . 科学发展乡村旅游经济的途径 [J]. 经济地理,2007 ( 05 ): 138-139.

[60] 许峰,吕秋琳,秦晓楠,等 . 真实性视角下乡村旅游经济可持续开发研究 [J]. 旅游科学,2011,25 ( 001 ): 26-34.

[61] 陈谨 . 可持续发展的乡村旅游经济四模式 [J]. 求索,2011( 03 ): 21-23.

[62] 臧英豪 . 发展乡村旅游经济: 现状与建议 [J]. 国际经济合作,2011 ( 04 ): 92-94.

[63] 石惠春,刘鹿,汪宝龙,等 . 兰州市旅游经济与城市生态环境协调发展研究 [J]. 西北师范大学学报( 自然科学版 ),2012 ( 04 ): 108-114.

[64] 张芝敏,陈颖 . 农业生态旅游经济的可持续发展探析 [J]. 农业经济,2012,( 006 ): 56-57.

[65] 韩林平 . 农业生态旅游经济的可持续发展研究 [J]. 农业经济,2013,( 002 ): 29-31.

[66] 杨喜鹏 . 关于生态旅游经济可持续发展问题的研究 [J]. 生态经济,2014,( 001 ): 148-149.

[67] 张众 . 鄂温克族生态旅游经济发展初探 [J]. 黑龙江民族丛刊,2015,( 006 ): 82-86.

[68] 付红丹 . 新型城镇化背景下乡村旅游经济的生态化转型 [J]. 农业经济,2016,( 006 ): 51-52.

[69] 刘思华 . 生态文明“价值中立”的神话应击碎 [J]. 毛泽东邓小平理论研究,2016 ( 09 ): 57-64,92.

[70] 王圣媛 . 走向中美关系新时代——访中国国际经济交流中心总经济师陈文玲 [J]. 中国国情国力,2017 ( 07 ): 62-65.

[71] 程杰晟 . 生态旅游经济管理的重要性和措施探究 [J]. 宏观经济管理,2017 ( S1 ): 20-21.

[72] 杨艳,丁正山,葛军莲,等 . 江苏省乡村旅游信息化与区域旅游

经济耦合协调关系 [J]. 经济地理，2018，38（11）：222-227.

[73] 方东杰，宋传信 . 在马克思主义中国化思想史研究之路上攀登——李君如谈理论工作生涯 [J]. 北京党史，2021（01）：52-60.

[74] 陈若芳，周泽红 . 十九大以来习近平新时代中国特色社会主义经济思想研究：文献回顾与未来展望 [J]. 厦门特区党校学报，2021（02）：1-8.